郑根成◎著

媒介载道
——传媒伦理研究

中央编译出版社
Central Compilation & Translation Press

模糊数值

——模糊集合论——

序

一个"帝国",一个"传媒帝国"在似乎具有无数可能的变异形式的后现代世界图景中崛起。我们今天前所未有地面临着并真实地进入到这个能够一瞬间构造一切又一瞬间毁坏一切的"媒介世界"。它无一例外地将我们这些单子式生存的偶在个体与一个无处不在的网络化总体紧密关联在一起。(啊,不,我想说的是,我们已经被这个"帝国"的总体性力量牢不可分地紧密地"拴"在了一起。)它到处支持那些旨在冲破罗网的"表达之自由",(其最初形式为新闻自由)且以此种方式而成为新世界公共体系的构建因素之一。它同样支持由电子信息方式符码化、数字化并进行快速存储、传输、渗透的平面意识形态的统治与霸权。某种程度上,它更像是一个徘徊在现代世界中的"幽灵":它在个人自由与社会认同两极之间循环往复地飘荡,兼具"道德化"与"去道德化"、"自由"与"奴役"、"诸善"与"诸恶"的双重特质,既生产着秩序与规范又生产着对秩序与规范的消解与破坏,既是瞬间内爆的时空形式又是永恒在场的权力意志。

毫无疑问,大众传媒的批判理论和社会理论已经注意到了现代媒介构造现代性之社会生活和现代性之意识形式的重要性,其对个人自由、社会合理性和文化价值之本质及其异化形式的批判始终与"传媒帝国"的全球扩张与世界控制相伴随。然而,从马歇尔·麦克卢汉,到米歇尔·福柯和让·鲍德里亚,对媒介体系的理解不论是乐观主义者(不论是技术乐观主义还是辩证乐观主义)还是悲观主义者,不论是其热烈拥抱者还是坚定排拒者,大都不是以系统理论形式展示其所带来的道德后果及其伦理世界之改变。当然,虽然他们并不致力于从一种传媒伦理的观点来理解媒介体系,而更多地是从一种社会理论和符号理论来分析媒介,但毋庸置疑,他们对传媒世界的理解与分析绝非是一种伦理中立的。这构成了一种理论上和实践上对某种系统的传媒伦理学的期待。

应当看到,麦克卢汉和鲍德里亚的远见卓识在于,他们在人类文明的现代世界体系所经历的从工业体系到媒介体系的演变进程中,看到了生产方式从物质资料的生产到符号编码的生产的隐秘逻辑。然而,只要我们一旦进入"社会在媒介中的内爆"这一鲍德里亚式的论题域,我们就不可能回避由"公众"与"媒介"的基本关系所建构且通过电子信息媒介所生产的伦理世界。倘如此,传媒伦理便不只是某种新技术伦理,也不只是一种网络伦理或者新闻伦理,它更不只是某种类似于传媒从业者道德规范或者职业道德守则之类的应用伦理学探究。

我们必须思考和洞察现代传媒的本质,思考和洞察它所引发的时间与空间形式的重组,它为一种新的生产方式所推动并真实地成为这种生产方式的建构力量。我们必须思考和洞察它是如何由此奠定人的道德自由和社会责任在类型学上的演进。我们必须关注和思考由现代媒介所引发的社会革命隐含着何种形式的道德世界观上的变革。我们知道,一种纯粹的道德理想主义或者伦理现实主义都不足以描述我们今天遭遇到的"媒介帝国"的嬗变所引发的广泛而深远的影响。电子信息媒介带来的普遍化全球交往,曾经预示着一种希望,一种"福音",一种通过新技术引导人类社会进步并构筑人类智力平台的世界历史性力量,它仿佛能够"引导我们超越原子理性的谷登堡星系,走向全球村,走向新电子部落制度——信息和交流的高度透明性"①,这种革命性的力量似乎使我们再一次聆听到了启蒙道德理想主义者对人的自由、独立、平等进行辩护的高昂声调;然而,同样真实的是,这种具有革命色彩的"媒介进行曲",最终会被证明为不过是一种令人失去

---

① 这段话是鲍德里亚在评述麦克卢汉的技术乐观主义观点时讲到的,鲍德里亚虽然受到麦克卢汉思想的深远影响,但他并不赞同麦克卢汉的技术乐观主义。参见鲍德里亚著:《生产之镜》,仰海峰译,中央编译出版社,2005年版,第214—215页。

警觉的"媒介安眠曲"①。

一种专注于主体自由的道德自我意识,必定会像恩森斯伯格那样坚信:在历史上,"媒介将第一次使大众立即参与到社会的和社会化的生产过程成为可能","这种参与的实践意义是由大众自身掌握的"。②不难看到,我们今天的确有着太多对于媒介的解放作用与它确立个人自由优先性的崇信。人们在媒介的道德功能中,也许会附加上自由社会的道德憧憬。然而,我们必须关注和思考那种不受约束的传媒自由是否体现了传媒道德的要求。大众传媒的特征在于,它对"表达之自由"的解放旨趣,倾向于使自己现身为一种意识形态总体性之"外壳",并以此强制大众陷入无法回应的沉默境地。此并非"自由之成全",而实则"自由之敌人"。这是传媒伦理面临的自由难题。在我看来,一种坚持自由理想的传媒伦理必须关注和思考大众在媒介中是如何陷入此种被强制的"沉默状态",从而思考一种使得媒介与公众进入一种真实互动而非一种被操纵的异化了的互动关系的伦理普遍性。

另一方面,以责任伦理的传统范畴来分析大众以及媒介领域,始终存在着一个根本的困难。因为,责任总是与某种类型的主体预设相关联,如若没有了预设的主体,责任也就无从谈起。在传媒世界所构造的权力体系中,主体以匿名的方式出场,它也只能以异化的面孔呈现。某种程度上,这也是一种用来设计"假想大众"的"理性之狡计"。例如,在网络空间经常出现的所谓"人肉搜索"的情境中,搜索者的道德义愤是最为重要的因素。它实际上建立在自我道德主体预设或者想象的基础上。一旦搜索者戴上了道德主体的面具且假设网络大众也是如此这般的道德主体,这就构成了"我们"作为道德合法性的主体身份之界定。搜索者作为具有道德感的"我们"中的一员,通过发现不道德的或者邪恶的"他"(她)或者"他们",而挑起了一场道

---

① "媒介安魂曲"一语是鲍德里亚用来嘲讽媒介技术乐观主义的譬喻,它在鲍氏《符号政治经济学批判》一书中构成了独立一章。参见鲍德里亚:《生产之镜》,仰海峰译,中央编译出版社,2005年版,第215页。

② 转引自鲍德里亚:《生产之镜》,仰海峰译,中央编译出版社,2005年版,第215页。

德审判。不断的跟贴和置顶使得搜索者假想的"大众"被虚拟化为主体。很少有人关注在搜索事件背后可能隐藏着的权力运作。如此,在媒介领域与道德法则之间存在着原则之走样或者变形。我们看到,"责任"作为道德立法的最高原则,在此情境中,仍然支配着"我们"。只是它作为一种无主体之责任而使自己成为神秘本质的化身,而公众的参与最终被抽象化为道德上的"绝对"。以现代媒介中的发言人制度为例,发言人只是某种权力意志的代理,而此权力意志则是隐匿着的抽象本质。作为对自由主义理想的片面性的一种反拨,责任伦理要求对媒介领域中的意志、自由、表现、理性、知识、欲望、身体和机会等,进行道德立法的限制。它的法令要求:你应该认识你自己,你应该知道什么是你真实的欲望和意志以及什么是你能做或该做,换言之,你应该清楚你的自由的条件和你不得不承担的义务。然而,媒介世界并不能告诉我们什么,它以自身的运动规律掠过任何形式的"大众参与",从而使得大众并不能随意处置或者限定其意志、自由、表现、理性、知识、欲望、身体和机会,并进而使得作为媒介参与者的公众成为"沉默的大多数"。在媒介世界中,大众与传媒形成了一种反讽性的责任权力关系:媒介被塞进太多的道德想象,其中最深层的想象也许是期望像人对人负责一样,我们在媒介世界中倾向于寻找某个崇高的责任主体,这是一个神化过程,如同我们设想一个具有无限责任能力的上帝一样,在电子传媒世界中人们同样设想存在着某种责任权力的代表,通过它大众已然将责任移交了出去;然而,大众传媒使日常生活中正常情况下彼此分散的大众混合在一起,从而改变了社会的内涵,电视、网络、报纸等电子传媒使"异质"人群"异时"聚会成为媒介社会之常态,而一种无主体责任的权力装置又总是以一种最高责任权力的形式混合进政治的、经济的、文化的意志,于是媒介完成了它的去道德化过程。此并非责任之具体的落实,而实乃责任之抽象的消解。这是传媒伦理面临的责任难题。在我看来,一种关注责任概念的传媒伦理必须关注和思考社会在电子媒介的伦理世界筹划中是如何被改变的以及这种改变意味着什么。

郑根成的这部书，正是试图从传媒之道或者传媒伦理之道的角度，回应电子传媒的世界筹划和社会构成中伦理方式和德性形成必然遭遇的自由和责任这两大难题。他首先从一种背景梳理和语境展现的意义上，构画了媒介社会或者电子传媒时代建立一种传媒伦理的必然性与可能性，从道德作为一种"资源"和一种"程序设置"两个方面界定了传媒伦理的内涵。然后，他从大众传媒伦理理念的历史变迁的角度，分析了以自由概念为基础的传媒伦理与以责任概念为基础的传媒伦理在类型学上的相互关系，从道德哲学的意义上切入到传媒伦理面临的自由难题与责任难题，得出传媒伦理的社会责任理论实际上是对自由理论的一种补充（两者是可以统一起来）的结论。接着他从一种理论分析转入现实问题的思考，具体涉及电子媒介世界中新闻报道的真实性问题、传媒娱乐化问题、媒介市场化和传媒后现代性四类最为典型的媒介德性问题。最后是对我国媒介道德建设进行的比较深刻的学术反思。作者从最抽象的传媒道德哲学入手建立起关于传媒伦理的概念界定和理论范式之地平，指证传媒伦理学要处理的"道德善"关涉到"自由而负责的大众传媒"。这是一种高屋建瓴且极具创新意义的理论洞见。对四种一般意义上的媒介德性的思考，是作者强调的"自由而负责任"的传媒伦理理念的延伸扩展和学理落实，且最终针对中国传媒道德建设之实践而有极具现实指导意义的智慧建言。不论从何种意义上看，此书不失为汉语语境中试图第一次建构传媒伦理学之理论体系的一次可贵的探索。

根成的这本书是在他的博士论文的基础上反复修改而成。他很早就有志于从事传媒伦理学的研究。我记不清他是什么时候第一次找我谈论文选题的事情，印象中是2003年春季学期开学不久，随后就收到了他撰写的几篇有关广告伦理以及传媒与后现代性问题的学术论文。为写作是书，他查阅了大量的中外文文献，尤其是在英文文献方面，做了大量细仔的阅读。同时，他也虚心地向国内伦理学界和新闻传播学界的前辈时贤请教，这使得他的这本跨学科研究的论著建立在比较可靠的思想资源和学术感觉之基础上。在理论论辩、问题反思和现实关切三方面，皆展现了大胆的探索精神和坚实的学术积累。

根成来自湖湘，儒雅诚朴而又勤奋好学。在古都金陵的三年学习生活中，他以刻苦钻研和博学好思见长。他有一种强烈的时代感和一以贯之的问题意识，善于从生活中发现问题而又能由思想学术史中开出相关论辩，此诚为诸开创性研究所必备之条件也。对于是书，我坚信并期待着，它将成为一开端，是对我国传媒伦理学研究一次重要的推进，理应而且必将引起学术界的关注。而于根成，我坚信并期待着，他在本书出版后将会更加努力，以更多更好的学术成果回应我们这个生机蓬勃而又令人困惑不已的时代。是所望焉。谨为序。

田海平
2009 年 7 月 16 日于南京将军山麓

摘　要

　　传媒伦理是系统地研究"道德善"的大众传媒当如何履行其职责、大众传媒是否符合它的应当以及媒介从业人员在其媒介行为中对善与恶、正当与不正当的认识与抉择等问题的学科。与人们实际生活相关的是，传媒伦理也试图界定那些构成价值与生活规范的，被作为个体、群体或文化共同体的人们所共同认可的原则性的内容。传媒自由主义与传媒的社会责任理论是传媒在两个不同历史时期的伦理理念。传媒自由主义强调的是"表达"本身，强调自由的表达的正当性，自然权利、理性、民主是它在反对封建专制集权统治的运动中所倡导的主流价值，这为新兴的资产阶级指明了反封建专制的价值方向。但是，自19世纪以来，随着反封建集权主义战争的胜利，传媒自由却迅速泛滥，成为困扰自由的一大社会公害。于是，19世纪中期，社会责任理论顺势而生。社会责任理论并不是传媒自由理论的反面，事实上，它是传统的自由主义理论的一种演变形态，它以强调大众传媒的自由是权利和义务的统一为特征，它立足于承认自由是人类不可剥夺的权利，同时，又坚持传媒自由必须承担社会责任和义务的原则。社会责任理论试图确立责任对传媒自由的意义，这是对自由的修正与确证，是一种理论的革新。社会责任理论在自由主义新闻理论濒临衰败的当口，及时地批评和弥补了这一理论的缺失，在指出了传媒自由遭遇危机的症结所在的同时，也指明了它的历史发展方向。

　　虽然，从理论上看，大众传媒具有重要的道德功能，它能通过反映道德舆论，形成道德舆论并进而引导道德舆论。换言之，大众传媒可以通过舆论的力量来维持社会道德，影响社会道德，并进而推动社会道德的进步与发展。但在现实生活中，当前的大众传媒却在很多方面都有违于道德：其一，新闻报道中新闻失实与把新闻真实性原则绝对化的情况同样严重，在"有闻必录"与新闻失实的两个极端中，很多新闻报道忽视了人文关怀的立场与对真相意义的责任。其二，传媒娱乐化则完全是对传媒娱乐功能的异化，放大了娱乐在传播媒介中的地位，放大了人情味、趣味性等因素，从而偏离了传媒娱乐功能的初衷。更为严重的问题是，当前的传媒娱乐化在媒介经济伦理问题、人文关怀及社会价值观的引导等问题上严重背离了社会伦理与道德的轨道。其三，在传媒市场化的进程中，随着大众传媒的身份由单一舆论引导者向身兼舆论引导者与经济创收者的双重身份的转变，受众也从传统传播体制下的社会主义公民转而成为市场体制中信息消费者，而传媒则把自身完全等同于市场体制中的生产商。这种理念变化在传媒实务上的后果就是大众传媒在审美情趣上走向了彻底媚俗化，并日渐淡漠了社会责任意识。作为传媒市场逻辑下必然结果的传媒集团化也同样没有摆脱道德的困境：竞争并没有必然地带来发展，更为严重的是，在传媒集团化进程中，传媒集团对媒介的操纵还导致媒介独立受到了极大威胁。其四，虽然中国的现代性是一项尚未完成的工程，而后现代是一个与当代中国思想事实基本无关的文化概念，但当前我国的大众传媒却在各个层面都凸显出了西方后现代性理论的诸多特点。传媒的后现代化全面压制哲学理性空间的同时，还彻底解构了传统道德权威及其价值体系，这使得刚刚起步的新的道德价值体系建构性的工程又变得遥遥无期。但事实上，我们并不曾生活于一个所谓的后现代社会之中，因此，当前中国的道德重建工程以及传媒本身之道德构建的社会基础就应当是现实的现代性的社会，而不是语焉不详的后现代性社会。也就是说，现代性才是我们在当前社会道德重建中应当采取的态度或立场，也是当代传媒应有的道德立场！回归理性——回归现代性因此便成了我们重建社会道德及构建当代中国传媒道德的应然选择。

在媒体道德建设问题上，要避免职业主义与道德中心主义的立场。而且，当前的媒体道德建设问题，应当在当代中国社会转型及随之而来的社会道德重建工程中寻求整体性的理解与把握。在这个题域下，媒介素养的培育与提升、传媒立法的完善、学科建设与交流等，都是当代我国媒体道德建设中都应考察到的维度。由于我国当前的传媒伦理研究尚处于起步阶段，许多基础理论问题尚没有得到系统解决。因此，在传媒伦理的原则与规范建构问题上也步入了一些误区，国外传媒伦理研究中的"波特模式"是一个有益的启示；另外，国外传媒伦理研究从传统文化中找寻原则与规范建构资源的思路也值得我们借鉴。

关键词：大众传媒　传媒伦理　传媒娱乐化　传媒市场化　后现代性　道德建设　媒介素养　伦理原则　道德规范

Abstract

Media ethics is a subject that concerns systemically studies problems such as how a ethical media practise, whether is the mass media is as it should to be, how the employee understand good and bad, right and wrong during their work, and how do they make their choice. And it also concerns about the content which constitutes value and criterion in our life. And these value and criterion are recognized as principle by individual, groups or those of culture community consistently. Libertarianism of mass media emphasize expression itself. It emphasize the justice of express freely. Nature right, reason and democracy are the main value during the fightment against feudality. And it also point out the orientation for the rising bourgeoisie. Ever since 19C, after the success of against feudality, freedom of mass media has overun swiftly also threatened public life. Then, in the middle of 19C, the theory of social responsibility arised. The theory of social responsibility is the inverse of the theory of freedom of mass media. In fact, it's an evolutive modality of traditional libertarianism. It characterize emphasizing that freedom of mass media is entia of rights and obligation. It acknowledge freedom as a right that can never be bereaved. And it also insist on the principle of the mass media should be charged with social responsibility and obligation. The theory of social responsibilty tries to radicate the significance of responsibility for freedom of mass media. It's a amendment and a corroboration for freedom. And it is renovation of the theory too. The theory of social responsibility criticizes and remedies the insufficience of the theroy of freedom just when it is close to downfall. It points out the sticking point why freedom of press encountered crisis, and point out the orientation of development as well.

Although, the mass possesses important moral function theoretically. Because the mass media can reflects public opinion of morality, shape public opinion of morality, and then induct public opinion of morality. In other words, the mass media can maintain social morality, impact it and then promote it to progress and develop. But in our actual life, the mass media deviated from morality much. Firstly, the phenomena of news inconsistent with the facts is as severity as the phenomena of taking authenticity as principle of unconditional. The news ignores humanistic concern and the responsibility of the significance of the truth, when the either try to report all that happened or report the news that inconsistent with the facts. Secondly, infotainment dissimilates the function of entertainment, it magnifies entertainment's status in the media, and it also magnifies the elements of human feeling and character of interesting, etc. and it thus deviates the original intention of entertainment function. The more severe question is that the current infotainment seriously deviates tha social ethic and moral orbit, especially the problem of media economic ethics, the absence of humanistic concern and the deviation on guidance of social value. Tirdly, the oneness identity of public opinion guider variates into a double identity of public opinion guide and a agent that works for economical receipts. The audience is not regarded as a citizen of our socialism any more, they are now regarded as consumer of information. And the mass media take itself as information producer in the market system. This change also means that the mass media takes the standpoint of catering for secularism thoroughly in taste and be indifferent to the conscienciousness of social responsibility day after day. As an inevitable result of marketization, conglomeration of mass media never cast off moral dilemma also. Competition hasn't meant development consequentially. And the most important question is that the mass media is contolled by the mass media group which has threatened its independence severely.

Depite modernity is an uncompleted project in our China, and post-modern is a culture definition which is irrelevant with Chinese ideological facts. The mass media has visualized trait of western theory of post-modernity. The result of postmodernization of the contemporary Chinese mass media is that the space of philosophical reason is suppressed entirely. And also, traditional authority of morality is deconstructed drastically. It causes the project of re-constrction of new system of morality which started not long ago. In fact, there is only a modern society that is the base of the social morality re-construction and morality construction of mass media, but not a non-existed post-modern society. And it is modernity that the standpoint we should take during the social morality re-construction, but not post-modernity.

We should avoid the standpoint of professionalism and morality centralism upon the question of morality construction in the field of media. And also, the question should be apprehend and hold systematically within the project of our social morality reconstruction. Thus, such as cultivating media literacy, perfecting legislation, construction of the subject and interdisplinary communication, etc. are all dimensions we should review. Due to the study of media ethics in China is in the developing stage, there are some basic theoretical problems haven't been systematically soluted yet. And some scholars have entered myths upon the question of constructing the ethical principles and moral norms. Bok's ethical decision-making framework in foreign studies of media ethics can be a helpful revelation. And we can also draw lessons from foreign studies of media ethics, who find resources for constructing ethical principles and moral norms from their traditional culture.

Keywords: the mass media, media ethics, infotainment, the marketization of the mass media, post-modernity, moral construction, media literacy, ethical principles, moral norms

目 录

导 论 ··· 1
  一、问题的提出 ··· 1
    1. 媒介社会 ··· 1
    2. 媒介文化批判 ··· 3
    3. 媒介研究的伦理学进路及其必要性 ·························· 8
  二、我国传媒伦理研究现状及其与国外传媒伦理研究的
      比较与启示 ·· 10
    1. 我国传媒伦理研究现状 ·································· 10
    2. 我国传媒伦理研究与国外传媒伦理学研究的比较与启示 ··· 15
  三、基本思路 ··· 23
    1. 基本思路 ·· 23
    2. 主要内容 ·· 25
  四、传媒伦理研究的意义 ···································· 27
  五、研究方法 ··· 28
  六、可能的创新与存在的主要问题 ··························· 30

上 篇 传媒伦理理论基础

第一章 媒介当载道——传媒伦理及其必要性与可能性研究 ········ 35
  第一节 传媒伦理——一个亟待界定的概念 ··················· 35
    1. 传媒伦理的初步界定及其不足 ··························· 35
    2. 传媒伦理界定 ·· 37

1

第二节 传媒伦理的必要性研究 …………………………… 43
1. 大众传媒的社会伦理角色 …………………………… 43
2. 社会转型时期道德重建的吁求 ……………………… 48
3. 传媒伦理缺失的改造需要 …………………………… 53

第三节 传媒伦理的可能性研究 …………………………… 56
1. 道德作为一种资源 …………………………………… 56
2. 道德议程设置 ………………………………………… 59

第二章 从自由与到责任——大众传媒的伦理理念变迁 …… 65

第一节 传媒自由的历史及其道德解读 …………………… 66
1. 传媒自由思想的历史演变 …………………………… 66
2. 传媒自由的道德解读 ………………………………… 73
3. 传媒自由与传媒道德的冲突 ………………………… 76

第二节 自由主义的补充、修正与确证——大众传媒的
社会责任理论 ……………………………………… 80
1. 传媒的社会责任理论的兴起及其理论基础 ………… 80
2. 社会责任理论的理论与实践困境 …………………… 87

第三节 自由而负责的大众传媒 …………………………… 92
1. 自由的大众传媒的责任框架 ………………………… 92
2. 大众传媒社会责任理论的意义 ……………………… 97

中 篇 大众传媒的道德现状及伦理反思

第三章 恐怖真相——新闻真实性的哲学解读及其伦理维度 …… 103

第一节 新闻真实性及其新闻学解读 ……………………… 103
1. 真实性的新闻学解读 ………………………………… 103
2. 新闻必须真实 ………………………………………… 108

第二节 新闻真实性的哲学解读及其伦理维度 …………… 111
1. 新闻真实性的哲学解读 ……………………………… 111
2. 新闻真实性的道德现状 ……………………………… 115

3. 新闻真实性的伦理维度 ·················· 118
　　个案考察：人肉搜索引发的思考 ············· 122

第四章　信息与娱乐——传媒娱乐化的伦理反思 ····· 127
第一节　势不可挡的传媒娱乐化趋势 ············ 127
　　1. 传媒娱乐化现象 ······················· 127
　　2. 传媒娱乐化现象的原因分析 ·············· 130
第二节　传媒娱乐化的伦理反思 ················· 133
　　1. 媒介经济伦理问题 ····················· 133
　　2. 人文关怀的失位 ······················· 134
　　3. 社会价值观引导上的背离 ················ 138
　　4. 娱乐不远道：真正的娱乐是道德的 ········· 142
　　个案考察："星气象"节目引发的争议 ········· 143

第五章　体制之痛——传媒市场化、集团化的伦理考察 ··· 147
第一节　关于传媒市场化 ······················ 147
　　1. 西方国家的传媒市场化 ·················· 147
　　2. 我国的传媒市场化 ····················· 150
第二节　大众传媒的双重身份及传播理念的变迁 ····· 157
　　1. 大众传媒的双重身份 ··················· 157
　　2. 大众传媒传播理念变迁 ················· 162
第三节　传媒集团化及其伦理维度 ··············· 166
　　1. 西方国家传媒集团化简况 ················ 167
　　2. 我国传媒集团化 ······················· 167
　　3. 传媒集团化的伦理维度 ················· 169

第六章　无根的后现代性——当代中国传媒后现代化及其伦理困境 ························ 175
第一节　媒介与后现代性 ······················ 175
　　1. 关于后现代性 ························· 175
　　2. 媒介与后现代性 ······················· 180

第二节 当代中国大众传媒的后现代化及其伦理困境 …… 190
1. 当代中国传媒后现代化证明 ………………………… 190
2. 无根的后现代性——当代中国传媒后现代化的伦理困境…… 195
3. 当代中国传媒应有的道德立场 ……………………… 197

下 篇 媒体道德建设的伦理思考

第七章 媒体道德建设的应有维度 ……………………… 203
第一节 媒介素养的讨论与反思 …………………… 203
1. 大众传媒庸俗化与琐屑化的实质是媚俗 …………… 203
2. 媒体素养概念及国外媒介教育的发展 ……………… 206
3. 媒介素养的教育必要性 ……………………………… 210
4. 我国媒介素养研究与媒介素养教育的现状与反思 … 213

第二节 传媒立法的伦理审视 ……………………… 216
1. 传媒立法的历史、现状及其特点 …………………… 216
2. 传媒立法的伦理审视 ………………………………… 220
3. 反思与启示 …………………………………………… 223

第三节 传媒伦理的学科建设与媒体道德建设 …… 226
1. 传媒伦理的学科建设与媒体道德建设 ……………… 226
2. 新闻传播学与伦理学间的跨学科交流的必要性 …… 229

第八章 传媒伦理的原则与规范取向探析 ……………… 231
第一节 "波特模式"的启示 ……………………… 231
1. "波特模式"的道德推理模式 ……………………… 232
2. "波特模式"的启示 ………………………………… 234

第二节 对媒体道德建设中伦理原则与道德规范的思考 … 238
1. 致力于对话与交流的原则与规范取向 ……………… 238
2. 传统文化中的原则与规范资源 ……………………… 241

参考资料 …………………………………………………… 244
后 记 ……………………………………………………… 253

导 论

一、问题的提出

1. 媒介社会

一般说来，媒介是一种能使传播活动得以发生的中介性公共机构。从广义上来看，说话、写作、姿势、表情服饰、表演与舞蹈等，但凡能通过一条信道或各种信道传送符码的都可视为传播的媒介。但媒介术语的这种用法正在逐渐淡化，现在，媒介越来越被定义为技术性媒介，特别是大众媒介。本文所谓的传媒、媒介都是指通常意义上的狭义的大众传播媒介，① 即所谓职业化的信息传播机构，它们通过各类社会团体利用机械化、电子化的技术向多数人传送信息，主要的大众传播媒介有报纸、广播、电视、电影、图书、期刊、网络等。目前，围绕数字技术发展兴起的互联网被人们称为新媒介。但事实上，从严格意义上来说，互联网只是一个提供信息交流的平台、渠道，只有那一个个具体的网站（ICP）才是真正"职业化的传播机构"。20世纪20年代以来，大众传播媒介异军突起，成为人们生活中乃至于社会发展

---

① 狭义的大众传播媒介通常指与新闻事业有密切关系的报纸、杂志、广播、电视、电影及网络，而广义的大众传播媒介是指向广大受众传递各种信息的工具，如果考虑到人类社会发展的历史，通俗的小册子、揭贴、告示、会票、旗帜、徽章（像章）、绘画、照片、广告、传单、墙报（大字报）等皆可视为大众传播媒介。本书中的传媒媒介都意指前者。

中的非常重要的影响力量。大众传媒对人类社会的影响如此之大,以至于有人说,在20世纪,真正能够与两次世界大战、社会主义的产生相媲美的世纪级大事件,也就只有那引起人类交往形式发生质变的现代传播媒介的产生和发展了。进入21世纪,媒介影响仍然强劲,电视、报纸、广播、网络等传播媒介已经构成了一个宏大的世界景观。从媒介对人类影响的角度来看,我们完全可以说当下的人类是媒介化的人类,当下的人类生存是媒介化的生存,乃至于当前的社会也是一个媒介社会。种种迹象表明,自20世纪90年代以来,特别是90年代中后期以来,我国社会也逐步显现出媒介社会的某些特征。

首先,报刊、广播、电视、书籍、网络等大众媒介已然渗透到社会的各个阶层和各个角落,小到个人的衣食住行、工作、学习和娱乐,大到社会的政治、经济和文化,无一不和大众媒介有着密切的关联,人们自愿不自愿地生活在一张由传播媒介所编织的巨大的网络之中。换句话说,现代人生活在一个大众媒介环境之中,接触大众传媒,已经成为现代人的重要生活内容。这是因为,第一,大众传媒能为大众提供新闻、信息和知识,帮助我们了解外部世界的动向和变化;在现当代以来的所谓原子式的陌生人社会里,通过熟人来掌握社会动态的信息方式已经不再普遍有效,人们需要另一种及时而可靠的了解社会信息的渠道,大众传媒回应了这一社会需求。第二,与之相关的是,大众传媒为我们提供关于生活的有用信息,帮助我们安排日常生活。第三,大众传媒还能为我们提供文化享受,能够丰富我们的精神世界,并且还能为我们提供娱乐,使我们能够从工作、学习和生活的紧张压力下解放出来,获得轻松和休息。媒介文化的信息像空气一样弥漫在我们的社会生活当中,有人甚至因此断言,大众传媒已经如同阳光、空气和水一样成了我们生态环境的一部分。几组调查也多少说明了这个问题。调查表明,北京市居民1996年接触媒介的时间就已经超过其闲暇时间的60%;而北京师范大学的彭聘龄教授的调查结果更是让人吃惊:我国儿童从幼儿园到中学毕业的十几年中,平均每天看电视的时间远远超过其学习任何一门课程的时间。2000年有学者在上海进行一次调查发现,青年群体对"人们离开大众传媒就无法生活"这个问题有着高度的认同感:32.9%的受访者表示"很同意";表示"基本同意"的比例则有41.8%,两项合计高达74.7%,而表示"不太同意"和"不同意"的只有15.2%。在现实生活中,许多人们花在媒介上的时间比花在其他闲暇活动上的时间的总和还要多,接触媒介已经被列为与工作和睡眠一样最为耗时的活动了。

其次,更为重要的是,随着大众传媒的迅速发展,它已经形成了一个无孔不入的信息传播网络,成为塑造社会文化以及说服、引导受众的最佳利器。在某种程度上,大众传媒还成了可能影响国家稳定和社会发展方向的舆论工具。不可否认的是,大众传播媒介在为我们提供便捷的交流信息的方式,并且给我们带来了诸多全新的体验和感受的同时,它还甚至改变了我们的生活,引起了人们生活方式和价值观念的变革;作更深层次的考察,我们还会发现:大众传播媒介不但直接且深深地介入了现代社会的形成过程,而且它还改变了人类的知识结构,改变了人类观察世界的方法和思想过程。许多学者因此认为,大众传媒已经构成了当代社会"新的权力核心"。对此,斯图亚特·霍尔深有感触。霍尔认为,如今的情况是:是大众传播媒介提供并选择性地建构了现代社会的社会知识、社会影像,而在当今的媒介霸权与大众文化的文化霸权之下,人们只能透过这些知识与影像,产生对世界、对人们曾经生活过的实体的认知,也只有通过这些认知,我们才能通过想象,建构我们的社会生活,使之合并为可资理解的整体世界。由此,我们完全可以说,中国社会已经进入到了一个媒介社会,接下来的问题就是,在这个媒介社会中,媒介在给我们带来了生活的便利与更丰富的价值以外,它是不是就因此而造就了一个完美的"人居世界"呢?媒介研究,特别是文化研究表明,事情远非如此简单。

2. 媒介文化批判

法兰克福学派以来的媒介批判理论认为,尽管大众传媒给人们提供了一个便捷的信息网络,并且在精神与文化上也颇有成就,但现代大众传媒还是给人类社会带来了诸多问题,其中有些问题已使我们生活于其中的社会陷入到了深度的困境之中。

法兰克福学派的学者们首先指出,在资本主义社会,大众传播媒介已经完全资本化和商品化了,成了国家机器和利润之源的一个重要组成部分。在《启蒙辩证法》一书中,霍克海默和阿多诺指出,大众传播媒介与一般商品并没有什么本质上的区别,在为资本家赢利这一点上它们表现出惊人的一致:"电影院是为极权的康采恩进行营业的,无线电广播中所宣传的商品,也都是为文化康采恩服务的文化服务器,甚至个人叫卖的商品也是如此。人们50个铜币可以看到百万富翁所看到的电影,用10个铜币可以买到一块口香糖,而出售这些电影票和口香糖的却是世界上最大的富翁,他们通过推销这些商品而更加强大和富有起来了。"[1] 在这种情况下,由于必须要依附强大的资本才能获得必要的生存与发展空间,媒介的独立性根本无法得到保障。

其次,法兰克福学派的学者们认为大众传播媒介是一种文化霸权,正是这种文化霸权促成了资本主义文化的成功:"传播机器每日通过报纸、电台和电视把民族主义、沙文主义、自由主义、道德论等等按时硬塞给每个'公民'。"[2] 在这个传播活动的整个过程中,媒介两端的制作者和受众始终处于不对等的地位。一方紧紧握有"媒介"这种霸权武器,一方却手无寸铁,只能接受灌输,而且毫无选择的余地。正是有了这种令人恐惧的霸权力量,媒介作为一种控制手段才得以实现。

再次,法兰克福学派的学者们特别提到了大众传播媒介混淆了现实与艺术之间的距离,这使大众产生各种幻象,并因此而对现实的感知也变得越来越迟钝。他们认为,在古典文化与现实生活之间原本是保持有一定的距离和张力的,而大众传播媒介无所不在的渗透使得这一切消失了。更为严重的问题还在于,在现实和艺术之间的距离消失后,大众的行为模式也直接受到了大众传播媒介的控制,并且深陷其中,无法摆脱。"……电影观众认为,电影就是外面大街上发生的情况

---

[1] 阿多诺:《启蒙辩证法》,重庆出版社,1990年版,第147页。
[2] 路易·阿尔都塞:《意识形态和意识形态的国家机器》,转引自马克·波斯特:《第二媒介时代》,南京大学出版社,2000年版,第13页。

的继续，因为电影本身应该严格地反映日常感觉的世界……生产技术越是密切地和完整地重复经验的对象，人们就越是容易产生错觉，认为外面的世界是人们在电影中看到的情况的不断延长。自从突然引进了有声电影以后，就出现了为这种行业服务的各式各样的机械。从倾向来看，生活与有声电影不再有什么区别。由于电影远远胜过舞台，吸引住了观众的全部幻觉和思想；观众在看电影时，虽然对电影中表现出来的确切事实并未经过核实，就可能加以接受或不定，但是总离不开一条主要线索，那就是电影总是用它的内容教育观众，促使观众直接用它去衡量现实……没有一个人能不看有声电影，没有一个人能不收听无线电广播，社会上所有的人都接受文化工业品的影响。文化工业的每一个运动，都不可避免地把人们再现为整个社会所需要塑造出来的那个样子。"①。在这当中，即便有人看出了其中的不真实，也再无力抗拒。

最后，法兰克福学派的学者们认为，大众在大众传播媒介的控制下失去了自由思想的能力。他们认为，传播技术的政治影响的一个突出问题是它们危及自由，特别是思想的自由：为数不多的制作者将信息传送给为数甚众的消费者，大众传播媒介成了把政治和经济统治延伸到文化领域的工具，并对个人意识进行管制。阿多诺断言："大众传播媒介是根据效果来考虑，并按照所预计的效果，以及决策者的意识形态目标来制作的。"② 马尔库塞也认为，大众传播媒介消灭了思想的丰富性和人的多样性，"发达工业社会"创造了把个人融进现存生产和消费体系的虚假需要，大众媒体和文化、广告、工业管理和当代思维模式，这一切又再生产出现在的体系并且力图消除否定、批判和对立。结果是思想和行为的"单面性"，"单向度思想是由政策的制订者及新闻信息的提供者系统地推进的。"③。在这里，任何一种批判思维和对抗

---

① 阿多诺：《启蒙辩证法》，重庆出版社，1990年版，第117—118页。
② 阿多诺：《论艺术社会学》，载陆梅林《西方马克思主义美学文选》，漓江出版社，1988年版，第378页。
③ 马尔库塞：《单向度的人》，上海译文出版社，1989年版，第14页。

行为的能力都消失殆尽。马尔库塞还指出,传播媒介和公共领域所使用的"单面语言"起到了压抑和意识形态的功能,富裕社会公私合营大众传播媒介,如广播、电影、电视、广告等现代科技产物,以无孔不入的方式挤进人们的内心深处,消灭了从思想上改变现状的文化。进而言之,现代传媒的迅速播散,使大众丧失了自由选择的空间和自我决断的能力。大众的需求、思想和行为在"大众社会"里被齐一化和同质化了,法兰克福学派把这种情况称为"个体的终结"。

最让法兰克福学派的学者们忧虑的是,在大众传播媒介的控制下,大众会在不知不觉中按统治阶级的意愿来行动。大众传媒成为形成适应高度组织化的社会秩序的思想和行为模式的工具,这是一个被广播、电视、流行音乐、好莱坞电影、国家杂志等高度控制的时代。马尔库塞清醒地看到了这隐藏在传媒背后的东西,他说:"大众传播媒介的专家们传播着必要的价值标准,他们提供了效率、意志、价格、愿望和冒险等方面的完整的训练。"在法兰克福学派的学者们看来,大众传播控制的最终结果,是彻底取消了工人阶级的反抗力量,从而在根本上维护了资本主义制度。他们认为,马克思主义理论曾赋予工人阶级以很大的希望,但"工人阶级如今在很大程度上已经因为媒介而变得毫无政治价值,而是在最广泛的意义上成为难脱苦海的芸芸众生的一部分,融入现代社会。……工人阶级已变成一群毫无生气的凡夫俗子,普遍受到媒介和通俗文化的操纵"[①]。

作为文化批判理论的先驱,法兰克福学派的媒介批判理论虽有其辞过之处,但也不可否认,其理论确实切中时弊。在后来的传媒研究中,他们的理论与观点从不乏支持者:对传播学贡献突出的社会学家拉扎斯菲尔德和默顿在他们对传媒功能的分析中,就曾提出类似的批判观点:在他们两人合著于1948年的《传播研究》一书中,两位学者深入考察了大众传媒的负面功能,指出大众传媒的是消极作用或者说是大众传媒失调后的负功能,包括把人变成丧失辨别力和顺从现状的

---

① 马克·波斯特:《第二媒介时代》,南京大学出版社,2000年版,第3页。

单面人;导致审美情趣及文化素养的普遍平庸化;廉价占用人的自由与时间;使人处于虚幻的满足状态从而丧失行动能力等。他们形象把这种负面作用命名为"社会麻醉"功能。拉扎斯菲尔德和默顿认为,现代大众传播将现代人淹没在表层信息和通俗娱乐的滔滔洪水中,人们每天在接触媒介上花费了大量的时间和精力,降低了积极参与社会实践的热情:他们每天在读,在看,在听,在思考,但是,他们很容易把这些活动当作现实行动的替代物。他们有兴趣,有知识,接受了众多的信息,也有关于未来的种种打算,但是,当他们听完广播,看完电视,读完报纸以后,一天的时间就过去了。两位学者认为,由于过度沉溺于媒介提供的表层信息和通俗娱乐中,大众在不知不觉中失去了社会行动力,而满足于"被动的知识积累"。

就当前中国的大众传播媒介来说,同样有些问题值得人们反思:其一,大众传媒在某种程度上导致了整个社会生活方式的单一性。一般说来,不同的文化群体,对时间和精力的分配也各有其不同的方式,也正是因为这样,才构成了各自特有的生活方式,构成了社会生活的多样化。但在现代社会中,大众传媒在很大程度上决定了人们怎样分配他们的时间和精力,以电视为主的大众传媒几乎成了人们闲暇时光里的生活主体,由此导致了生活方式的单一和趋同。其二,大众传媒滋长了大众思考的惰性。大众传媒利用高科技手段每天向公众提供应接不暇的信息,受众由此被淹没在信息的海洋里,无暇也没有能力对之进行梳理,在这里,他们是处于霸权下的弱势群体——只能借助大众传媒的分析,才得以理解周围世界的一切。这也就不难理解为什么新闻"炒作"能每每得逞了。大众传媒就这样轻而易举地剥夺了大众思考的必要与能力,当大众习惯于这种信息接受方式与生活方式的时候,主要而有深度的思想就成了一种奢侈,因为,思考已经成了大众自身也避之不及的事了。其三,大众传媒在造成大众文化低质化的同时,还使文化的同质化成为宿命。当代,在市场经济体制下,大众传媒是循市场逻辑而动的,像其他所有商品一样,它必然追求最大可能的市场占有率,对传媒来说,其市场占有率就是指视听率(现在,还得加上体现网络对眼球占有程度的点击率）。为了占有最大多数的市场，大众传媒的策略很简单，也很有效，那就是从接受层次较低的受众切入，而要让这部分人接受其文化商品，大众文化的低质量就不可避免。至于说到大众传媒使文化的同质化成为宿命，那是因为，大众传媒是文化工业的核心，而文化工业最大的特征就是文化产品的大批量复制，这种文化产品的大批量复制取消了现代社会中物质和文化产品所有差别，汽车的生产和电影和生产一样为市场经济的原则所决定，文化商品化与大众化使得文化成了标准化、程式化的流水线产物，甚至连思想与生活方式也因此而被同质化了。乔治·格伯纳因此说："从来没有这么多人，在这么多不同的地方，共同使用一个共同的讯息和概念系统，并且把关于生活、社会和世界的假定包含在这些信息和概念里，而和信息的制作几乎毫无关系。大众文化的结构把存在的要素彼此联系起来，构造了关于是什么、什么是重要的和什么是正确的等共同的意识。"[①] 其四，法兰克福学派对西方传媒资本化与商品化的批评在某种程度上同样适用于我国当代的大众传播媒介。在传媒市场化、商业化以来，我国传媒在属性上虽然仍然国家所有的事业单位，但在经营上却完全实行企业化管理，受市场逻辑的指引，传媒更多地把自己看做是经济实体并以此指导其日常运作，资本化与商业化的趋势已非常明显。同时，市场化与商业化必定导致传媒走向集团化的运营路线，这种情况也势必会带来西方传媒所面临的同样的问题，即商场化、商业化进程中的大众传媒受媒介集团及资本（媒介资本）的掌控而影响到媒介独立性的问题。

3. 媒介研究的伦理学进路及其必要性

大众传播与媒介研究领域的一些重要研究，包括传媒伦理的相关研究，最初并不是在新闻传播学领域内展开的。而是由一些从事社会学、心理学、文化批判理论、政治科学乃至历史学研究的个别学者完

---

① 戴维·巴特勒：《媒介社会学》，赵伯英、孟春译，社会科学文献出版社，1989年版，第13—14页。

成的,这种状况直到20世纪40年代,有了系统的传媒研究才得以有所改观。在此之前,那些有着社会学、社会心理学、政治科学、历史学等学科背景的学者在社会理论背景下对传播问题进行了广泛而深入的思考,并对当时的传播学研究做出了卓越的贡献,但他们的研究并不局限于传播学领域。这些人包括拉斯韦尔、拉扎斯菲尔德、多伊奇、勒温、霍夫兰等后来被传播学界称为传播研究的创立者,他们在思考传播问题的同时,也从事对人类关系或社会结构等作其他的相关调查研究。不可否认,这些学者对传播问题的研究有着重要的理论与现实意义,然而,对于传播问题本身来说,只有把传播问题融入具体学科背景中时,它才会对探究人的本质及其行为产生更为实质的意义与影响。

作为一门学科,系统的传媒研究出现于20世纪40年代的美国。希伦·A.洛厄里认为,传播研究"向成为一门学科的方向迈进"始于大众传播研究在大学课程中的制度化,并且反映在"学术期刊、科学联合会、教材以及作为一个学科的其他外在表征"的出现上。[1] 在1949年出版的《大众传播学》一书中,威尔伯·施拉姆在前人有关大众传播研究的基础上,第一次提出了大众传播的框架,这可以看做是大众传播正式成为一门独立学科的标志。[2] 系统的传媒研究展开以来,人们多从传播控制分析、传播效果分析、受众分析、内容分析、媒介分析等多方面来研究传播问题。但随着大众传播领域内的伦理道德问题日益严重,以至于它不但影响了传媒自身的形象与发展,甚至直接影响到了社会的稳定与发展的时候,越来越多的人开始关注传媒伦理问题。

在传媒研究的哲学进路方面,国外传媒伦理研究远早于国内的传

---

[1] Lowery Shearon A. and DeFleur Melvin L. *Milestones in Mass Communication Research*. 2nd, New York: Longman, 1988, p ix

[2] 但也有一种看法是,传播学学科的建立应当从20世纪的20年代美国经验实证主义研究开始算起,而文中所提及的拉扎斯菲尔德、勒温、霍夫兰及卢因就被称为"四大传播先驱",本书不介入这种争论。在传媒学科兴起的问题上,倾向于接受系统的传媒研究始于20世纪40年代的观点。

媒伦理研究。早在1889年，英国的利莉在《论坛》杂志发表上了《新闻业的伦理》一文，这是最早从伦理学角度考察报业的道德问题的专题论述。系统的传媒伦理研究则要晚些，在西方，系统的传媒伦理研究由20世纪20年代至50年代的传媒伦理危机引发而产生，20年代至30年代初，算得上是西方传媒伦理研究第一个繁荣期，美国堪萨斯州立大学的尼尔森·克劳福德于1924出版的《新闻业的伦理学》，是西方第一部新闻伦理教材，此后十年，新闻伦理作为大学课程发展迅速，人们对新闻伦理的关注日趋学术化、专业化。至60年代以后，逐渐形成独立的学科。我国系统的传媒伦理研究始于20世纪70年代末80年代初，但传媒伦理学学科建构却迟至90年代中后期才起步，且至今尚未完成这一工作。传媒伦理的研究是必要的，关于这一点，本书专列传媒伦理的必要性一节作深入阐述，于此不作赘述。需要特别强调的一点是：传媒伦理不是传媒研究的一种补充，更不是一种多余。尽管社会学、文化批判理论、心理学、政治科学、历史学的及来自其他学科领域的探究对传媒研究很重要，但传媒伦理研究却是必要且无可替代的：在涉及一系列传媒领域中的哲学、伦理学问题时，社会学、文化批判理论、心理学、政治科学、历史学等并不能为人们提供较深入的理解，也不提供可能的答案。因为，哲学的问题，只能用哲学-伦理学的方式来对之进行思考或讨论，也只有哲学的考究才能深化人们对这些问题的认识。举例来说，仅仅是知道许多人们偏好于观看暴力电影（这些方面可在社会学、心理学的调查研究或实验研究中得到相关的理论支持），并不能完全回答这种电影是否具有道义上的可行性以及它在人们的道德发展中起了一个什么样的作用等一系列问题，这些问题的解答必须借助于哲学—伦理学维度的思考，而传媒伦理正是致力于这种思考的。

二、我国传媒伦理研究现状及其与国外传媒伦理研究的比较与启示

1. 我国传媒伦理研究现状

在我国，虽然早在唐代报纸发轫之初，就已经有人开始关注新闻

职业道德问题，近代以来的新闻学研究也一直把新闻伦理道德问题作为其研究体系之中的重要部分，但系统的传媒伦理研究却还是迟至20世纪70年代末80年代初才开始。最早是关于新闻伦理的研究，此后广告伦理、网络伦理、信息伦理的研究相继展开，现在传媒伦理研究已然成为学术关注的热点话题之一。目前已有的研究中，传媒伦理主要是围绕以下几个问题展开的。

第一，关于传媒自由及其社会责任。学者大多认为，言论与传播自由是作为现代文明标志之自由的应有之义，也是媒体道德的一个根本原则，它与联合国颁布的《国际新闻道德信条》的规定在基本精神上是一致的。但是，随着大众传媒滥用传媒自由的现象越来越严重，作为自由主义之补正的社会责任论开始兴起。在我国传媒界，学者们大多把传媒的社会责任理解为"对社会负责，对群众负责"；有学者则提出，社会责任最根本的标准是有利于发展社会主义生产力，其具体标准是有利于提高整个中华民族的思想道德素质和科学文化素养。也有人以强调"社会效益"的形式来讨论传媒的社会责任问题。《中国新闻工作者职业道德准则》中就提出要"把社会效益放在第一位，在这个基本前提下，实现经济效益和社会效益的统一"。陈超南则把传媒的社会责任理论概括为自由是权利与义务的结合。他认为，新闻自由将言论出版的权力从封建贵族专制中解放出来，而社会责任论则使旧的新闻自由观念摆脱了天赋权利的魔影，将新闻自由带回到对道德权利认识的起点上，重新加以审视。

传媒自由及其社会责任的讨论其实也就是关于"传媒自由及其限度"的讨论。它始自"新闻自由与新闻的社会责任"的争论且以其为主，分歧也最大。甄树青在其《论表达自由》一书中总结了对新闻自由的五种界定方法，而关于新闻自由的限度也有公共利益、名誉权、隐私等不同的原则与认识。

第二，关于价值与利益的冲突问题。传媒伦理的实质乃是一种关于价值的探讨，这关涉传媒价值、社会价值、文化价值等。传媒的价值冲突主要表现在传媒自身的原则与社会的普遍"善"价值之间的冲突。这种冲突在我国传媒实施"事业单位企业化管理"的双轨制及市场化的经营体制以后更为明显：由于政府对传媒实施"断奶"，不再对之进行财政的扶持与补贴，而是要求传媒在经济上自负盈亏、自谋出路，这样传媒的角色就由此前的单纯舆论引导者的身份而一变成为身兼经济创收者与舆论引导者的双重身份。有学者认为这种双重身份正是传媒社会责任理念的困境之根源所在。较之单一的舆论引导者的身份，经济创收者的身份参与及随之而来的经营理念受市场逻辑的指引、传播理念转向以受众为中心等，这些变化使得传媒的社会责任意识淡漠了许多。其中最为学者关注的是，传媒的这种转变恰好迎合了受众世俗化的倾向，并在受众世俗化的影响、互动中变得越加庸俗化、琐屑化了。许多学者都认为，世俗与世俗传媒的合流成了解构传统道德先锋力量，整个社会因此普遍迷失了道德方向，这恰是当代传媒最受诟病的地方。

另外两个为学界关注的价值冲突问题是有偿新闻与新闻广告。绝大部分传媒伦理研究都提及过有偿新闻对新闻职业道德的冲击及其对公共道德的危害性。至于新闻广告，早在20世纪初，徐宝璜先生就在其《新闻学·新闻纸广告》中提出，报纸除了讲究广告艺术之外，还必须遵守广告之道德。而当时他提出的第一条广告道德原则就是"广告须遵循新闻与广告分开"的原则。但现实是，有偿新闻与新闻广告在当前却是一个极普遍的现象，这也说明了我国当前传媒伦理建设的任务之急、之重。

第三，关于过多的性与暴力的暴露。学者们大多认为，这是传媒世俗化、庸俗化的表现。人们对大众传播媒介的道德批评相当一部分集中于此。但关于这一问题的研究多散见于传媒研究（特别是电视理论）之中。李伦等学者特别研究了网络中的这种性与暴力的泛滥现象，指出其对青少年的负面影响是一个尤为值得社会普遍关注的问题，媒介如何自律以及如何建立自己的价值标准与践行机制问题也因此而变得愈加迫切。

第四，关于传播侵权问题。目前，传媒伦理关于这一问题的研究主要集中于传媒与隐私权的关系问题。在市场化与商业化的进程中，大众传媒越来越偏好于以暴露隐私（尤其是名人隐私）来吸引受众的眼光。学者们普遍认为，当前的大众传媒对人们隐私权的侵犯已经严重影响了人们的日常生活，应当采取适当的措施来保护隐私权，而媒介则应遵循自律理性；在隐私问题上，学者们还提出媒介应当谨慎对待灾难事件中的受害者，尤其是强暴受害者的隐私的侵犯信息，在这种事件的报道中，媒介应体现充分的人文关怀精神，随意公布他们的隐私是不道德的。但是来如何界定隐私与公共话题的关系呢？甄树青提出了他的几个原则：其一，公共利益原则。即当人们的私自言行影响到其公共职责或社会公益时，对这些言行的曝光不能算是对其隐私的侵犯。其二，合理公众兴趣原则。即传媒应当满足公众对公众人物或公职人员隐私的合理兴起，因为这有利于社会监督，这方面的报道也不属于侵犯隐私。其三，同意原则。即新闻人物同意公开其隐私。广告对大众隐私的侵犯是一个相当有趣的话题。张金花等人认为，由于当前广告无处不在，而且有的广告甚至是强制性地侵入人们的生活环境，它已构成了对大众隐私的侵犯。李伦等人讨论了网络伦理中涉及的黑客、不明电子邮件以及不经当事人许可而在网上公布或在网际间传送其个人信息等与隐私相关的问题，认为这一问题的解决当寄望于网络道德教育。在网络伦理的研究中，关于网络中的知识产权问题也是一个热点。严耕等人认为，为保护隐私，我们应当奉守知情同意、权利协调、克俭等伦理原则。

第五，关于传媒伦理的学科建设。受我国传统伦理学研究的影响，传媒伦理的研究者们在其"开张"之初就大多致力于建构出一个系统的学科体系，其中尤以新闻伦理学和网络伦理学为甚，但其中不乏争歧之处。

周鸿书、蓝鸿文、黄瑚、徐新平等人在自己的新闻伦理学教程中都对新闻伦理进行了一番历史的考察。严耕、李伦等人也在自己的专著中研究了网络伦理发展的历史。梁俊兰、陈超南、沙勇忠等则梳理了信息伦理学的发展史。与一些学者把传媒伦理的历史考察深究至古代传媒的立场不同，陈超南人为，传媒伦理的考察无须涉及古代传媒，因为当时的传媒（主要是报纸）并不会引发学人对传媒（报纸）作伦理的思考，故考究传媒中的伦理问题，应当从出现了现当代意义上的大众传媒开始。

在论及各自领域的道德原则与规范方面，新闻伦理方面，一般认为我国新闻职业道德的基本原则应当是在全心全意为人民服务的基础上，坚持真理，实事求是，坚持正确的舆论导向。至于具体的新闻职业道德规范，争议不多，本文也不再赘述。网络伦理方面，严耕提出要以全民、兼容及互惠作为网络伦理的基本原则；李伦则认为，网络作为一种有自身结构及功能特色的生态体系，网络伦理所应遵循的基本原则当包括无害原则、公正原则、尊重原则及允许原则等。

陈超南在其《彩色的天平——传媒伦理新探》一书中考察了传媒伦理学的兴起、现状及传媒伦理与当代社会等的相关问题，这是我国第一部以"传媒伦理"命名的专著。但他并没有着力于传媒伦理的体系建构，他认为，当前传媒伦理学中的基本原则来自整个社会的一般道德观念，也就是说，人们试图用社会上已被认可的一般道德观念来解释传媒中的伦理问题。而要将以前在哲学层面或伦理学基本理论层面上的伦理研究与传媒伦理研究结合起来，本身是一个过程，其中需要对一系列传媒典型事例作理论分析，并将普遍的伦理原则加以具体化和明细化，需要创造性地运用这些伦理原则去解决与分析传媒问题。在他看来，传媒的伦理原则应当包括言论的自由、社会的责任、人类的正义、职业的道德等。该书为整合性的传媒伦理研究做了一些基础性的工作，但这一工作还需要更多的人来参与并完善之。

第六，关于传媒领域的道德建设问题。学者们除强调规范与原则建设外，还不约而同地在道德教育与修养方面泼墨甚重，这也间接反映了当前大众传媒界的道德状况令人担忧。学者们大多认为，加强职业道德的教育以促进媒介从业人员的职业自律是必要的，这一教育精神应当在学校尤其是传媒专业领域得到有效的贯彻。李伦提出，网络道德教育在当前最为急迫的任务是加强青少年的教育，学校、政府乃至法律部门都应当在这方面有所作为。黄瑚则提出了"新闻职业道德境界"的概念，即新闻行业及其从业人员在某一时期内所意识到并实际达到的特定社会或阶级的新闻职业道德水准。他认为社会主义社会的新闻职业道德境界，大致可以分为五个层次，其中，较高境界的忠于职守、克己奉公、属自觉的、突破了以职业为谋生手段的境界；而乐于奉献、大公无私则是最高层次的境界，也是理想的境界。还有学者提出了大众媒介素养的问题，认为改革开放以来，我国传媒生态已经发生了重大变化，① 在这种情况下，在健全法律制度、规范传媒市场之外，提升大众的媒介素养就是道德水准层面的必要应对措施。这一理论无疑极具诱惑力，但如何理解媒介素养及如何提升大众的媒介素养则一个尚待深入探究的课题。

2. 我国传媒伦理研究与国外传媒伦理学研究的比较与启示

传媒伦理研究已然成为当前国内外学界关注的热点之一，国外相关研究在学术积累、所涉及领域的宽广度、研究问题的纵深度、方法、立场等诸多方面都有值得我国学界借鉴、参考之处，对促进相关研究向纵深发展、完善我们的传媒伦理学体系均有裨益。在二者的比较中，我们还能考察到，国内外传媒伦理研究的共同缺失之处，这种考察也有益于完善双方的研究。

其一，国内外传媒伦理学术背景的比较。

国外系统的传媒伦理研究始于20世纪60年代，而我国的这一研究则始于20世纪80年代，尽管这一时间差距并不大，但国内外传媒伦理研究的背景却有很大的区别。早在20世纪20年代，国外学者就已经开始深入探讨新闻业的社会责任问题，而在此之前，传媒伦理的相关研究已经在社会学、心理学、文化批判理论、政治科学乃至历史

---

① 陈先元、蔡国芬等提出了媒介素养问题，两分别著有《大众媒介素养论》与《媒介素养》。在《大众媒介素养》一书中，陈先元把媒介素养界定为"大众对传媒及传播信息的谁知、解读、评判、接受的基本素质及实际能力"。而在论及传媒生态的变化时，他则从信源、信道、信宿三个方面加以论证，即：信息来源由封闭性走向开放性、信息渠道由狭隘性走向宽阔性、信息归宿由简单性走向繁杂性。（参见，陈先元：《大众传媒素养论》，上海交通大学出版社，2005年版，第1—26页。）

学领域中展开了。当时的这些研究主要针对新闻业自由主义的泛滥，因此，社会责任理论的提出被认为是对传统自由主义的补充、确证与修订。尽管这些研究缺乏系统的整合，但它们却为后来的传媒伦理研究提供了丰富的学术资源。正是有了这些长期的学术积累，系统的研究一经展开，国外传媒伦理研究就迅速建构了比较完整的学科体系。这主要表现在三个方面：一是出版了大量的传媒伦理教材和理论专著，根据克利福德·克利斯蒂安的考察，国外传媒伦理研究在20世纪80年代日趋繁荣：80年代出版的传媒伦理著作比20世纪初以来的著作还要多，而1990至1995年出版的传媒伦理著作又超过了80年代的总和[1]；马休·柯尔南等人也专门统计了80年代至90年代的这些教材与专著[2]。二是创办了专门的传媒伦理学术刊物，如《大众传媒伦理杂志》、《社会信息、沟通与伦理杂志》等，这些学术刊物反映最新的传媒伦理研究动态，并以此为平台展开相关的学术交流。三是许多大学都开设了传媒伦理或相关的课程，以对相关专业的学生进行专业的伦理教育，既培养他们的媒介素养，又提升学生的道德判断与道德行为抉择水平。而我国传媒伦理研究的早期资源主要有两个方面：一是自报业产生以来人们对新闻职业道德的探讨，包括近代以来的探讨，梁启超、徐宝璜、邵飘萍、范长江等人研究影响尤著；二是对国外研究的译介。20世纪80年代的译介主要有《报刊的四种理论》、《美国新闻道德问题种种》，90年代以后，特别是21世纪初以来，相关译介迅速增多，代表性的译著包括张晓辉等翻译的《媒体伦理学：案例与道德论据》、李青黎翻译的《新闻道德评价》、展江等人翻译的《一个自由而负责的新闻界》等，这些译著及一些影印本的刊行较好地促进了国内传媒伦理的研究。当前，我国从事传媒伦理研究的人员主要包括：第一，专业的新闻记者及媒介管理人员；第二，新闻传播专业的学者；

---

[1] Clifford G. Christians, "Review Essay: Current Trends in Media Ethics", European Journal of Communication 1995; 10; 545

[2] 参见 Matthew Kieran. Media Ethics: A Philosophical Approach. Westport, Connecticut: Praeger, 1995

第三，哲学·伦理学专业的学者。其中周鸿书、蓝鸿文、黄瑚、邓铭瑛等人对新闻伦理的研究，李伦、严耕等人对网络伦理的研究，吕耀怀、沙勇忠等人对信息伦理的探讨，张金花、陈正辉等人对广告伦理的研究，陈超南、郑根成、黄富峰等人对传媒伦理的哲学解读等有着较好的学术反响。但总体来看，传媒伦理的学术积累相对薄弱；到目前为止，国内传媒伦理的著述仍以教材为主，涉及传媒伦理的跨学科交流也没有充分开展起来，相对完善的学科体系尚处建构之中。

其二，国内外传媒伦理研究领域及问题的比较与启示。

第一，研究领域及所涉及问题更宽广、更纵深。在研究所涉及的领域方面，国内传媒伦理研究主要涉及新闻伦理、网络伦理、广告伦理等，并初步涉及了信息伦理研究。而国外传媒伦理研究不仅也涉及了这些研究，而且还把公共关系伦理也纳入到传媒伦理研究的体系中来：在他们看来，公共关系是一种特殊的传播活动，它与大众传媒是共生的关系：一方面，公关服务项目最多的就是媒体关系，另一方面，公共关系活动也为媒体提供了足够多的素材，离开任何一方，另一方都不可能有目前红火的发展势头。在现代社会，公关从业人员的角色对传媒及公众都有着重大的影响，根据有关人士的统计，大众传媒每天所获得的信息有近40%是公关从业人员所提供的。[①] 因此，公共关系能直接影响到公众与传媒对政府、公司、产品、新闻事件中人物的看法，也同样能影响到人们对一些问题的看法及相关分析，这其中当然涉及许多伦理道德的话题。故此，西方学界的一些学者认为，在传媒伦理的研究中，讨论公共关系伦理是很有必要的。此外，国外传媒伦理的研究还涉及传媒与社会、政治、文化等方面的具体问题，包括战争分析（如海湾战争中传媒行为分析）、性别歧视、种族歧以及传媒的后现代转向，等等。对这些问题的研究，我国学界在社会学等领域已经有所涉猎，但伦理领域特别是传媒伦理研究领域，则少有涉猎者。

由于国外传媒伦理已经建构了较为系统的学科体系，其对具体问

---

① Scott M. Cutlip, Allen H. Center, Glen M. Broom, *Effective Public Relations*, 6th ed. Englewood Cliffs N. J.: Prentice Hall, 1985, p. 429.

题的探究也因此更具纵深特点。一方面，国外传媒伦理研究对现实中传媒伦理问题关注更为及时、全面。如对传媒娱乐化、传媒市场化、传媒集团化、媒介经济及传媒后现代化转向等问题的伦理研究方面，我国伦理学界尚少有研究者；而在国外传媒伦理学体系中，对这些问题的伦理研究已经较为全面而深入。以传媒集团化的伦理研究为例，国外的传媒伦理研究指出，在传媒集团化进程中，资本对传媒的操控影响了媒介独立性并进而影响了媒介对信息的选择及其态度；有学者甚至指出传媒集团化已经触及了新闻实质性的变化。这些批判性的研究对于促进西方一些国家出台成文法限制传媒集团化起到了一定的作用：1996年，英国就通过立法来限制传媒集团化的领域及其规模。另一方面，国外传媒伦理研究中对现实问题的关注更注重其现实意义与现实可操作性。如传媒娱乐化及相关伦理问题研究、传媒集团化及相关伦理问题、全球传媒与电子殖民、弱势群体问题等都是我国学界在研究传媒伦理时关注不够甚至没有涉及的问题。国外传媒伦理在对这些问题的总体的研究中，不仅分析媒介的道德性问题，更深入地探究人（传播者、受众及相关当事者）在媒介事件中的影响，关心人的价值及其实现。此外，国外传媒伦理研究中还涉及媒介行为中一些技术操作层面的伦理分析，如摄影师的道德分析，主要涉及灾难事件中对当事人及其亲属的保护问题。有一种行为受到普遍质疑，即不顾新闻当事人的生命、财产安全抢拍照片，其中的许多问题在我国传媒伦理的研究有所涉猎，但都不够深入。理论的不足也影响了这些研究的现实意义，借鉴国外的相关研究，有助丰富国内传媒伦理研究的内容及其体系。

其三，国内外传媒伦理研究立场、方法的比较与启示

我国传媒伦理研究中存在着一种较为普遍的执著于伦理原则与道德规范建构的倾向。面对当前媒介的道德失范问题，学者们试图通过构建相应的伦理原则与道德规范体系来解决问题。这种立场的实质是把传媒伦理学解读为一般伦理理论在媒介领域的应用，这种立场考察到了当前媒介失范的态势下规范建构的必要性，有其合理的一面。毕

竟，相关道德问题的解决多少都须借助伦理原则与道德规范对行为的规划与制约。但当前国内传媒研究中对伦理原则与道德规范的讨论中存在着两个误区：其一，把伦理原则或道德规范作为首要甚至最重要的出路方案，企图依靠伦理原则与规范的建构而一劳永逸地解决传媒领域中的媒介失范与道德建设问题；其二，与之相关的是，部分学者自觉不自觉地把传媒伦理特定的伦理原则与道德规范流俗于社会基本伦理原则与道德规范的传媒化解说，即把传媒伦理简单地解读为一般伦理原则与规范的应用。但是，单纯地执著于伦理原则与道德规范并不能有效解决媒介领域中的道德问题，而且片面地强调伦理原则与道德规范使得许多研究陷于教材式的而难以达至某种深度，这甚至危及了传媒伦理本身的合法性。因为，当前传媒伦理的研究中，人们对传媒伦理本身特定的伦理原则与道德规范的讨论还很不充分，在许多方面尚未达成一致。更重要的是，如果人们不能从内心深处认同其价值并在实际生活中自觉践行之，那么，最好的伦理原则或道德规范也不具任何价值。在这一点上，国外传媒伦理的研究就很值得借鉴：国外传媒伦理学研究更倾向于德性的理论与实践探讨，德性论认为伦理学的首要任务是告诉人们如何认识自己的生活目的，并为实现一种"善"的生活的内在目的而培植自我的品德与美德。一个人的品格是由心理动机、理想、行为方式和习惯等组成的，具有美德的人选择一种义务和行为规范是出于自觉，是通过尊重义务和规范的行为来培养和磨炼自己的德性，最终成为具有健全人格和高度道德修养的人。相应的，在国外的传媒伦理研究中，伦理探究的目的被界定为帮助人们学会在特定的伦理境遇中作理性的分析并在此基础上以理性的方式行动。换句话说，在国外的传媒伦理研究中，正确的伦理推理目的在于得出能产生合理行为的负责的结论，而符合伦理的行为又被普遍地界定为富有人文关怀性质的"尽最大可能减少不公正的伤害"。这种研究势必也会涉及伦理原则与道德规范问题，但较之单纯的原则与规范诉求，这种研究无疑更富有伦理意味。另外，国外传媒伦理研究也建构了有其基本的原则体系，这些基本原则包括亚里士多德的中庸之道原则、康德的绝对命令原则、密尔等人的功利主义原则、罗尔斯的正义论以及麦金太尔等人的社群主义理论等。这些原则相当广泛地代表了那些经过时间考验的伦理选择，是整个世界哲学的价值核心。奠基于这一原则体系的规范建构也因其有着更为丰厚的文化与价值内涵而超越了单纯的规范铺陈。

在研究方法上，国外传媒伦理研究尤有值得我们借鉴的地方。西方国家，特别是美国的传媒伦理研究方法直接受威尔伯·施拉姆对传播研究方法界定的影响。施拉姆指出，传播研究是定量的而不是思辨的；它的从业者对理论极其敏感，但这种理论是他们能验证的理论。在这里，施拉姆赋予传播研究以绝对采用行为科学取向的特征。他坚持认为，他们是行为研究者：他们努力发现一些关于人类行为为什么发生、传播如何可能使人们更幸福、更富成效地生活在一起的东西。受这种理论的影响，美国的传媒伦理研究也主要取实证主义的研究方法：它从一开始就没有局限于纯理论层面，而是面向实践，试图把握、分析和解决传播活动中现实的伦理道德问题，进而提升管理决策和行动的伦理质量。这种研究方法也影响了其他一些国家的传媒伦理研究。国外传媒伦理的研究整体上较为注重实证主义的分析，尽管欧洲的一些研究相对重视理论分析，但实证分析在其研究中仍有较大的分量。这种实证研究具体体现在个案研究及其基于个案研究的道德推理。其研究思路是就某一特定的、有一定现实意义且具相当典型价值的案例作开放式伦理讨论，这种讨论并不一定完全以得出普遍有效的行动结论为目的。因为，在他们看来，行动的情境因人因时而异，讨论的目的主要是帮助人们在复杂的伦理情境学会如何做伦理的价值判断及行为抉择，即学会理性地对待伦理价值问题并进而做出符合伦理的行为选择。在此基础上，传媒伦理的研究分析出相关的伦理相关者及其利益原则，并根据这些利益原则来确定行为方式。此外，国外传媒伦理的研究既不始于伦理学界，也不局限于伦理学界，而是在传媒界、学术界、政府和社会公众之间形成了较好的互动态势，这既有利于提升人们对传媒伦理问题的认识，也有利于促进其研究的实践应用，这是国外传媒伦理研究的一大特色，也是值得国内学界借鉴的方面。

  国外传媒伦理研究对规避伦理中心主义有着清醒的认识。他们认为，虽说深入探讨与传媒相关的伦理问题会增加我们对传媒认识的价值维度，但实际上并不存在一个普遍被接受的解决问题的伦理标准，因而，这些问题的解决也没有一个被普遍接受的答案。事实情况是，传媒专业人员甚至没能在是否应该有关于记者、编辑及媒体自身的伦理原则这一点上都达成共识。他们清醒地知道传媒的首要任务是广集各方意见并把公众应当知道的事解释清楚，这表明他们对传媒伦理的地位与作用应当有一个清醒的认识，即便是讨论传媒伦理的时候，他们也没有忘记传媒最主要的功能是告知人们正在发展的事。而这也恰是确保民主政治得以正确发挥其功能所不可或缺的。因此，在探究传媒问题时，首先要决定什么事是应当做或必须做的，而不是首先探究其伦理的方面。当然，这两点是在认可传媒伦理研究的必要性的基础上提出来的，即它认同传媒研究中伦理进路的必要性，但又不陷于伦理中心主义的泥沼，这种立场确立了传媒伦理研究的开放姿态。

  其四，国内外传媒伦理研究反思。

  应当说，国内外传媒伦理研究都在各自领域取得了很好的成效，其研究对指导人们正确认识传媒及其伦理问题、对规范传媒运行等做出了较大的理论与实践贡献。但不论是国内的传媒伦理研究还是国外的传媒伦理研究，都面临着两个共同的问题：其一，对规范的规范问题。从目前的情况来看，不论是国内还是国外，人们都已经充分认识到了传媒领域伦理道德问题的严重性与迫急性。基于这种认识，各大传媒机构及学术界都积极地参与对传媒的伦理道德问题及其解决、传媒的伦理原则与道德规范的建设等问题的讨论当中来。现实情况是，各种伦理原则、伦理信条、道德规范之类的规章或文件并不少见，各大媒体机构都制订了自己的伦理信条或道德规范。但是，相关原则、信条或规范等的执行机构与方法、违反规范的具体制裁方法等方面却都存在诸多不足：对伦理规范的遵守完全诉诸自愿，许多协会的伦理规范或章程中，甚至很少附有惩罚条例，即便是有，也多限于口头警告等方面。根据罗恩·史密斯的考察，1923年美国报纸主编协会在制定伦理规范之时，协会的124名成员中有一些曾提出协会应当拥有类似法律和医学协会所拥有的权力，以使协会可以惩罚不道德的从业人员，甚至禁止他们继续从来本行业。当时，他们想拿《丹佛邮报》的发行人F. G. 邦菲尔斯开刀，将其驱逐出协会。原因是邦菲尔斯曾经接受100万美元的贿赂，答应不发表怀俄明州政论将石油储备非法卖给私人的报道。开始，协会成员投票决定驱逐邦菲尔斯，但邦菲尔斯随即威胁要以诽谤罪起诉这个团体及其每一位理事。他提出，如果协会不再提驱逐他的事，他便可以停止诉讼。协会理事在这种情况下选择了妥协，而对于如何惩罚显然触犯了道德规范的行为的讨论也停止了。若干年后，该协会正式通过了一个动议，明确指出对伦理规范的遵守应完全出于自愿。1985年，在职业新闻工作者协会的会议中再次发生了类似的争论。最终，职业新闻工作者协会理事会投票决定不把规章制度与惩罚条例捆绑在一起。即使是到了现在，许多新闻行业的协会所制订的行为规范中，尚很少附有处罚条例的。[①] 导致这种情况的原因，一是伦理或道德的制约缺乏制度上的强制保障；二是协会不愿意或承受不起诉讼的费用。这使得媒体在运作时更多地考虑法律规范而不是社会的伦理要求或它的伦理责任。对于这种情况，施拉姆深感失望，他甚至因此把媒介的守则称为只是媒介从业人员工作有关目的与标准的一种宣示，让新进者或有志于这个行业者研读全文后而的所启发罢了，他甚至认为这些守则之类的东西从不曾发挥节制的力量与作用。[②] 因此，如何建立"规范的规范"，确保现有规范的正当性与有效性是国内外传媒伦理学界所共同面临的迫急性问题。其二，国内外传媒伦理学研究都在一定程度上存有"元"深度的缺失。如前所述，国内传媒伦理研究中，人们由于偏执于原则与规范的铺陈工作，而少

---

① 罗恩·史密斯：《新闻道德评价》，李青藜译，新华出版社，2001年版，第24—25页。

② 转引自张国良：《20世纪传播学经典文本》，复旦大学出版社，2003年版，第288—289页。

有人对传媒伦理的概念、传媒伦理所涉及的关于媒体的"善"与"恶"、"正当"与"不正当"等问题作元哲学·伦理学的分析。国外的传媒伦理研究也面临同样的问题：在国外的传媒伦理研究中，个案研究虽是它的一大特色，但却往往由于偏失于案例堆砌，而使得其研究显得过于凌乱，而且过多的案例堆砌还使得其传媒伦理的研究淡漠了"元"理论的探究。这种状况同样导致了对传媒伦理学领域中的一些概念、范畴关照不够，这种不足也直接影响到了传媒伦理学的学科建设，即循此行的道德推理得出的所谓理性行为方式常常缺乏实际可操作性，这进而导致了相应规范的无力。"传媒伦理的研究常常遵循这样的模式——最后退到以法律作为唯一可靠的指导"①，克利福德·克利斯蒂安对传媒伦理这种现状的分析，恰到好处地说明了传媒伦理研究中，"元"哲学·伦理学的研究有待于进一步加强。

三、基本思路

1. 基本思路

传媒伦理课题的研究，近年来日趋繁荣。但实事求是地说，学者们在学科框架、基本研究方法等问题上尚存有太多的争歧。是主要研究系统的理论问题？还是做现实中作具体的问题研究？从已有的研究成果看，不难看出学者们在这两个问题之间的犹疑。本书拟在整合此前已有研究成果的基础上，围绕传媒伦理的概念界定、当代中国重大传媒现象的伦理反思及当代中国大众传播媒体的道德建设三个核心议题，深入探讨传媒伦理的基础理论与实践问题。基本逻辑进路是：首先深入探究传媒伦理的基础理论问题，包括"传媒伦理"这一概念的元伦理分析、传媒伦理理念及其变迁。在这种分析中，传媒伦理的可能性与必要性分析尽管有些落入俗套，但仍有必要。在这种分析之后，本书的解读并没有像大多数应用伦理的研究一样走笔进入传媒伦理的

---

① 克利福德·G. 克里斯蒂安等：《媒体伦理学：案例与道德论据》，张晓辉等译，华夏出版社，2000年版，第2页。

原则与道德规范的建构或传媒伦理学科基本框架的架构程序；而是展开了对当前重大传媒现象的伦理解读与反思，并进而考察媒体道德建设问题，即便是在道德建设问题的考察中，本课题研究仍试图避免具体的伦理原则、道德规范的论证工作，而是从伦理的维度深入探究媒体道德建设的应有维度、国外传媒伦理原则与规范建构的启示等。之所以按这个思路走笔，主要是基于以下几种考虑：

第一，在传媒伦理的讨论中，关于传媒伦理本身特定的伦理原则与道德规范的讨论并不充分，在许多方面尚未达成一致。如关于责任，伦理学与传媒界、学术界与实务界对责任的看法就存有诸多争歧之处；再比如关于真实性，即便是人们普遍认同它是新闻职业的首要原则，伦理学界与传媒界对真实性还是存有不同的解读，即便是在传媒学界，对于真实性的某些方面，如"本质真实"等也没有达成一致。在这种情况下，如果一定要建构传媒伦理的原则与道德规范体系的话，将会自觉或不自觉地把传媒伦理特定的伦理原则与道德规范流俗于社会基本伦理原则与道德规范的传媒化解说，而这正是笔者所力图避免的事。之所以没有试图架构起传媒伦理的学科框架还在于担心如果那样走笔，书稿很可能陷于教材式的敷陈而难以达至某种深度。当然，另一个原因就是，试图在一本书中解决一门学科的学科建构的所有问题是一件不现实的事情，传媒伦理的理论与实践问题的研究需要更多的人参与到其中来。

第二，作为一门应用性的学科，传媒伦理最大的特点当在于它的实践性，即对传媒现实的伦理解读与反思。但实际上，在当前传媒伦理的研究中，人们对一些重大的大众传媒现象如真实性问题、传媒娱乐化问题、传媒市场化及其随之而来的集团化问题、传媒的后现代化问题关注不够，在这种情况下，对这些现象的伦理解读与反思就更有其必要性。一方面，我国学术界与实务界在上述传媒现象中步入了一些误区，如娱乐化趋向的无限放大、市场化原教旨主义的抬头，集团化问题上的非理性及对传媒后现代化的无意识等等；另一方面，大众传媒这些问题不仅影响了传媒自身的建设与发展，而且也直接影响了当前我国的社会道德重建工程。因此，可以说，对这些问题的关注与反思在某种程度上也体现了笔者对这些问题的学术敏感性。

第三，对这些现实问题的讨论是传媒伦理学科建设的基础工作，也只有在这种讨论得到了充分重视并取得初步成果之后，传媒伦理的学科建设才可能具备一门学科所应具备的理论合法性与现实合理性。

2. 主要内容

第一章在分析此前对传媒伦理界定的基础上，提出了新的传媒伦理概念。指出传媒伦理是系统地研究"道德善"的大众传播媒介当如何履行其职责、大众传媒是否符合它的应当以及媒介从业人员在其媒介行为中对善与恶、正当与不正当的认识与抉择等问题的学科。与人们实际生活相关的是，传媒伦理也试图界定那些构成价值与生活规范的被作为个体、群体或文化共同体的人们所共同认可的原则性的内容。笔者进而从大众传媒的社会角色、社会转型时期道德重建的吁求以及传媒伦理缺失的改造需要三个方面论证了传媒伦理的必要性，从道德作为一种资源及道德议程设置两个方面论证了传媒伦理的可能性。

第二章从自由到责任——大众传媒的伦理理念变迁，主要是梳理了传媒伦理理念变迁的历史，即从传媒自由理论到传媒的社会责任理论的理念变迁史。从伦理的角度解读了传媒自由理论与社会责任理论，厘清了传媒自由与社会责任理论的关系，指出传媒社会责任理论不是传媒自由理论的对立面，传媒社会责任不是要反对或推翻传媒自由，而是要挽救传媒自由。在这里，传媒社会责任是对传媒自由的补充、修正与确证。在此前研究成果的基础上，本书还建构了大众传媒的社会责任框架，阐释了传媒社会责任理论的历史意义。

第三章主要是从伦理学的角度解读了新闻真实性问题，笔者认为，作为一个最基本的职业要求与规范，新闻真实性的道德现状令人担忧，这主要体现在新闻失实及"有闻必录"两个方面。虽然真实性是新闻职业首要的职业原则，但真实性不等于"有闻必录"，作为公共信息的过滤器，新闻媒介有责任选择那些值得报道的有重大意义的事件，并要求新闻媒介能凸显意义，而不是停留在简单的报道层面；同时，新闻媒介还应当考虑真实性报道的方式与角度，充分体现出对人的关怀。

第四章主要是对当前传媒娱乐化现象的伦理反思。在分析了传媒娱乐化概念及其原因以后，提出当前的传媒娱乐化是对传媒娱乐功能的异化，它放大了娱乐在传播媒介中的地位，放大了人情味、趣味性等因素，从而偏离了传媒娱乐功能的初衷。更为严重的问题是，当前的传媒娱乐化在媒介经济伦理问题、人文关怀及社会价值观的引导等问题上严重背离了社会伦理与道德的轨道。大众传媒迫切需要在文化内涵的培植上下更大的功夫，毕竟娱乐不可能成为媒体受众的全部需要，而文化的要求则已成了有识之士的共识。

第五章主要是反思当前我国传媒市场化进程中的相关伦理问题，在传媒的市场化进程中，大众传媒的身份由此前的单一舆论引导者的身份，转而成为身兼舆论引导者与经济创收者的双重身份。这种身份的变化也引起了传播理念的变化，体现在大众传媒对受众的定位上就表现为受众从传统传播体制下的社会主义公民转而成为市场体制中信息消费者，而传媒则把自身完全等同于市场体制中的生产商。这种理念变化的深层含义则是大众传媒在审美情趣的彻底媚俗化与社会责任意识的日渐淡漠化。传媒集团化是传媒市场逻辑下的必然，但传媒集团化所引发的伦理难题却尚不为学术界与业界所重视，这问题包括竞争与发展的悖论问题、社会效益与传媒经济效益的矛盾问题以及传媒集团化进程中最受人们关注的传媒集团对媒介的操纵可能导致的使媒介独立受到威胁的问题等等。

第六章从伦理的维度解读了传媒的后现代化现象。虽然中国的现代性是一项尚未完成的工程，而后现代是一个与当代中国思想事实基本无关的文化概念，但当前我国的大众传媒却在各个层面都凸显出了西方后现代性理论的诸多特点。当前后现代化传媒导致的普遍的道德困境主要关涉到两个方面：一是哲学理性空间被全面压制；二是传统道德权威及其价值体系被彻底解构，而新的建构性的工程又变得遥遥无期。既然我们并不生活在一个所谓的后现代社会之中，那么，当前中国的道德重建工程以及传媒本身之道德构建的社会基础就应当是现实的现代性的社会,而不是语焉不详的后现代性社会,也就是说,现代性才是我们在当前社会道德重建中应当采取的态度或立场,也是当代传媒应有的道德立场。回归理性——回归现代性因此便成了我们重建社会道德及构建当代中国传媒道德的应然选择。

第七章主要反思当代我国媒介道德建设的应有维度,当前我国大众传媒的庸俗化、琐屑化的实质是媚俗,这里揭示的关键问题是:媒体道德建设问题不只是大众传播媒介的议题,媒介素养的培养、传媒立法的完善、学科建设与交流等都是应当考虑到的基本维度。因为,媒体道德问题根源于社会,媒体道德问题的存在本身就反映出了一些严重的社会问题。因此,媒体道德建设是一个需要全社会、各学科共同参与整体工程。媒体道德建设中的理论与实践问题,只有在当代中国社会转型及随之而来的社会道德重建中,才可能最终得到合理的解释与有效的解决。

第八章的目的并不在于构建一个传媒伦理的基本原则与规范体系,而主要是对构建这一体系的基本理论问题作深入思考。在当前传媒伦理研究尚未完全解决其基本理论问题的情况下,在这些问题上作纵深思考比姿态伸张式的铺陈出一个原则与规范体系更有意义些。

四、传媒伦理研究的意义

传媒伦理的研究有着重要的理论与现实意义

第一,加强新闻传播学界、伦理学界、媒介实务界及公众间的对话与沟通。在为《公共新闻学的理想》一书所写的序言《作为民主艺术的新闻事业》中,坎贝尔曾提到:"市民、专家、新闻工作者和学者很少一同工作。我们往往局限于自己的领域。当我们在公共领域会面时,我们只携带了部分话语来参加对话。市民带来了要求而非期望;专家带来了知识而非弱点;新闻工作者带来了信息而非无知;学者带来了睿智的批评而非惶惑;实践者带来了功绩而非失败;思想者带来了观点而非想象。这些要求、知识、信息、批评、功绩和观点为公共对话作出了贡献,而期望、弱点、无知、惶惑、失败和想象则或遭到了嘲讽。所以，对话是不完整的。"坎贝尔所说的情况完全适用于当前中国的现状，在实际的研究中，一个便利的对话尚会阙如。而传媒伦理的讨论恰可以为传媒学界、伦理学界及公众间对话与沟通搭建起一个开放的平台，这既有利于凸显当前传媒伦理问题的迫急性，也有利于寻求问题的解决方法，当然，同样有利于传媒伦理作为一门学科的建设工作。

第二，当前传媒伦理问题不仅影响到了传媒自身的建设与发展问题，而且也直接影响了当前我国的社会道德重建工程。有学者就提出当代在解构传统道德价值体系中担任了一个不光彩的角色。同时，传统道德价值体系解构的后遗症在大众传媒中体现得最为明显，这加大了社会道德"失范"的惯性，并进而使得社会道德重建工程变得尤为艰难。而传媒伦理的研究既造益于规范传媒的工作，也从一个全新的角度探究了当前社会道德重建问题，为讨论社会道德重建工程提供了一个全新的视角与方法。

第三，本书在研究中涉及了一些当前学术界，特别是伦理学界尚不太关注的问题，如传媒娱乐化的伦理问题，传媒集团化的伦理问题及传媒后现代化的伦理问题等。同时，本书在研究中也较为充分地借鉴了国外的研究成果，这些都为国内的传媒伦理研究提供了较好的资料通道与观点贡献。

五、研究方法

本书的主要研究方法包括：

第一，历史考察法。恩格斯说："每一时代的理论思维，从而我们时代的理论思维，都是一种历史的产物，在不同的时代具有非常不同的形式，并因而具有非常不同的内容。"[①] 和其他任何一种理论一样，传媒伦理研究作为一种理论思考与研究的成果都不是某一个人在某一天凭空想象出来的，它的产生都有一个历史过程，是历史的产品，是

---

① 《马克思恩格斯全集》，第3卷，人民出版社，1972年版，第465页。

历史文化发展的凝结物，也是后人站在前人思考研究的基础上所作的思考，它凝结了前人思想认识的结晶。一如歌德所言："凡是值得思考的事情，没有不是被人思考过的；我们必须做的只是试图重新加以思考而已。"本书在传媒伦理的研究中，充分考察了前人是如何认识、把握这个问题以及他们是如何论述的，考察了传媒伦理问题在不同的历史发展阶段，经历了怎样的发展过程，也考察了不同国度、不同文化背景下人们对传媒伦理的认识与论述，等等。马克思说过："哪怕是最抽象的范畴，虽然正是由于它们的抽象而适用于一切时代，但是就这个抽象的规定性本身来说，同样是历史关系的产物，而且只有对于这些关系并在这些关系之内才具有充分的意义。"① 马克思所说的这些历史关系不仅是物质的社会关系，而且也是思想的社会关系。因此，历史考察的过程实际是一个挖掘、认识思想资源，辨析、把握思想资源的过程。通过对中外历史上丰富的思想资源的整理归纳，拨冗去赘，使传媒伦理研究矗立于一个坚实的基石上，同时也避免了我们脱离人类社会对这个问题的认识史而陷入主观随意性。

第二，比较的方法。不论是传媒研究还是传媒伦理的研究，较之国内研究，国外研究都要早得多且开展得更为充分。因此，在传媒伦理的研究中，有必要在中外传媒伦理研究的充分比较中发现国内相关研究的不足，进而探究国外传媒伦理研究于国内研究有借鉴价值的地方，以补正自身研究。

第三，个案分析的方法。在对我国当前的重大传媒现象进行伦理的解读与反思时，本书部分借鉴了国外传媒伦理研究的个案分析法，这在对新闻真实性的分析与传媒娱乐化等的分析中应用得较多。个案分析的方法的优点在于可以使原本枯燥的理论研究显得更为直观而生动，但在应用这种方法时，本书又尽量避免个案的罗列与堆积。因为，在国外的传媒伦理研究中，个案研究虽是它的一大特色，但却往往由于偏失于案例堆砌，而使得其研究显得过于凌乱，况且，过多的案例

---

① 《马克思恩格斯全集》，第2卷，人民出版社，1972年版，第107—108页。

堆砌还使得其传媒伦理的研究淡漠了"元"理论的探究。有鉴于此，本书在个案分析中既注意要案例要服务于理论分析，又有意识地控制个案分析频度，不使之过于频繁而影响对"元"理论的探究。

六、可能的创新与存在的主要问题

本书的主要创新点：

第一，对传媒伦理的界定。在此前的研究中，许多学者要么把传媒伦理解读为媒介从业人员的职业道德，要么把它解读为媒介从业人员所应当遵循的伦理原则与道德规范的集合体。但这种解读既有悖于"伦理"的本性，也没有真正揭示出传媒伦理的理论与实践意义。笔者认为，传媒伦理是对人们行为善恶选择的系统性探究，它系统地研究道德善的大众传媒当如何履行其职责、大众传媒是否符合它的应当以及媒介从业人员在其媒介行为中对善与恶、正当与不正当的认识与抉择等问题。与人们的实际生活相关的是，传媒伦理也试图界定那些构成价值与生活规范的被作为个体、群体或文化共同体的人们所共同认可的原则性的内容。

第二，在梳理传媒伦理理念变迁史的基础上，厘清了传媒自由与社会责任理论的关系。在此前的研究中，针对西方媒介19世纪中期以来对传媒自由的滥用，以及当前我国及世界各国对传媒自由的滥用的现象，很多人都把"传媒自由"看成是传媒伦理的对立面。本书澄清了这种误读，指出传媒自由观念的提出本身就是基于一种对自然权利、民主、理性等的追求，它自始至终地反对独裁与压迫，并因此而有其自身的道德正当性。社会责任理论并不是一种反自由的理论，事实上，它一方面是对自由主义理论的修正与补充，另一方面也是对自由主义理念的确证。从这个角度来看，社会责任理论其实是传媒自由理论的一种演化形态，是对原有自由主义理念的修正和革新，是传媒自由思想的发展方向。

第三，从伦理的维度解读了当前我国的重大传媒现象，并进行了深入的伦理反思。这些现象包括新闻真实性问题、传媒娱乐化现象、传媒市场化及随之而来的传媒集团化现象、传媒的后现代化现象，等等。在此前的研究中，人们仅或从社会学、经济学（如媒介经济研究）及文化批判的角度探讨过这些问题，但于其伦理层面则少有涉猎者。但上述传媒现象所导致的社会伦理问题却与当前的社会道德失范却有着重大的关联，对这些问题的伦理层面的反思实有重大的理论与现实意义，不容忽视。文章在对这些传媒现象进行伦理的解读与反思时，多有观点创新之处，如提出传媒后现代化的观点，对传媒娱乐化、传媒后现代化的道德批判等。

本书也有诸多不足之处，主要有：

第一，本书并没有形成一个较为完整的传媒伦理的学科框架。我国当前的传媒伦理研究尚处于起步阶段，正是在这个阶段，构建学科的基本体系才更具迫切性。但限于学识与能力等多方面的原因，本人没能架构起这样一个传媒伦理的学科框架。

第二，在起笔铺篇之始，笔者已经对传媒伦理有了一个较为理性的认识，并力图有效地规避职业主义与道德中心主义的极端立场。但在行文走笔间还是让人觉得文稿或多或少地体现出了一种潜意识间道德中心主义的情怀。笔者的伦理学专业背景或许可以成为自我辩护的理由，但理论的偏失却只能在以后的研究中加以补救了。

上篇 传媒伦理理论基础

　　随着大众传媒的不断迅速发展，大众传媒对社会生活的渗透力与影响力也日趋强劲。现在，大众传媒已经成为人们获取信息的主要渠道，当然，这种信息中也包括道德文化信息。按照理想化的理论推演，大众传媒对道德文化信息的态度，即它选择传播哪一类道德文化信息，以及它对这类道德文化信息解读与解读方式，都鲜明地体现了媒介（以及影响媒介的道德精英们）的道德价值导向。而一旦这种道德价值导向与大众传媒的传播强度与广度相结合，就会形成强大的社会舆论环境，使得生活于其中的媒介受众能够清楚地认识到，社会在提倡什么、在限制什么、在反对什么，这就形成一种无形的道德价值选择压力及选择导向。这种道德价值选择的压力与导向不仅会直接影响到人们的道德情操、价值观、人生观的形成，改变人们的工作和生活方式；同时，作为一种议程，它还会促使受众重视、选择并接受那些在社会上大力提倡宣传的道德文化信息。大众传媒由此就具有了重要的道德功能，即它能通过反映道德舆论，形成道德舆论并进而引导道德舆论。换言之，大众传媒可以通过舆论的力量来维持社会道德，影响社会道德，并进而推动社会道德的进步与发展。由是，人们完全有理由期望大众传媒在充分满足公众的知情权的同时，还应该成为主流价值的塑造者与引导者；进而言之，人们还有理由期望大众传媒在呈现、阐明社会美德同时，还应承担丰富公众精神生活、培养公众的审美情趣等相关方面的责任，并进而成为促进社会宽容、理解、融合和发展的积极动力，为我们生活于其中的社会创造一个良好的道德环境。

但现实却与人们的这种道德期望相距甚远，我们现在所面临的问题是，大众传媒对人们生活的影响越来越大，它甚至已经改变了人们的知识结构及他们观察世界的方法和思想过程，也改变了人们的价值观念，等等。但这种改变却不是朝着我们所期望的"道德的"方向发展，而是朝着一个我们极不愿意接受的方向发展。一如法兰克福学派的学者所指出的那样，作为资本化、商品化的，且已经成为一种文化霸权的大众传播媒介正以其强力侵蚀着大众自由思想的动力与能力，使他们日益蜕化为丧失辨别能力与顺从现状的单面人。人们深深地沉溺于大众传媒炮制的虚拟现实之中，同时又对传媒可能带来的社会危机、道德危机及自身的沉溺于不可摆脱的现实深感不安。这种对传媒过于理想的道德期望与对媒介道德的现实反思催生了一门全新的学科——传媒伦理学。

第一章
媒介当载道——传媒伦理及其必要性与可能性研究

传媒伦理研究的重要性是显而易见的,对于民主社会来说,真正开放而自由的意见市场及有效的信息流通是至关重要的,而大众传媒则恰是这二者最主要的提供者。而媒介的违反道德运作则会导致人们对它的不信任并进而导致民主体系的崩溃。

第一节 传媒伦理——一个亟待界定的概念

1. 传媒伦理的初步界定及其不足

通常情况下,传媒伦理学被认为是应用伦理学的一个分支学科,但由于传媒伦理同时也关涉到权利与政治等问题,因此也有学者把它归类于社会哲学的一部分。但究竟如何定义传媒伦理学,则是一个尚未完成的工作。事实上,在我国当前的传媒伦理研究中,至今尚没有一个关于"传媒伦理"的定义,学者们只是在研究新闻伦理、网络伦理、信息伦理等传媒专业领域的伦理问题时作了些初步的界定工作。

关于新闻伦理,一种意见认为,新闻伦理是研究新闻工作者的职业道德的学问。在1984年浙江人民出版社出版的由复旦大学余家宏等人编写的《新闻学简明词典》中,新闻伦理学被解读为"研究新闻工作者的职业道德产生与形成规范的科学";而在1993年河南人民出版社出版的由甘惜分主编的《新闻学大辞典》中,新闻伦理学则被解读为:"研究新闻工作者的职业道德和行为规范形成及其规律的学科。"另一种意见认为,新闻伦理学是研究新闻工作者的职业道德与新闻媒体的道德功能的学问。周鸿书在其《新闻伦理学纲要》一书就提出:"新闻伦理学是以新闻道德现象为研究对象,并视其为研究的唯一客体。它是阐明新闻道德的起源、发展及其社会作用,揭示新闻道德的本质及发展规律的学说,是用一般伦理学的原理、原则解决新闻实践活动中人与人的道德关系、行为规范,以及新闻媒介的社会道德功能的一门科学;还是研究新闻从业人员道德品质和道德修养的一门学问。"但在新闻传媒的道德功能是否是新闻伦理学研究的对象这一问题上存有争歧:周泰颐就提出,尽管新闻传媒的道德功能与新闻职业道德有着紧密的联系,但它并不是新闻伦理学研究的对象,而是新闻学研究的对象。①

关于网络伦理,史云峰把网络伦理定义为一门全新的、以网络道德为研究对象和范围的学科。他认为网络道德是探讨人与网络之间的关系,以及在网络社会中人与人之间关系问题的;②李伦则认为,作为一门应用性学科,网络伦理学有狭义与广义之分,狭义的网络伦理学主要研究计算机网络中的伦理问题。而广义的网络伦理学则还研究计算机网络所引起的社会伦理问题。③

关于信息伦理,吕耀怀认为,信息伦理是指涉及信息开发、传播、管理和利用等方面的伦理要求、伦理准则、伦理规约以及在此基础上形成的新伦理关系。④丛敬军则认为信息伦理是社会信息现象中的伦理道德,是一定的社会道德和道德因素在社会作用下的综合体。⑤沙勇忠

---

① 周泰颐:《新闻伦理学研究对象和研究范围辨析》,《新闻学探讨与争鸣》,1996 年第 2 期。
② 史云峰:《网络伦理学初探》,《郑州大学学报》(哲学社会科学版),2002 年第 3 期。
③ 李伦:《鼠标下的德性》,江西人民出版社,2002 年版。
④ 吕耀怀,刘玮玮:《信息活动的双重规范及相互关系》,《中南工业大学学报》(社会科学版),2001 年第 1 期。
⑤ 丛敬军:《关于信息伦理学研究的思考》,《情报学报》,2002 年第 3 期。

把信息伦理解读为信息活动中以善恶为标准,依靠人们的内心信念和特殊社会手段维系的,调整人与人之间以及个人与社会之间信息关系的原则规范、心理意识和行为活动的总和。①

从以上对传媒伦理的各种相关界定中可以看出,人们在传媒伦理的研究中,大多倾向于强调传媒伦理的规范与道德调控意义,这虽然有与传媒伦理的学科特点相切合的地方,但并没有完整地把握传媒伦理的内涵。仔细分析不难发现,以上对传媒伦理的解读大多存在这样或那样的不足:其一,把传媒伦理简单地解读为传媒从业人员的职业道德,这种解读方式显然偏失于以伦理的一个狭小层面来解读伦理本身,即以传媒从业人员的职业道德要求来解读传媒伦理本身,难避以偏概全之嫌;其二,把传媒伦理界定为研究传媒领域中的伦理道德问题的学问,这实际上只是一种话语自反,它也同样没有揭示出传媒伦理的真正内涵。而且,这种解读方式还可能因其普遍应用而公式化,如经济伦理学即研究经济领域中的伦理道德问题的学问、生命伦理学即研究生命科学领域中的伦理道德问题的学问等等,应用伦理学如果普遍以这种解读方式来界定自身学科的话,那无疑是在消解应用伦理学本身;其三,把传媒伦理简单地解读为传媒从业人员应当遵守的道德规范与原则之集合体,这种解读有悖于"伦理"的本意。因为就其本质而言,"伦理"更多的是指向一种高远的价值追求。"伦理学者,论定事物价值之学也","伦理学之为科学,研究关于全体生活行为之价值者也"。② "伦理学是一个关于道德价值的有机的知识系统"③。从这个角度来看,规范与原则只不过是这种价值追求的工具性层面罢了,或者说它是伦理理性之定在的形式之一罢了,故把传媒伦理简单地界定为研究传媒领域中的伦理道德问题同样难避以偏概全之嫌。

2. 传媒伦理界定

要科学地界定传媒伦理,我想首先要弄清楚的两个问题是:

---

① 沙勇忠:《信息伦理学》,北京图书馆出版社,2004年版,第84页。
② 黄建中:《比较伦理学》,国立编译馆,1974年版,第34页。
③ 宾克莱:《二十世纪伦理学》,河北人民出版社,1988年版,第214页。

其一，传媒伦理概念界定的理论进路。传媒伦理学界定的理论进路可以从三个方面来考察，即元伦理学、规范伦理学及应用伦理学。元伦理学研究的主要内容包括两个方面：一是探究一些基本术语或概念，以及一些重要相关辞的意义，诸如善与恶、正当与不正当、什么是公正及什么是不公正等等；二是考察道德推理的逻辑与道德规范的证明。元伦理学的目标是探明伦理的价值，而不是做道德判断。在传媒伦理的研究中，元伦理学主要是着力于说明伦理学的特质在传媒伦理中的表征。

规范伦理学以道德行为为研究目标，其研究主要是揭示道德行为的普遍原则。作为一种伦理尺度，道德行为的普遍原则揭示出规范伦理学至少在寻求一种"可公度的"道德与价值追求。在传媒伦理的研究中，规范伦理学主要是在文化考究的基础上，结合本土文化传统与当代社会心理研究，分析传媒伦理的基本原则与道德规范及其合理性的道德价值。当前规范伦理学维度的传媒伦理研究中存在的一个最大的问题是：在绝大部分的规范研究中，人们大多在其研究之初就已经预设一个前提，即"媒体在其职业行为中应当是'道德的'"；但对于这一预设的前提及其合理性则很少有人去深究。这直接导致了传媒伦理研究的规范取向，即人们在传媒伦理的研究中大多聚焦于传媒的道德原则、道德规范、行动的指导方针等方面，忽略了伦理研究中应有的"元"取向；有时甚至忽略了传媒的职业专业性及其他一些重要的方面，研究中的道德中心主义倾向较为严重。同时，这也导致其研究的理论合法性与现实合理性等相关方面的问题。

一般说来，应用伦理学的研究力图利用对元伦理学与规范伦理学的理解及其指引来解决实际生活中伦理问题。作为一种实践探究，应用伦理学不能仅仅停留在对元价值的探究与对道德原则、道德规范的诉求上，更要探究其理论的合法性与现实的合理性。应用伦理学维度的传媒伦理研究之代表当属美国经验实证主义的研究了，这种实证主义的传媒伦理研究遵循逻辑实证主义的思想，鼓吹用自然科学的模式来研究大众传播现象，它采用的是从事实陈述出发，坚持从功能主义、行为主义、行政主义等出发去考察错综复杂的大众传媒问题。这种研究由于仅限从经验内容的层面分析传媒的影响力与效果等问题，研究前提过于狭窄，研究方式也倾向于保守。其最大的问题还在于，传媒伦理的实证研究主要是对现世的传媒伦理现象进行调查与研究，而在进行这种调查与研究的时候，研究者们往往是有意无意地预设了一个前提，即现存的传媒体制是没有问题的，它所发出的声音也都是公正、公平的，问题仅仅是如何通过传媒去传达这一公正、公平的声音罢了。换言之，实证研究只是从体制内来考虑问题，而不分析传媒制度本身、它的文化、现行状况及它的社会经济基本前提等。但事实上，传媒伦理研究的价值与意义恰恰在于对这些的问题分析及其对相关出路问题的探讨上。因此，实证主义的传媒伦理研究尚有许多有待反思的地方。我国传媒伦理研究起步较晚，许多研究都需借鉴一些域外的研究经验与成果，在涉及这一点时尤值思量。

其二，伦理的本性。在我国古代汉语中，"伦"本义为"辈"，意指"人伦"，即人与人交往之关系；"理"本义为"治玉"，意指"条理"或"道理"，也指规律、规则；现在，我们讲"伦理"多指基于人伦物理的道德规范要求，伦理学则被认为是研究为人之道、教人致善的学问。在西方，伦理（ethics）辞源于希腊文（Ethos），最初意指人的住所、居留之地，后来意义逐渐扩大表示人的品性、气禀与习惯、风俗，现在则多指人们应当如何的行为规范或"品格"。可见，在辞源意义上，中西方对"伦理"的解读基本相近，都突出了人伦规范与为人之品性等方面的内容。但是，作为一门研究（西季威克语）或者一门学科，人们在提到"伦理"时却存有诸多争歧：传统的德性主义认为，伦理一般的任务是指导人们如何依据至善的要求而恰当地行动的科学，或者说，伦理的任务在于规定人生的至善以及达于这种至善的方式或手段。包尔生就指出，伦理学的目的在于使生活达到最充分、最美好和最完善的发展。包尔生给定的伦理学的职能是双重的，一是决定人生的目的或至善；二是指出实现这一目的的方式或手段。同时，他还认为，作为善论、或者说价值论的前者要比作为德论、或者说义务论的后者来得重要些。但在西季威克理论体系中，伦理学则有些不一样：首先，他只把伦理学看做一种研究而不是一门学科；其次，他把伦理学分为对行为准则的研究和对人的终极目的、真正的善的研究两个方面，在这一点上，他与包尔生并无分歧；但包尔生强调的是善论，而西季威克强调的则是德论。他认为，一般说来，行为准则的研究在现代伦理思想中更突出，更易被应用于现代伦理学体系。因为在某种程度上，伦理学所研究的善只限于人的努力所能获得的善。而终极善的观念对于确定什么是正当行为并不必然是根本的，除非认为正当行为本身是人的唯一终极善。西季威克的结论是：伦理学主要是有关正当或应当的研究。西季威克的观点也得到了弗兰克纳等人的支持，弗兰克纳把伦理学的首要任务界定为提供一种规范理论的一般框架，借以回答何为正当或应当做什么的问题。但弗兰克纳们走得更远，在他们那里，伦理学已逐渐被解读为一种关于道德的、在自己的社会成员中促进理性的自我指导或决定的一种社会规范体系了。这一观点及其相关的伦理学研究方法也被我国当代伦理学界的许多学者所接受并加以中国化与宏扬。

对伦理学的这种解读与近代以来社会价值多元化，以及人们对这种价值多元化的道德认同有很大的关系。关于这一点，罗尔斯描述得很是到位：我们今天不能再把人们歧异的价值追求、对于人的生活目标乃至终极关切的不同理解看做反常或暂时、有待整合和统一的现象了，而是从此以后就应当把某种价值观念的分离看做持久和正常的状态了。但罗尔斯同时也指出，在这种多元价值正常化的状态之下，任何一种价值都无法得到公众的普遍认肯，问题也因此随之而来：在人们认同了价值多元化的道德现实之后，他们随即发现，道德价值的多元化及其不可通约性的矛盾使得定义一个普适意义上的关于人及其类的"至善"变得极为困难，乃至于几乎不可能了。所谓"普遍伦理"的争疑与讨论就从一个侧面反映了人们对当前世界缺乏一个普适的关于人及其类的"至善"观念的焦虑。作为一种退守，现代伦理学在探讨伦理或道德问题时，不再聚焦于善论，也就是关乎人及其类的终极关怀，而更多地关注达到这种善的手段方面，即对行为的准则与规范方面。也就是说，伦理学由此狭隘为专门探讨人与社会、与他人相关的行为的道德准则的学说。这恰是现代伦理学颇受诟病的地方，因为这种立场几乎就是割裂了伦理学作为一种行为价值学说的整体内涵，使伦理学变成了一种单纯的行为规范学或"准则学"，忽略或掩饰了其价值本体意义。对此，万俊人也颇有看法，他认为，由于我们把伦理学仅仅理解为一种规范学科，并把社会约束性视为其最本质的特征。同时，我们虽然看到了道德既作为意识形态又作为上层建筑的特征，指出了它与经济之间的"作用"与"反作用"关系。但是，我们忽略了或者说是没有能看到道德的价值主体性特征和超越思想性特征，以道德的约束性、规范性取代了它固有的引导性、主体性和创造性；以道德对社会的依附性和维护角色排除了它与社会的互动作用方式和批判性角色；以道德是人类对世界的一种"特殊把握方式"的认识掩盖了它同时是（且更多的是）一种人把握自身的特有方式的内在化特点。最终是把道德和伦理学变成了一种纯外在化、政治化和非人性的东西，以至于难以避免与法律和政治的"角色混同"。①

当代伦理学的研究表明，许多学人都试图重新找回那个普遍的"善"，并在此基础上重新定义伦理学，麦金太尔就是其中之一。麦金太尔认为，自启蒙运动以来的现代性思想谋划已经宣告彻底破产，而作为这现代性思想谋划内容之一的"现代性伦理"——即他所谓的沉迷于为现代性社会制定道德规则与道德秩序的单面性的规范伦理也随之宣告失败。在他看来，克服现代性伦理的单面歧向的出路唯在于重返古典美德伦理传统。②万俊人则提出，以罗尔斯及其《正义论》鸿著为标志的当代社会正义伦理也代表了当代（西方）复归传统规范伦理趋势的一个主流方向。③事实上，当代伦理学对正义原则、仁爱原则、

---

① 万俊人：《比较与透析：中西伦理学的现代视野》，广东人民出版社，1998年版，第340—341页。

② 应当说，麦金太尔回归的理论主张有值得商榷的地方，但于找回"那个普遍的善"这一点则完全是可以接受，我们的分歧仅在于，以何种态度及何种方式来建构之罢了。

③ 万俊人：《伦理学新论》，中国青年出版社，1994年版，第86页。

功利原则、权利原则等的普遍关注与世界性研究热潮也昭示着人们寻求普适"善"的共同努力。

至于到底什么是人类普适的"善",这不是本书的研究任务,但我在此想要表明的是,对传媒伦理的界定必须有一个文化认同的"善"的基础,也就是说,传媒伦理当是基于一种对人类,至少是对某一文化域中具有普适意义的"善"的认同与指向基础上的价值探讨,而不仅是纯粹的规范、约制的说教。

这样看来,传媒伦理所研究的内容就很容易理解了:传媒伦理首先是对人们行为善恶选择的系统性探究,它是系统地研究道德善的媒体当如何履职、媒体是否符合它的应当以及媒介从业人员在其媒介行为中对善与恶、正当与不正当的认识与抉择等问题;其次,传媒伦理也试图界定那些构成价值与生活规范的被作为个体、群体或文化共同体的人们所共同认可的原则性的东西。从研究的内容上看,传媒伦理在宏观上涉及正当与不正当、道德"善"的生活由哪些因素组成以及道德恶的本性是什么等问题;在微观上,传媒伦理主要关注伦理的媒体实务包含了哪些因素以及为什么。从道义上说,媒介从业人员当如何行事?把一个公众人物的性生活付印算不算是新闻?用撒谎和欺骗的方式取得(新闻)故事的素材是正当的行为吗?以公众兴趣的名义侵犯他人隐私正当吗?电视节目播出有直露的性素材电影在道德上可行吗?我们是否得担心免费的暴力电影(会带来不良影响)?正如前文所提及的,诸如此类的问题,尽管传播研究、心理学、社会学、文化理论等对大众传播活动进行了卓有成效地批判研究,并在帮助公众了解媒介方面也同样卓有成效,但这些研究并不能帮助我们回答媒介从业人员在道德上当如何行事及其在道德上不能如何行事等一系列相关的伦理学问题,对这些问题的解答只能借助于传媒伦理的研究。

第二节 传媒伦理的必要性研究

媒介从业人员与社会公众已经达成一种共识，即传媒伦理是一种必要，它不仅是传媒自身发展的必要，也是当今社会建构的必要，这也正是传媒伦理成为一门学科的原因所在。

1. 大众传媒的社会伦理角色

大众传媒理论上最重要和最值得关注的是，如何了解大众传媒在当前这个已经改变了的世界中的角色问题。20世纪20年代以来的传媒研究表明，大众传媒在社会中担任着多重角色功能，包括：其一，社会环境的监测者。即指传媒能迅速、准确、充分而完整地告知公众关于自己所生活的地球上所发生的一切，帮助公众理解所发生的事件的意义，并在此基础上帮助他们对环境中存在的机遇、挑战有比较清醒的认识，以形成正确的判断；其二，社会整合者。即大众传媒能通过对各种信息的选择、解释或评论，把受众的注意力集中到当前环境中最为重要的事件上去，并提出相应的解决方案和策略。毕竟，并不是所有的信息都必须无选择地成为传播对象，考虑到有些信息可能会对现存体制形成某种潜在的威胁，对公众也可能产生"麻醉"作用，大众传媒有义务坚持其信息及其评论的指导性和引导作用，将受众关心的热点"议程"设置到社会生活的中心事件和其未来趋势方面来，从而为整合社会公众提供舆论支持；其三，文化知识和社会遗产的传递者。大众传媒在其信息传播过程中，弘扬了文化知识，这一点在儿童的智力开发、成人教育、职业教育、趣味教育以及科技文化节目中得到了充分的体现。如果说家庭、学校是对社会成员进行文化传递与教育的第一和第二环节，那么，大众传媒则扮演着广泛而有着持久影响力的社会教育者的角色了。也正是在这个社会文化知识的传递与教育过程中，传媒还宣扬了丰富的社会遗产，并于无形中起到了社会遗产的承启与传递。其四，公众娱乐平台。现代社会中，人们的生活节奏普遍加快，在紧张繁忙的工作之余，也渴望在休息的时候能有一些健康、正当的娱乐活动。现代社会里，人们更多的是选择了以大众媒介为娱乐的主要工具和手段。闲暇的时候人们听音乐、看报纸、读杂志、看电影、看电视节目。通过这些文化娱乐活动，一方面放松自己，一方面提高自身的艺术鉴赏力。

从社会伦理的角度看，大众传播媒介同样也担任着多重角色与功能。

其一，道德的传播者与道德教育者。大众传播通过符号系统，传递道德价值观念，使受众受到感染。相比人际传播和组织传播而言，大众传播具有信息量大、速度快、受众面广等优点，因而在道德传播方面更能保证质量和提高效率。大众传媒的道德传播对社会伦理与道德的建构有着重要的意义，一方面，某种道德价值观在传播过程中，会迅速地波及受众面，被广大受众接受，从而成为大多数人甚至全社会信奉的价值观；另一方面，这种道德价值观还会与受众原有的价值观念发生聚合和分化作用，产生出新的价值内涵，并进而导致人们的道德观念在更大的范围内趋于融合。一般说来，不同民族、不同国家的道德价值观会因其物质生活条件、文化传统的不同及空间的隔离，会有差异甚至对立。然而，大众传播技术消除了地理空间上的障碍，使不同民族、国家之间增进了解，促进了他们之间道德价值观的日趋变通与融合。

通过道德传播，大众传播媒介也已经成为当代社会道德教化功能的一般代理人。大众传媒无处不在，它所传递的道德文化信息能够对人们施加广泛、迅速而连贯的影响，这就引发了大众传播媒介的道德教育活动。在论及这一点时，施拉姆曾以电视为例来加以说明。他指出，所有的电视都是教育的电视，唯一的差别是它在教什么。电视是这样，报纸、广告、电影以及网络等其他大众传播媒介又何尝不是这样？作为道德教育者，大众传媒的道德教育与其他形式的道德教育有其特殊的地方：第一，大众传媒实施道德教育的过程是无形的。它并不需要设专职教师与场所，也无需组织严谨的教学环节，而是在无形中对受众进行潜移默化的影响。第二，在教育方式上，大众传媒的道德教育充分体现了"寓教于乐"的特点。大众传媒的道德教育能与其娱乐功能有机结合，从而使受众在轻松愉快中获得心灵的启迪，在这个过程，没有勉强的痕迹，也没有"灌输"、"压服"的做作，但正因为这样，其教育反而更有效果。第三，大众传媒的道德教育对象最为广泛。大众传媒的道德教育对象不像普通学校仅局限于在校学生，它的对象是广大受众，有老有少，有男有女，有社会大众，也有社会精英人士，总之，包括所有的受众。

大众传媒的道德教育角色在青少年的社会化进程中体现得尤为明显。社会化是指一个由"自然人"到"社会人"的转变过程，这个过程主要表现为文化，尤其是道德价值观念和道德行为规则的继承和传播。大众传媒与家庭、学校、同辈群体和公众意见一道被认为是影响青少年社会化的五个最重要因素。家庭、同辈群体对个人社会化的影响是深刻和持久的，但它们带有明显的"社区性"；而大众传媒则是面向社会公众，它的影响更为广泛，且带有"社会性"，这对于近代以来形成的"大规模社会"而言，具有重要意义。大众传媒不仅可以控制社会舆论、引导受众态度，它的影响力还可以渗透到一般的社会心理以及个体思维和行动过程中，这一点对于正处于社会化重要阶段的青少年来讲尤为重要。这主要体现在两个方面：首先，大众传媒影响青少年的价值与行为规则的认知。无处不在的大众传媒其强劲的影响力型塑了一个认知价值观和行为规则的信息环境，青少年在这个信息环境中了解到了基本的社会规则和价值。其次，大众传媒还会直接影响青少年的行为和心理。大众传媒向青少年展现出动态的人类行为，这不仅直接影响到他们固有的价值观，还会影响到他们的行为方式。大量研究表明，人们（尤其是青少年）会从所接触到的媒介信息中模仿学习新的行为。美国社会学家主持的《电影与行为》研究就表明，青少年往往模仿电影明星的话语方式、行为方式甚至衣着方式。而1975年至1981在瑞典进行的一次长达6年的研究则表明，收看不同电视节目内容的青少年在性格和行为上会有显著的不同，经常收看有暴力内容电视节目的青少年会显得更好斗些。①

大众传媒的道德教育角色让人们有理由期待它营造一个有益于人们的身心健康、引人向善的环境与氛围，而不是相反。这当然不是说要把大众传媒型塑成道德教科书或是说教的工具，而是说在保持其消闲性、娱乐性的同时，它更应该向人们喻示健康的人生态度和向善的道德精神，而不是片面地强调其产品的商品交换价值，一味迎合受众低俗的欣赏趣味，甚至诱导或怂恿他们丢弃道德，给社会造成污染，他们应该担负起提升大众审美情趣和道德理性的教化义务。

其二，社会价值的导师与道德规范的立法者。随着大众传媒的不断迅速发展，及其对社会生活日益强劲的渗透力与影响力，大众传媒已经日益成为人们获取信息的主要渠道。当然，这种信息也包括道德文化信息。在这个过程中，大众传媒通过对信息的选择、解释与评论，往往也会把一定的价值观推荐给受众，影响着人们的道德情操、价值观、人生观的形成。即便是大众传媒的市场化进程中，人们仍然保持着对传媒的这种角色期待，人们普遍认为，媒体提供的是不同于其他工商企业提供的商品，而是服务于生活的资讯与观点，是一种精神与生活的价值观。也就是说，大众传媒实际上不仅仅是一个单纯的信息通道，而是社会个体走出自我之后观察、认识、理解社会的路径与窗口，它起着联系个体自我与社会、当下与未来、物质与精神的重要作用。大众传媒还凭借其对内容的选择与观点树立诠释着、建构着整个社会的道德规范乃至信任和信仰的标准、原则，它的背后是大众社会公信的期待，它寄托着大众最质朴的真善美的理想追求，蕴含着大众对于精神与行为的价值取向。当然，在大众传媒社会价值导向的问题上，我们应该清醒地认识到，大众传媒的价值导向效应有其双重性。一方面，大众传媒正确的价值导向，可以提升受众的价值追求，促进社会精神文明的进步，这是正效应；另一方面，大众传播在价值观上的误导，则会制造精神污染，这是负效应。在实际操作过程中，我们

---

① 参见：《传媒力量与当代青年——2000年上海青年发展报告》，引自 www. medialiteracy. org. cn/prog/showDetail. asp? id = 46.

应当积极促成其正效应的发挥，减少负效应的发挥。传媒在进行信息的交流与沟通时，对人们思想言行的价值取向的引导作用，在现代社会中越来越重要，特别是在社会价值多元化的情况下，在原有社会价值体系基本被解构，而现有的多元社会价值存有诸多冲突的情况下，传媒以其特有的方式对人们思想言行的价值取向进行着积极的引导，起到了维护社会秩序、传承道德价值的重要作用。

  大众传播媒介在进行社会价值导向的同时，还是受众道德行为的"立法者"。这是指大众传媒在传播过程中巧妙地将道德规范要求暗含在新闻、文艺、体育等节目内容之中，通过各种媒体对受众进行交叉、反复的影响，从而形成一种围绕在受众生活周围的"道德信息场"。生活在其中的受众，于无形中受其感染与熏陶，逐渐将它视作自己行为选择的准则和依据。大众传媒的这种道德规范效应，与其虚拟环境功能有着极大的相关性。所谓虚拟环境，是指大众传媒在传播过程中形成了包围着人们生活的信息空间，并进而形成了社会生活中的"准环境"。正是这个环境影响着受众的认知，在受众的头脑中形成"影像"，进而支配着受众的行为。大众传媒将道德准则巧妙地设置在这种虚拟环境中，产生出了相当的规范效应。作为受众道德行为的立法者，大众传播媒介在沟通人们的道德观念、强化道德心理认同感的基础上，增强了社会道德的同质化程度与一致性，也增进了人际关系的有序化，它也因此成了社会凝聚力的重要"能源"。

  其三，社会道德的监督者。众所周知，道德的有效实施，离不开一定的监督机制。从理论上说，大众传媒就应当是我们社会道德的守护神，它监视、督促人们遵守一定的道德准则、维护道德的尊严。与古代社会不同的是，现代社会不再是所谓的"熟人社会"，在古代的熟人社会中，人们彼此之间很自然地就有着相互监督的力量。而在现代社会中，随着"熟人监督机制"的失效，有必要重建道德的监督机制。大众传媒凭其特有的"告知"、"舆论"功能，担任着守望道德、监督人们履行道德义务情况的角色。作为社会道德的"守望人"，大众传媒是通过制造、引导、扩大舆论来达到道德监督的目的——大众传播对生活中的道德事件及时刊播，引起受众的议论和评价，形成舆论；它通过发表"评论"、"编者按"等以及对信息的筛选、解释，左右人们的观点、态度和情感，引导舆论的方向；它把分散的局部的意见集中起来上升为全局性的支配意见，实现舆论的扩大。举例来说，大众传媒能通过持续公开地报道坏人坏事，使作恶者的丑言陋行曝光，向作恶者施加舆论压力，并通过开设道德审判的"公审法庭"督促其改过从善，同时也对意欲作恶者起到一种威慑和预防作用。

在我国当前的社会变革时期，尤其需要成熟的社会舆论、正确的价值导向、完善的去道德教育凝聚人心，促进团结，使人们尤其是使青年一代能在多元的道德价值体系中，

2. 社会转型时期道德重建的吁求

20世纪70年代末80年代初以来，我国进入了一个新的社会转型时期，即从过去高度集中的计划经济向有计划的社会主义市场经济的转型与变革，从自给半自给的产品经济社会向商品经济和市场经济社会转型，从农业的、封闭的、落后的传统社会向工业的、开放的、文明的现代社会转型，从同质单一性社会向异质多样性社会、从伦理型社会向法制社会的转型。这次社会转型意味着中国传统的社会结构模式、发展方式、运作体制和机制的转换和进化。一般说来，社会转型孕育着三个相互关联的深层次变化：一是深刻的普遍社会重组；二是人们的生存方式和活动方式的根本转型，三是社会规范（包括社会道德规范）、社会评判标准（包括社会道德价值标准）等的重新确认。本书在这里只讨论这次社会转型中与社会伦理与道德相关的方面。

人们普遍认为，我国当前的社会转型过程也是计划经济时代与社会主义市场经济时代、传统社会与现代社会两种生活规范方式、两种社会价值体系的交替过程。这种生活规范与价值体系的更替，一方面是一个历史进程，另一方面又是一个价值批判过程。在我国当前的社会转型与价值批判进程中，人们所面临的道德现实是：自20世纪70年代末80年代初以来的改革开放虽然在经济、文化等方面都取得了巨大的成就，但不可否认的是，在这次社会转型的进程中，我国传统的

道德价值体系经受了继鸦片战争、"五四运动"以来的又一次冲击，也是更为强劲的冲击；在"文革"时期极"左"思潮与极端行为对新中国成立以来构建的社会伦理秩序成功颠覆的背景下，这次冲击对当代中国社会的影响尤重。在历经多次冲击与颠覆之后，我国传统的道德价值观念、道德行为模式被普遍怀疑、否定，并被严重破坏，逐渐失去了对社会成员的影响力与约束力，而新的为大众所普遍认同的道德价值体系还没有完全建构起来，这使得整个社会中存在着普遍的道德失范现象。这里的道德失范，就是指在社会生活中，作为存在意义、生活规范的道德价值及其伦理原则体系或者缺失、或者缺少有效性，不能对社会生活和人们的个人生活发挥正常的调节和引导作用，从而表现为社会生活和个人生活的失控、失序和混乱。①

在我国当前的社会转型时期，造成社会道德失范的主要原因包括：第一，市场经济自身的弱点。从人类社会发展的态势来看，作为一种经济形式，市场经济是任何国家都不能超越的。但任何事物都得两分了看，市场经济也一样，对社会发展，它也有其两面性：在市场经济体系中，利益的驱动与满足，一方面固然能激发人们强烈的意志与努力拼搏的激情，使主体精神充分弘扬与发展，从而创造出更高的社会生产力；但是，另一方面，市场经济的功利性、竞争性与盲目性，同样会把失去理智的人们引进冷酷无情的金钱战场，展开不择手段的生死搏斗，从而把应有的人间温情、友情、正义，一律抛入冷冰冰的利害关系之中。似乎除了金钱占有欲，世界上再也没有其他值得追求的价值目标了。反映在道德观念上，就是有人不再看重自己的道德人格甚至于颠倒了善恶的标准，一如马克思所说，在货币的驱使下，一些人"把坚贞变成背叛"，"把愚蠢变成明智"，"把恶行变成德行"。第二，社会体制的因素。社会体制问题对我国当前社会道德失范的影响也应当从两个方面来看，首先，社会调控机制的滞后。西方发达国家从步入市场经济到建立比较完善的市场经济体系，大约经历了50年到

---

① 朱贻庭：《伦理学大辞典》，上海辞书出版社，2002年版，第22页。

100年的艰难历程，期间曾经付出过沉重的物质和精神代价。而我国则仅仅是在不到20年前才正式确认社会主义市场经济体制的合理性，到现在，物质基础尚不坚实。在某种程度上，许多人们甚至还没有应付突如其来体制变革的充分思想准备。在这个进程中，与市场经济相适应的法律法规等相关建设短期内还很难完善健全，这就直接导致了社会调控机制的滞后。一个很明显的问题就是，在社会主义市场经济条件下，哪些行为是允许的、哪些行为是不允许的；哪些行为是法律认可的、哪些行为又是道德肯定的等等，人们都没有清晰的认识；特别是涉及一些在法律层面具有合理性但缺乏道德层面的合理性的行为，人们更是缺乏认识。社会调控机制滞后还表现在对那些违反法律及道德要求的经济行为当如何处置、处置的标准与限度等等，到目前还没有完全框定。由此引起的管理上的漏洞是在所难免，而商品经济的自发性与盲目性则有了可以充分表演的"自由天地"，一些不法分子正是借此钻了市场经济不成熟的空子。其次，是指政治体制改革滞后的影响。我国的改革是由经济体制切入的，之所以这样是因为考虑到旧体制积弊深重，改革任务艰巨，同时又必须服从经济发展的迫切需要，保证社会稳定，要想将改革一下子从经济体制、政治体制等各个层面上全面铺开、同时推进是不可能的，只能分步进行。但是这样一来，当经济体制开始转入社会主义市场经济的轨道时，政治体制却还保留了在旧的计划经济体制基础上形成的许多特征，结果一方面使得某些与旧体制相适应的旧的道德观念在经济体制方面的根基发生变革之后仍有政治体制方面的依据；而另一方面，更主要的是，这种过渡性失衡难以避免地衍生出某些畸变，对现阶段道德流变产生了十分消极的影响。由于原有的政治体制是以计划经济体制为依据，按照计划经济体制约要求而建构的，它在走向市场经济的过程中愈来愈显露出与新的经济体制的不适应，特别是不具备在市场经济条件下自我约束、合理规范的有效机制，在商品——货币关系的冲击下，仅有的薄弱的防护堤很容易出现裂隙和缺口，以权钱交易、以权谋私为典型特征的各种腐败现象作为政治畸变在经济—政治结构错位而出现的"虚空"地带迅速滋长和蔓延开来。这类政治畸变反映在道德领域里，极大地刺激了各种消极倾向的发展，严重地毒化了社会风气，对公众道德产生了极大的消极影响。第三，道德价值多元化。在新的经济结构下，由于经济主体及相关经济利益的多元化，在道德领域里也出现了相应的道德价值多元化。多元化导致的道德难题是，道德评价的标准不再确定，每一种的价值立场尽管都不能充分地证明另一种价值的不合理性，但却都能同等能地证明自身的合理性，这种价值观念给人们造成一种误解：即个人做出任何价值选择都是"合理的"，在这里，崇高与卑鄙、好与坏、美与丑等等之间应有的界限也变得模棱两可、含糊不清了，不受社会主义道德约束的行为也就随之大量地冒出来，道德失范因此在所难免。

根据法国社会学家涂尔干的分析，社会转型期的"道德失范"往往会带来（人生）意义的危机及人生幸福的失落："个人是信赖于社会的，或至少是信赖社会中个别群体的，因为共同的信仰和价值给予生活以意义和目的，而规范则引导和调整人的行为。社会联系的任何削弱都会损害共有的信仰，降低道德的价值和侵犯规范性的结构。其结果是导致失范，或者是导致一种无意义无规范的状态。在这种状态中，每个人都会因为脱离了进行规范性调整的社会联系而不知所措。在主观上，每个人可能经验到某种不确定和不安全之类的状态，或是他们的个人愿望和雄心超出了所有能实现其愿望的现实机会的状态。在其最深层次上，失落表现为普遍无意义的感觉和那种令人痛苦的怀疑，生活终究是真正无目的的或无意义的。"[①] 涂尔干还认为在"失范"的情况下，人们不具备实现自我和获得幸福所必需的条件。这些条件就是：行为必须由规范控制，这些规范应该形成一个完整的，没有冲突的体系，个人应该在道德上与他人发生关系，"以便一个使我完满的人的形象变成与我的形象不能分离的形象"，并且给生活中所能得到的快乐规定明确的界限。可见，他的"失范"，状态有这样几个要素：其

[①] 转引自张军：《社会转型与社会失范》，中国经济出版社，2000年版，第3页。

一，设定了人们对规范的内在需要，规范是人们为实现自我和获得幸福所必需的条件；其二，设定了规范满足人们需要的前提条件，规范应该形成一个完整的、没有冲突的体系；其三，规范不明确之所以导致失范，同样是源于个人需求未得到满足；个人与他人不存在有道德意义的联系，或者没有获得快乐的界限。

社会道德失范的现实提出了社会道德重建的要求，汤因比曾指出，在社会的这种状况下，单靠知识和技巧并不能使人走向幸福和高尚的生活。因此，我们需要的不是智力行为，而是伦理行为，因为人才是问题的关键，也是问题解决的关键。只有当人具有充足的道德自觉意识时，问题的辨识和解决才会比较容易些，只有当外在的东西内化为人自身的文化构成因子时，才会持续地起作用。汤因比进而指出，人类有充足的理由把那些崇高的道德标准和道德价值的发现者置于客观真理的发现者之上。

我们把当前的由社会转型而导致的社会道德失范看成是传媒伦理学的一个必要条件，是因为人们普遍认为，社会转型以后新的社会范型不可避免地需要一种新的道德规范与价值系统的引导、规范和支撑，而重塑社会的道德规范与价值体系，只有在深入而广泛的信息沟通的基础上才有可能。也就是说，大众传播媒介可以，也应当在当前我国的社会道德重建中担任一个更为积极的角色。这种诉求也得到了文化规范理论的支持：文化规范理论认为，大众传播媒介能影响人们的道德行为，因为它发出的信息能形成一种道德的文化力量——大众传媒任何一条信息带给受众的不只是事实信息与意见信息，而是包括了文化信息，如社会规范信息、语义信息、审美信息等。正是这些隐含在新闻信息中的文化信息，给人以长期的、全方位的、潜移默化的影响，同时也形成某种暗示作用，这种暗示作用会导致受众某种思想行为模式，一旦这种思想行为模式被多数人接受，某种社会道德风气也就形成了。在这个过程中，人们会不知不觉地依据媒介逐步提供的"参考架构"来解释社会现象与事实，并在此基础上形成自己的观点和主张。也就是说，大众传媒通过有选择地提供信息或突出某些问题，使受众体会或知道什么是社会上所赞同或认可的规范、信仰和价值,并借其强势影响使受众接受这一套"定义"或"解释"的约束和指引,采取社会文化所共同认可的行为。当然,这只是理论上的演绎,在现实中,这种理论的演绎并没有得到有效验证,相反,有学者认为大众传媒在解构我国传统道德价值方面扮演了一个很不光彩的角色,有人甚至认为当前的社会道德失范现象至少可以部分归因于大众传媒;他们还认为,由于大众传媒在当代社会中有着极大的影响力,大众传媒本身的道德失范还不可避免地加大了社会道德失范的惯性,这使得社会道德重建变得尤为艰难。但这种观点恰恰从反面论证了在当前社会道德失范的情况下进行传媒伦理研究与开展传媒伦理建设的必要性。

3. 传媒伦理缺失的改造需要

人们对传媒伦理问题的关注,至少说明了一个问题,那就是社会道德失范现象在大众传播媒介领域也同样有所体现。事实上,这种道德失范现象在大众传播媒介领域已经普遍化且日趋严重化。在美国,民意调查表明,相当多的公众对大众传媒持否定性评价,传媒从业人员则被人们认为是傲慢自大、带有偏见、不公平且缺乏职业道德的人。有几项调查结果是这样的:只有1/3 的人美国人认为记者关心他们的报道对象;73%的美国人认为媒介不尊重公民的隐私权;几乎一半的美国人认为记者不讲道德;① 一半以上的美国人认为记者滥用了宪法赋予他们的特权;② 大约一半的美国人认为记者没有搞清事实,一半以上的美国人认为媒介常掩盖自己所犯的错误。③ 更有甚者,有的民意调查的结果甚至表明人们认为记者的道德水平还不如二手车销售商。另有调查则表明有的公众认为政客比新闻工作者还讲道德一些。④ 我国的传媒从业人员的道德现状又怎样呢?中国人民大学舆论研究所和全国记

---

① "The People&The Press", Los Angeles: *Times Mirror*, 1986.
② David Show, "Poll Delivers Bad News to the Media", *Los Angeles Times*, 1993 年 3 月 31 日, A16 版
③ "How are We Doing?" *Columbia Journalism Review*, 1992 年 1, 2 合刊, p15.
④ 皮特·布朗引自 1989 年《时代-镜报》公司的调查"Squires Is Right—We Are out of Touch with Voters and Their Concerns", ASNE Bulletin, 1992 年 11 月, p8.

协国内部曾于1997年在全国范围内进行了一次《全国新闻工作者职业意识和职业道德》的大型抽样调查,此次调查的对象包括我国境内所有报社、广播电台、电视台和通讯社在编在岗的从事新闻采编及科研工作的新闻工作者2000余人。调查结果表明,我国新闻工作者的职业道德状态同样令人担忧。复旦大学的廖圣清、李晓静、张国良等三位学者在全国性大规模随机抽样调查的基础上,对中国内地大众传媒公信力进行了一番实证研究,结果同样表明,公众对大众传媒公信力的整体评价不高,电视、广播和报纸的公信力水平甚至都没有达到"良好"。[①] 有学者因此称当前的大众传媒机构是"倾斜的精神之塔"。从目前来看,大众传媒的道德失范现象在因追逐商业利益而忽视社会效益、节目内容庸俗化、琐屑化的文化取向,侵犯个人隐私,人文关怀的普遍缺失、价值导向上的背离、媒介运作中受资本操控而丧失独立性等方面颇受诟病。关于这些问题,本书将在下面各章节作专门讨论,于此不作赘述。

  大众传播媒介领域的道德失范现象已经严重地影响了大众传媒在公众中的形象,并进而影响到了传媒自身的发展。一个很现实的问题的是:如果公众因为不再信任大众传媒而把信息预算(时间和金钱)投入到其他地方,这势必导致大众传媒将失去其存在所依存的市场。仔细分析不难发现,人们对当前传媒伦理问题的关注更多的是表达了人们对传媒领域中伦理缺失的道德吁求与心理焦虑的反应,但它同时也在一定程度上表达了人们期望传媒伦理能够成为解决传媒实践所出现的问题的一种现实力量或内在机制的理论设想。罗国杰先生指出,应用伦理学的出现本身所表达的是也恰是人们期望伦理或道德能够成为解决社会实践中所出现的重大问题的一种现实力量或内在机制的理论设想,一方面它反对脱离现实只作空洞的逻辑推演或架空道德价值的理论倾向,主张对现实重大问题的伦理维度进行分析,为这些问题所引起的道德悖论的解决创造一种对话平台,从而为赢得相应的社会

[①] 参见廖圣清、李晓静、张国良:《中国大陆大众传媒公信力的实证研究》,《新闻大学》,2005年春季刊。

共识提供伦理上的理论支持，另一方面，它反对回避崇高、一味迎合世俗、放弃伦理学实践精神和放下批判武器的态度。①

尽管越来越多的人开始关注传媒伦理问题，但在大众传媒研究领域以及大众传播的实践领域，甚至相关的社会学领域里，一直存有质疑传媒伦理及其研究的必要性的声音，这尤以大众传媒的实务界为甚。许多媒介从业人员认为，至少是在一种特定的场合，伦理制约与媒介从业人员的职业工作是难以调和的。以新闻为例，对好新闻或是好的新闻记者而言，其职业要求是确切的客观性，而这种客观性是日常伦理生活的伦理考究及其制约之外的。有些人则更是把伦理的理论或观点看成是在相关的媒介实践中是不适用的，还是以新闻为例，当前新闻记者所持安的对时尚热点、灾难新闻的兴趣，他们获取新闻的手段乃至其信息传播本身，在本质上多有违背道德的地方。他们因此认为，作为原则问题，大众传媒的职业特性与伦理的义务根本就是难以调和的。在一些西方国家，许多专业记者就对那些要求他们应当保持对伦理的敏感性的提议不屑一顾。他们认为，如果新闻记者在他们的调查中完全忠诚（于事实）或正直地尊重采访对象的感情、意愿及他们的隐私，那么，他们怎么可能希望得到关于他们的故事？但事实明显并不是这样的，至少我们可以这样理解：大众传媒有诚实报道并把违规行为予以曝光的义务。在这个过程中，他们会认为新闻对象应当遵循一些伦理标准，并以此来衡量他们的行为的道德性；问题在于，媒介从业人员及媒体机构本身也应当尊重这些伦理标准，这自然就涉及伦理的问题了。因此，说伦理与传媒功能的实现没有联系的说法显然是不成立的。现在的情况是，公众普遍倾向于接受这样一个常识，并视其为当然，即新闻记者最终只关注一件事情，即什么东西最好卖。这也就不难理解在西方的传媒界，有人认为传媒伦理这个概念本身就有似是而非的味道，他们甚至把传媒伦理一词斥之为矛盾的修饰法。但是，克里斯蒂安指出，这种对传媒伦理的神经质似的指责恰恰反映了

---

① 参见罗国杰：《应用伦理学丛书总序》，江西人民出版社，2002年版。

人们在道德上陷入窘境的一种职业性的不耐烦态度。① 这也从另一个侧面凸显了传媒伦理的意义及其必要性。

第三节 传媒伦理的可能性研究

1. 道德作为一种资源

当代社会中，人们面临着诸多的实践难题与理论困境，诸如技术中心主义的困境、理性的衰落，等等。在论及这些难题的解决时，当代社会科学的研究往往把伦理、道德看做一种资源。用马克斯·韦伯话来说就是：对社会政治经济的发展来说，伦理道德是一种重要的支持性资源。他认为，在任何一种社会发展模式的背后都必然存在着一种无形的精神力量，在一定的条件下，这种精神、价值观念决定着这种发展模式的成败兴衰。弗朗西斯·福山也认为："法律、契约、经济理性只能为后工业化社会提供稳定与繁荣的必要却非充分基础；唯有加上互惠、道德义务、社会责任与信任，才能确保社会的繁荣稳定，这些所靠的并非是理性的思辨，而是人们的习惯。"② 在这里，福山认为，道德——特别作为社会核心价值观的信任——在塑造经济社会的过程中，具有巨大的文化力量。据此，他提出，一个繁荣昌盛的文明社会依靠的是人的习俗与道德。福山特别强调人们之间的相互信任，认为这是社会经济发展和社会繁荣必不可少的重要资源——他认为，社会团体中人们彼此之间的信任，蕴涵着比物质资本和人力资本更大且更明显的价值。当各方都以一种信任、合作与承诺的精神来把其特有的技能和财力结合起来时，就能得到更多的报酬，也能提高生产率。他因此提出，经济学家在分析时除了应该考虑传统的资本和资源之外，

---

① 克利福德·G. 克利斯蒂安等：《媒体伦理学：案例与道德论据》，张晓辉等译，华夏出版社，2000年版，第11页。
② 弗朗西斯·福山：《信任——社会道德与繁荣的创造》，李宛蓉译，远方出版社，1998年版，第18页。

也需要考虑相对的社会资本实力：社会团体中人们之间的彼此信任蕴涵着比物质资本和更大而且更明显的价值；高度信任的社会，组织创新的可能性更大。社会中存在高度信任感，能够促进大规模企业的产生，如果大科层组织能够透过现代化信息技术，使小一点的公司慢慢转型并加入他们的网络，这时候拥有高度信任感就如虎添翼了。

　　福山的观点也可以在社会资本理论的研究中找到呼应。自19世纪60、70年代以来的"社会资本"研究理论也一直把包括社会伦理、道德在内的一些因素解读为人类社会发展的一种资源。① 法国社会学家皮埃尔·布迪厄在一篇题为《社会资本随笔》的短文中，把由人们相互默认或承认的关系所组成的持久网络有关的实际或潜在资源的集合称为社会资本。随后，许多学者参与到社会资本的研究队列中，哈佛大学社会学教授罗伯特·D. 普特南就是其中之一。普特南把社会资本定义为能够通过推动协调的行动来提高社会效率的信任、规范和网络等社会组织特征。② 普特南用了20年时间对意大利南部进行研究，得出不同社区由于社会资本的不同，其绩效也表现出明显差异的结论。他指出，在政府能够有效运作的地区，存在许多积极的社群组织，他们彼此信任对方，注重团结与参与；而在一些没有公民精神的社区，公民把公共事务看成是某些人的事而非自己的事情，他们对社会和文化团体的参与非常少，几乎每个人都认为法律注定要被破坏，许多人都有一种无能为力的感觉，普特南认为造成这一结果的原因就是社会资本的减少。万俊人也曾在多种场合下表示道德是一种社会资源，特别是在市场经济条件下，人应当正确认识道德的社会资源意义——人们对经济价值和资本的传统概念已经有了很大的变化：现代"资本"的概念已经不再建立在对价值的纯经济学理解之上，毋宁说，它本身已

---

① 最早提出"社会资本"的人是美国的莱达·贾德森·哈尼凡（Lyda Judson Hanifan）。他在1916年在一篇题为"The Rural School Community Center"的文章中描述乡村学校共同体中心时第一次使用了这个词（参见 弗朗西斯·福山：《大分裂：人类本性与社会秩序的重建》，刘榜离等译，中国社会科学出版社，2002年版，第21页。），但全面而系统的关于社会资本的研究则始于20世纪六七十年代。

② Robert Putnam, *Making Democracy Work*. Princeton University Press, 1993, p167.

经扩充成为一个内涵经济价值、政治制度、社会文化价值和社会心理因素、以及道德伦理、个人品德（作为现代个人家质之基本力面）的综合性概念。① 这些论述都在提醒我们，蕴涵一定价值观念的伦理道德对于社会的发展和经济的运行具有不可替代的地位和作用。特别是在知识经济时代，这种道德规范已具有明显的资本效力，成为一种积极介入生活世界的社会资源。

正是基于这种研究，现在越来越多的人开始关注道德作为一种资源的实践价值，一些政府、机构或组织甚至在其决策实践中也越来越重视道德资源的因素。1962 年，在美国政府公布了《立于不败之地企业伦理及相应行动的声明》之后，美国企业界开始把企业伦理应用于商业决策实践，从而揭开了管理伦理的序幕。据美国本莱特学院的企业伦理中心在 1986 年的调查，《财富》杂志排名前 100 家的美国企业中，有 85% 的企业将企业伦理与企业的日常经营决策相结合，有 75% 的企业制定了成文的伦理准则来规范员工的行为。此后，西方其他国家也开始导入企业伦理。目前，在经济研究与经济决策中，企业伦理已经被纳入到决策范域中，并取得了提高经济绩效、部分规避企业危机的良好效果。伦理决策的介入这一现象同样出现在信息资源管理领域中：在信息资源管理中伦理道德已经被直接纳入到学科理论和管理实践中，伦理道德同技术、经济、法律、政策一起，共同构成现代信息管理的理论要素和管理手段。在这里，伦理道德已被自觉地当作内在的机制性力量，企图通过与其他管理手段的互补协调，提升信息活动的道德水准，赢得卓越的信息管理和发展前景。

在当代的许多学科建构中，伦理、道德作为一种资源的理念也同样得到普遍的认同：在一些技术操作性很强的学科领域，如社会学、管理科学、经济学、医学、生物学等，经过一种严格科学技术化的理论创建阶段之后，也逐渐意识到纯科技化解释和探究的局限，逐渐向哲学·伦理学和社会心理学等人文学科敞开视界，使之具有更为广博

---

① 参见万俊人：《比较与透析：中西伦理学的现代视野》，广东人民出版社，1998 年版，第 498—502 页。

深厚的文化价值依托。正是在这种情况下,伦理反思的触角开始延伸至现代管理技术和社会学、经济学、法学等"硬性"学科领域,而管理科学、社会学、经济学、法学等学科也开始拓展它们各自原有的视阈,越来越关注人文价值、道德伦理和社会心理等"软件"要求,可以说,这也是诸多应用伦理学学科兴起的学科理论背景。传媒伦理学的兴起也是在这种道德作为一种资源的理论背景下的产物。仔细分析,我们不难发现,传媒伦理学的产生并不仅仅是因为现实的大众传播活动中出现了许多所谓的道德问题,也并不仅仅是因为技术、法律、民族国家和市场机制在解决现代大众传播活动的道德问题时面临局限或困境。问题还在于,大众传播活动(信息技术)本身并不具有内在的价值尺度或合道德性,而伦理道德作为规范人的行为的法则和引导人们行为的价值体系,则有着知识论上的合法性和应用效能上的独特之处,这也就是说,即便技术、法律和经济手段日益健全有效,传媒伦理仍然拥有自己的独特作用和现实意义。

2. 道德议程设置

大众传媒研究的效果研究揭示了一个基本原理,那就是大众传播媒介有强大的力量去影响我们所想和我们讨论的议题,他们同时拥有强大的力量去影响我们怎样去想和怎样去讨论这些议题。这种理论就是所谓的"议程设置功能"理论。作为一种理论假说,李普曼最早在1922年,就阐述了"议程设置功能"的相关理论:在他的《舆论学》一书中,李普曼就提出人们对世界的反映基本受媒介的控制。在论及"外在世界与我们头脑中关于世界的图像"时,他将柏拉图的"洞穴人"加以引申,提出:"我们就像这些囚犯一样,也只能看见媒介所反映的现实,而这些反映便是构成我们头脑中对现实的图像的基础。"① 40多年后,在《报纸与外交政治》一书中,科恩用一段更为经典的话语表达了李普曼曾经表达过的意思,他说:"在多数时间,报界在告诉

---

① 参见 M. 麦库姆斯、T. 贝尔:《大众传播的议程设置作用》,郭镇之译,《新闻大学》,1999年夏、秋刊。

人们'怎样想'时并不成功，但它在告诉它的读者'该想什么'时，却是惊人地成功。"① 1968年，美国传播学家麦库姆斯和肖在美国北卡罗来纳州的查佩尔希尔地区就当年美国总统竞选期间媒介议程与受众议程的关系作了一番实证研究。他们发现，在选民对当前重要问题的判断与大众传媒反复报道和强调的问题之间，存在着一种高度的对应关系。也就是说，大众传媒作为"大事"加以报道的问题，同样也多作为"大事"反映在公众的意识当中；传媒给予的强调越多，公众对该问题的重视程度也就越高。根据这种对应关系，麦库姆斯和肖提出，大众传媒媒介具有一种为公众设置"议事日程"的功能。传媒的新闻报道和信息传达活动所赋予各种"议题"的不同程度的显著性的方式，影响着人们对周围世界的"大事"及其重要性的判断。两人根据这次实证研究写了一篇论文——《大众传播的议程设置功能》，文章刊于1972年的《舆论季刊》。在这篇文章中，他们得出的结论是："大众媒介对不同竞选议题的强调程度，不仅在很大程度上反映了竞选者对重要议题的强调程度，而且也与选民对各种竞选议题重要性的判断之间，存在极高的相关性。"据此，他们正式提出了大众传媒的议程设置理论。在1972年的总统大选中，麦库姆斯和肖在北卡罗来纳州的夏洛特城地区又进行了一次内容相同，但程序更为精细的研究，结果同样证明，新闻报道的方式影响公众对当时重要议题的感觉。在后来的研究中，大众传媒的议程设置功能得到了进一步的验证。1981年，两位美国传播学者温特和伊尔进行了一次历时性研究，将1954至1976年的23年间盖洛普公司的27次调查结果中公众对民权运动这一议题的重视程度，与每次调查之前四周当时媒介报道的主要内容进行对比分析，结果发现，公众对这个议题注意力的升降，恰恰反映了那些年媒介关于这个议题报道的起伏。1989年，另一位传播学者伊顿分析了美国三大广播网、五大报纸和三大新闻周刊在三年半内的议程设置与同一时期盖洛普公司调查中公众关于11个问题的关注度的关系，结果媒介内

---

① Bernard. C. Cohen, *The Press and Foreign Policy*. Princeton University Press, 1963, p13.

容的数量与公众对最重要问题排列呈正相关关系。1990年，两位德国传播学者布洛修斯凯普林格对一年内德国电视的四种主要新闻节目的内容与同年53周的全国民意调查结果进行比较，在五个主要议题上，全部显示了媒介议程设置的效果。现在，这一理论已经得到了学界的普遍认同。

议程设置理论主要是探讨传播的效果理论，传播效果分为认知、态度和行动三个层面，这些层面同时也是一个完整意义上的效果形成过程的不同阶段，而议程设置则着眼于这个过程的最初阶段，即认知层面上的效果。认知层面上的效果与态度层面上的效果是不同的，一般来说，后者指的是对"思考方式"的影响，即以告诉人们应该"怎样想"的方式来加强或改变人们对事物的看法或观点；前者指的是对"思考对象"的影响，也就是以告诉人们"想什么"的方式来把他们的关心和注意力引导到特定的问题上。从内容上看，议程设置分为两个层面，第一个层面建立起具有重要意义的总体性事物，即设定当前环境中最具讨论价值的事务；第二层面则决定了这些事件的哪些方面是重要的，即设定每一重要事务的重要方面。议程设置功能是一个线性过程，整个过程分三个阶段：首先，媒体要讨论哪些事务是重要的，形成媒体议程；其次，媒体议程以某种方式影响了公众的思想，或者与公众的思想进行互动，形成公众议程；最后，公众议程以某种方式影响决策者的思想，或者与决策者进行互动，形成政策议程。理论家用最为简单和直接的方式来表达这一理论：媒体议程影响了公众议程，公众议程又影响了政策议程。[1] 议程设置功能所考察的，不是某家媒介的某次报道活动产生的短期效果，而是作为整体的大众传播所具有的较长时间跨度的一系列报道活动所产生的中长期的、综合的、宏观的社会效果。后来的社会发展也确证了媒介的议程设置功能，20世纪60年代到90年代，大众传播媒介集中反映的事件都毫不例外地制造了公众的议程，如60年代的公众议题、70年代的石油使用议题、80年代的

---

[1] 参见斯蒂芬·李特约翰：《大众传播理论》，史安斌译，清华大学出版社，2004年版，第371页。

毒品议题、70年代到90年代的环境议题、90年代的暴力议题等，这些议程都成为世界公众所关注的话题，并进而促成了相关国际合作行动。

在我国，大众传媒议程设置功能研究开展得比较迟，郭镇之曾在美国奥斯汀得克萨斯大学新闻系做访问学者，指导她的导师正是麦库姆斯，她也我国学术界是最早译介关于媒介议程设置方面论述的学者；李本乾、张国良等则进行了国内的相关实证研究，他们的《中国受众与大众传媒议程设置功能研究》表明在受众议程与大众传媒议程之间的相关性在我国同样存在，特别是宏大议题上，这种相关性更为明显。①

议程设置功能理论暗示了这样一种媒介观，即传媒是从事"环境再构作业"的机构。也就是说，传媒对外部世界的报道不只是"镜子"式的反映，而是一种有目的的取舍选择活动。传播媒介根据自己的价值观和报道方针，从现实环境中选择出它们认为重要的部分或方面进行加工整理，赋予一定的结构循序，然后以"报道事实"的方式提供给受众。在现代社会里，由于大众传媒是人们获得外界信息的主要渠道，不管这种"再构成"是对现实环境的客观反映还是歪曲的反映，②都会影响到人们对周围环境的认识和判断。

从道德的维度来考察大众传媒的议程设置功能或许会有意想不到的收获。大众传媒的不断迅速发展，使得它对社会生活的渗透力与影响力也日趋强劲，大众传媒已经成为人们获取信息的主要渠道。当然，这种信息也包括道德文化信息。大众传媒对道德文化信息的态度，即它选择传播哪一类道德文化信息，以及它对这类道德文化信息解读与解读方式，都鲜明地体现出媒介（以及影响媒介的道德精英们）的道德价值导向。而一旦这种道德价值导向与大众传媒的传播强度与广度

---

① 参见李本乾、张国良：《中国受众与大众传媒议程设置功能研究》，《复旦大学学报》（哲学社会科学版），2003年第1期。

② 大众传媒的议程设置并不一定都能完全真实地反映社会现实，如20世纪90年代媒体对暴力问题的关注促成了世界性的暴力议程，但事实却是，现实中的暴力事件是下降的；同样的，80年代媒介引导公众关注于不断增长的毒品问题，但现实中，毒品的覆盖率根本没有增长；而60年代，媒介报道的主要议题和实际情况之间甚至基本没有什么联系。相关事例参见段鹏、韩运荣：《传播学在世界》，中国传媒大学出版社，2005年版，第9页。

相结合，就会形成强大的社会舆论环境，使得生活于其中的媒介受众能够清楚地认识到，社会在提倡什么、在限制什么、在反对什么，这就形成一种无形的道德价值选择压力及选择导向。这不仅会直接影响到人们的道德情操、价值观、人生观的形成，改变人们的工作和生活方式；同时，作为一种议程，它还会促使受众重视、选择并接受那些在社会上大力提倡宣传的道德文化信息。大众传媒由此就具有了重要的道德功能，即通过反映道德舆论、形成道德舆论、引导道德舆论，通过舆论的力量来维持社会道德，影响社会道德，并进而推动社会道德的进步与发展。

前面已经提及过，当前我国的社会现实与道德现实是：自改革开放以来，特别是20世纪90年代明确提出并实施社会主义市场经济以来，我国社会从社会基层结构到日常生活层面、从社会文化心理到社会个体或每个国民的道德意识，都发生了巨大的变化。这种整体性的变化促动了整个社会的转型，它在使中国进入到现代化转型时期的同时，也带来了社会文化价值观念和伦理道德的深层次变化。具体表现为社会伦理秩序也呈严重失衡状态，社会伦理生活中产生了诸多较为严重的问题：诸如普遍的社会道德失范、普遍的社会性道德冷漠、广泛流行的个人实利主义价值取向或道德利己主义心态、日趋严重的利益或价值观念冲突、较为普遍和严重的社会腐败，等等。把大众传媒的议程设置功能与我国当前的社会现实与道德现实结合起来考虑，给我们的启示就是，大众传媒把完全可以通过设置其"道德议题"来引起人们对社会道德问题的共同关注，它完全可以通过设置其"道德反思"议题来引领对社会道德败坏现象的共同声讨，也完全可以设置其"道德共建"及相关议题而促动全社会对道德建设的关注与讨论，传媒在这种议题设置中也完全可以实现引领社会风气、塑造社会上的人文精神的"道德的"效果。事实上，当前社会"道德失范"等问题已经引起了大众传媒界及全社会的广泛关注，部分传媒也开始了有意识地设置道德议题来引领整个社会对这些问题的关注与建设的参与。中央电视台开设了《道德观察》栏目，聘请专家学者对一些热点社会伦理与道德问题进行讨论；2005年以来，在每天的新闻联播节目中有意突出社区道德建设、公民道德建设的相关内容就说明了这一点，只是，这种道德议题在各种传媒中的普及率不够高罢了。但传媒议程设置理论研究表明，精英媒介的议程同样会影响到其他媒介的议程。有理由相信，在不久的将来，会有更多的传媒加入到央视的"道德议题"设置中来。在传媒自身的伦理建设方面，大众传媒同样也可以通过设置"传媒伦理"议题而促动对当前传媒界道德缺失现象的反思，也可以通过设置相关传媒道德建设的议题来促动对传媒在社会道德重建的伦理角色及传媒自身伦理建设的相关讨论。

第二章
从自由与到责任——大众传媒的伦理理念变迁

传媒自由与传媒的社会责任理论凸显了传媒在不同历史时期对"伦理"、"道德的"等内涵的不同解读。传媒自由主义强调"表达"本身就是"道德的",这在反对封建专制集权统治的运动中树立了一面焕发着理性之光的价值旗帜:新兴的资产阶级以自由主义指明了反封建专制的价值方向,他们因此也自豪地把"自由"称为自己生活方式的本质性的一部分。但是,自19世纪以来,随着反封建集权主义战争的胜利,传媒自由却迅速泛滥成为社会的一大公害。于是,19世纪中期,社会责任理论顺势而生。社会责任理论并不是传媒自由理论的反面,事实上,它是传统的自由主义理论的一种演变形态,它以强调大众传媒的自由是权利和义务的统一为特征。它立足于承认自由是人类不可剥夺的权利,同时,又坚持传媒自由必须承担社会责任和义务的原则,社会责任理论试图确立责任对传媒自由的意义。这是对自由的修正与确证,是一种理论的革新。这在自由主义新闻理论濒临衰败的当口,及时地批评和弥补了这一理论的缺失,指出了自由遭遇危机的症结所在,也指出了它的历史发展方向。

第一节　传媒自由的历史及其道德解读

一个良好的社会有赖于事实和观点的自由畅通，也仰仗于对意识和想象力的发展——明确地表达人们的实际所见、所知和所感。任何对个人言论自由的限制，实际上就是对社会资源的限制。

1. 传媒自由思想的历史演变

传媒领域中对自由的诉求最早始于新闻传播，即新闻自由，新闻自由是人类有新闻传播以来就开始不断追求的一种自由价值，这种自由价值确立的过程，用弗雷德·西伯特的话来说就是："16世纪积累了经验，17世纪发展了哲学理论，18世纪把这些理论付诸实践。"① 16世纪地理上的发展给予人们的思想以新的广阔的天地，它也同样影响了人们的思想，强调了整个宇宙的合理性，以及有可能通过耐心的分析来理解宇宙。到了17世纪，人们深信宇宙间的一切事物都是受着一系列规律控制的，而这些规律可以精确到严格的数学公式，这是一个有着新的思想方法的新时代。在这个新旧交替的时刻，笛卡儿的地位与作用很值得一提，他坚持理性的至高无上，从而向整个权力和权威的信念发出挑战。在他的哲学中，已经隐隐出现了一种和神学观点相对立的关于宇宙的世俗观点，即认为理性是高于一切的。洛克的政治哲学对后来的自由主义思想也有着极为重要的影响，他的哲学的核心内容是自然法则与社会契约论。他提出，权力的中心在于人民的意志，而政府不过是受委托办事的人，人民既然可以赋予这种权力，也就同样可以撤回这种权力。他的这种哲学为限制君权、用法律形式固定人民的权利、容忍宗教的意见分歧和统一两者并存以及保障个人企业自由的经济制度等找到了理论根据。17和18世纪的启蒙运动也对于接受

---

① 威尔伯·施拉姆等：《报刊的四种理论》，中国人民大学新闻系译，新华出版社，1980年版，第47页。

和传播自由主义理论有着巨大的贡献。启蒙运动要求人们在运用自己理性的能力去解决宗教、政治和社会问题时,应摆脱一切外在的限制。"贯串启蒙运动各种倾向的基本思想是相信人们能够依靠自己的力量,而不是借助于超自然的力量去理解整个世界,并且相信这种新的理解会带来一种掌握整个世界的新的方法。启蒙运动力求使这一原则在自然科学和人文科学、在物理学和伦理学、在宗教哲学、法律哲学、政治哲学中得到普遍的承认。"① 到了 18 世纪,报刊就完全从集权主义原则转到自由主义原则,国王放弃了管制报刊的权力,教会的管制机构被取消了,国家垄断出版事业的现象也废止了。到 18 世纪末,自由主义原则已经通过保护言论和出版自由的宪法条文而成为各国基本法的神圣原则。在这个过程中,有三个英国人和一个美国人为倡导与实施新闻自由主义作出了卓越的贡献,他们是 17 世纪的约翰·弥尔顿,18 世纪的约翰·厄斯金、托马斯·杰斐逊及 19 世纪的约翰·密尔。

约翰·弥尔顿在 1644 年发表的《爱理俄巴格斯法庭成员》(又译《离婚论》)中就提出了反对集权主义控制、主张思想自由的光辉论点。在其后出版的《论出版自由》一书中,他进一步详细阐述了这一观点。在《论出版自由》中,弥尔顿在批判封建书报检查制度的基础上明确提出了自由主义的传播观并展开论述。他指出,表达自由是人最重要的自由,"是一切伟大智慧的乳母",他因此主张让所有想说什么的人都自由地表达自己的思想,并且认为,唯有保障言论出版自由,才能使真理战胜邪说。弥尔顿强调,只要让真理参加"自由而公开的斗争",真理本身就具有战胜其他意见而存在下来的无可比拟的力量,真实的、正确的思想才会保存下来,而虚假的、错误的思想会被克服。他认为,在这个战争中,政府不应该参加战斗,也不应该协助其中的一方。从弥尔顿的这种思想出发,形成了自由主义的"观点的公开市场"以及"自我修正过程"概念,这些都被后来的西方学者奉为言论自由的理论基础。

---

① 厄恩斯特·卡塞尔:《启蒙运动》,1935 年版,第 547 页。

弥尔顿的言论自由的思想对后来的西方世界的自由主义有着无与伦比的影响力，但弥尔顿的思想对当时代的人影响并不大。直到18世纪以后，学者们才逐渐接受了他的思想，并为其理论与实际应用作出了贡献，厄斯金就是其中之一。厄斯金是一个律师，在为触犯当时的法律的发行人作辩护时，他提出新闻出版应坚持关于言论自由和新闻自由的自由主义原则。在为潘恩的《人权》一书辩护时，他说："我要把它作为新闻自由的基础来加以维护，而取消了这一点，新闻自由就会成为空话。我的论点是任何一个人，只要他想用自己的理性和良心告诉他是用真理的思想去启发别人，而不是意图欺弄别人，那么即使错了，也可以就政府的一般性问题或本国政府的特殊问题把自己的意见公诸于全民族的理性之前。"①

受自由主义思想的影响，英国报业之父旦尼尔·狄福于1704年创办评论杂志及后来的约翰·威克斯于1762年发行苏格兰人杂志时，都坚持认为新闻自由是一种天赋人权，而批评政府是每位报人的神圣天职。

托马斯·杰斐逊贵为美国的第三任总统，但他也为自由主义思想的发展与践行作出了卓越的贡献。杰斐逊主张人民应享有充分的言论自由。因为，在他看来，只有自由地表达自己的思想，真理才能获胜，而人们的分歧也可以通过自由讨论而自行澄清。在坚持表达自由原则的时候，杰斐逊尤其强调，即使是少数人的意见也不能压制，少数人也应享有同等的自由权利，就用同等的法律加以保护，否则就出现压迫。作为一个政治家，杰斐逊信奉"人民主权"与"天赋人权"，他认为政府是人民设立的，故必须接受人民的监督，否则，政府就会腐化堕落。他同时指出，只有提供新闻的自由和发表各种言论的自由，人民才能有效地监督政府，政府也只有这样才能听到人民的意见。杰斐逊因此主张政府必须以法律保障一切的言论自由，以让人民有权自由地评论政府、批评政府，即使这个批评不对，政府也不应该加以禁

---

① 汤玛斯·豪威尔编：《国家审判资料大全》，1704年版，第22卷，第144页。

止,更不应该治罪。1801年,在他就任总统后,即便是受到联邦派报纸的无情攻击,有的报纸甚至辱骂他为"无耻的娼妇",有的还捏造许多故事,竭尽污蔑之能事,在这种情况下,他也没有采取任何行政措施限制报纸的自由。1804年,他在联邦派报纸的攻击下,以压倒优势连任总统,更加强化了他对新闻自由的信念。他认为报业应予自由,自由发表真理与谎言,最后真理一定获胜。他确信人民的智慧,经得起新闻自由的滥用,这证明人民在真理与谎言之间,可以清楚地分辨出来,人民可以充分信任,去听任何新闻与意见,包括真实与虚妄,他们在两者之间,自会有正确的判断。杰斐逊的言论自由主义立场在他的另一句话体现得更为直白,他说:"政府的基础是人民的意见,所以政府的首要目标就是要捍卫人民发表自己意见的权利。如果无报纸而有政府与无政府而有报纸,二者之间必选其一,我将毫不犹豫地选择后者。"在他的努力下,言论、出版自由载入了宪法。杰斐逊关于新闻自由的思想奠定了美国新闻自由的自由主义理论的基础,开创了美国报刊监督、批评政府与政治活动家的传统。

  新闻自由思想的发展是迅速的,其成果也是非常显著的。到18世纪,公众通讯工具,不只是新闻通讯工具,如电影、广播等都逐渐从集权主义原则转到自由主义原则,新闻自由终成燎原之势。而在1689年的英国权利法案中还根本就不曾提及报刊,只是在承认坚决保护个人不受独裁权力迫害一条中隐隐约约地体现了新闻自由的思想。但到了1789年,法国国民议会通过了《人权宣言》,其中第11条明确宣布:"自由表达思想和意见是人类最宝贵的权力之一,每个公民都有言论、著述和出版的自由。"两年之后的1791年,美国议会通过的宪法修正案《权利法案》第一条从反面规定:"国会不得制定……法律……剥夺人民言论或出版之自由。"到了1855年,英国也正式承认并接受言论自由;作为一项最基本而重要的人权,迄今为止,新闻自由已经被世界上绝大多数国家所承认;二战之后的一些重要国际公约,如《世界人权宣言》、《联合国人权公约》、《国际新闻自由公约草案》、《公民权利和政治权利国际公约》等也无一例外地包含了新闻自由的基本精神。

约翰·密尔则是从功利主义的视角考察了自由的问题。他认为，人类的一切行为都应该是为最大多数人创造幸福、维护幸福、增加幸福；因为美好的社会本应就是这样一种社会，其中，最大多数的人享受着可能有的最大限度的幸福。而社会要保证其成员为此作出最大贡献，主要的办法之一就是给予其成员以自己去思想和行动的权利，也就是思想和行动的自由。在密尔看来，自由意味着成年人想干什么就干什么，只要在行使这种自由时不伤害别人同样的权利就可以了。密尔还强调了个人表达思想的自由的重要性，并从社会所能合法施加于个人的权力性质与限度的角度，全面清算了封建专制钳制言论的危害，论证了思想、言论自由对于人类社会文明的重要作用；他还指出了压制不同意见的危害："如果人类除一个人以外意见都一致，而只有一个人持有相反意见，那么人类要使那一个人沉默并不比那一个人（假如他有权力的话）要使人类沉默较为正当。迫使一个人意见不能发表的特殊罪恶乃是对整个人类的掠夺，对近代和现存的一代都是一样。假如那意见是对的，那么他们是被剥夺了以错误换取真理的机会；假如那意见是错误的，那么他们失去了一个差不多同样大的利益，那就是从真理与错误的冲突中产生出来的对于真理的更加清楚的认识和更加生动的印象。所以他说，我们永远不能确信我们所力图窒闭的意见是一个错误的意见，假如我们确信，要窒闭它仍然是一个罪恶。"①

在我国，新闻自由主义思想发轫于19世纪的鸦片战争以后：鸦片战争之后，外国人取得了在中国办报的特权，一个大规模的在华外报网迅速形成。外报以其自身的实践，将西方近代报刊的观念传入中国，这其中就包括新闻自由的观念。这些观念的传入使得国人对报纸有了全新的认识，内忧外患之中，许多人接受了西方新闻自由主义的思想，并加以中国化。王韬是近现代中国新闻史上冲破封建专制的禁锢，呼喊出言论自由要求的第一人。他敢于向封建言论专制挑战，要求清朝

---

① 密尔：《论自由》，程崇华译，商务印书馆，1959年版，第16—17页。

统治者放宽"言禁",仿效西方的办报方法。他在《循环日报》发表了专题社论《论各省会城宜设新报馆》,并强调办报要"指陈时事,无所忌讳"。他还反复论证"言论自由"是中国古已有之的传统,并以尧、舜纳谏为例证来阐释言论自由的合理性,指出:"诚以天下之大,兆民之众,非博采舆论,何以措置咸宜。"梁启超全面、系统地研究了出版自由问题,并极力肯定、赞扬出版自由和思想自由对人类历史的伟人贡献。他认为,西方国家的文明"日进月迈"发展迅速的原因就在于思想自由、言论自由、出版自由,并把这三大自由视为"一切文明之母"。他主张我国也应该打破报禁、解放思想。难能可贵的是,在初涉出版自由理论时,梁启超充分地认识到出版自由不是一项绝对普遍的权利,人们在行使这种权利时,必须承担一定的道德义务并服从该社会的法律规范。"不然者,忘窃一二口头禅语,暴戾恣睢,不服公律,不顾公益",则自由之祸"将烈于洪水猛兽矣"。新闻自由主义思想在五四运动中得到了进一步的弘扬,"五四"运动真正掀起了人本主义、个性解放的大潮,西方的自由主义学说得到了最广泛的传播。在自由主义思潮的影响下,中国的新闻出版事业发展迅速。作为擎旗人的陈独秀和李大钊等人更是认为"真理以辩论而明,学术由竞争而进",认为言论自由神圣不可侵犯,在这一思想的影响下,《新青年》在其创刊之初,即确立了"自由讨论"、"各抒己见"的发稿原则。毛泽东、邓小平等中国共产党的领导人也充分认识到了新闻出版自由的重要性,早在1940年的时候,毛泽东就对当时国民党取消言论、出版自由的政策进行批评;1945年,他又进一步提出:"人民的言论、出版、集会、结社、思想、信仰和身体这几项自由,是最重要的自由。"并且把"将中国建设成为一个独立、自由、民主、统一和富强的新国家"确立为中国共产党的基本奋斗目标。

王韬、梁启超、陈独秀和李大钊及后来的毛泽东等革命先驱者对新闻自由理论认识与弘扬的成果也体现在辛亥革命与新中国的法律体系中。辛亥革命后的第二年颁布的《中华民国临时约法》也将"人民有言论、著作,及集会、结社之自由"等内容列入其中,实际上也是从法律上对这项权利予以了确认。我国《宪法》同样规定公民享有言论、出版自由的权利，我国《宪法》第三十五条规定："中华人民共和国公民有言论、出版、集会、结社、游行、示威的自由"；另外我国《宪法》也明确承认并保障人民依法批评和监督政府及其官员的权利，第四十一条规定："中华人民共和国公民对于任何国家机关和国家工作人员，有提出批评的建议的权利；对于任何国家机关和国家工作人员的违法失职行为，有向国家机关提出申诉、控告或者检举的权利。"目前中国政府先后加入了联合国《世界人权宣言》及联合国《公民权利和政治权利国际公约》等重要国际协议，这些均表明中国政府明确保障公民言论自由这项基本权利。

仔细分析新闻自由而至传媒自由的发展历史，不难发现，这里的"自由"在不同的历史时期有不同的含义。文艺复兴时期，传媒自由主要指议论自由，即能自由发表自己的意见；17世纪初，主要指出版自由；现在人们常说的新闻自由是第二次世界大战后期才提出的口号，当时，鉴于德国、日本等法西斯在大战中封锁或控制新闻，利用新闻制造战争舆论的教训，1948年3月至4月间，在日内瓦召开的联合国新闻自由会议通过了《国际新闻自由公约草案》。1951年召开的国际新闻学会，又在此基础上提出了关于新闻自由的四条标准，即新闻自由是指：（1）自由接受新闻；（2）自由传播新闻；（3）自由发行报纸；（4）自由发表意见。在这里，新闻自由实际上已经包含了"出版自由"和"言论自由"，并且有所扩大。发展到后来，新闻自由则更多地指大众传播媒体具有自由传播的权利；在以强调个性化为特点的当今社会，则更多地指人们能自由交流和自由获取信息的权利。现在我们讲新闻自由，已不仅限于出版媒介或新闻媒介，而是已经扩展到了电子媒介、网络媒介乃至于其他的大众传播行为。新闻自由委员会及《报刊的四种理论》的作者施拉姆等人也都深刻认识到了这一点，他们也深知"新闻界（press）"一词在现当代语境中已远远超出了单纯的新闻媒介范域，因此，在《一个自由而负责的新闻界》及《报刊的四种理论中》，他们都作出了相似的说明：他们指出"新闻界"在其著作中都不仅仅指新闻报刊,而是指大众传播媒介,即等同于 mass media,新闻自由委员会在其报告的开篇就作了这样的说明:"在第一次会议上,新闻自由委员会就已经决定把广播、报纸、电影、杂志和图书这些主要的大众传播机构都纳入其调查范围。无论新闻界(press)一词在新闻自由委员会出版物的何处出现,它均为这些媒介(media)的总称。"而在《报刊的四种理论》的绪论中,作者也表明:"本书所用的'报刊'一词,是指一切公众通讯工具而言。"故展江教授也认为,《报刊的四种理论》的翻译似有商榷之处,他认为《传播媒介的四种理论》理论的译法更符合翻译中"达"的要求。因此,本人以为,在现当代语境中,"传媒自由"的提法更恰当些。在传媒自由发展的过程中,"自由"之本身也不再只是一种关于权利的理念,而是在现实社会中汇成了一种运动,这种运动始于呼吁理性表达、言论自由的热情,正是这种热情吹响了要求新闻自由的号角,最后汇成了自由主义的运动浪潮;更重要的是,在这场传媒自由的运动中,"自由"之本身已不仅仅是一种追求,美国宪法第一修正案更是把人们对自由追求升华到了一种信仰的层次。阿特休尔曾针对美国的情况指出:"的确,对第一修正案思想的信仰之根深蒂固,有如对宗教教义的信仰一般。以至于在美国,人们把它赞誉为'美国生活方式'的本质性的一部分。"[1] 他还说:"我们能够很有把握地指出,美国公民的基本假设之一,就是认为民主制度之所以兴旺,某种程度上归因于新闻媒介传播的信息。"[2] 事实上,这种信念不独在美国存在,它已成为当今世界的普遍信念。根据荷兰宪法学者享·范·马尔赛文等人统计,在全世界的 142 部宪法中,有 124 部宪法把表达意见的自由界定为人们最重要的基本权利或是民主的基本要素。

2. 传媒自由的道德解读

自弥尔顿以来,人们在为新闻自由而斗争的时候,以及后来传媒

---

[1] J·赫伯特·阿特休尔:《权力的媒介》,黄煜译,华夏出版社,1989年版,第18—19页。

[2] 同上,第19页。

人士为其自由而力争的时候，人们大多为自由预设了一种道德正当，这种道德正当体现在人们赋予新闻自由的自然权利观念、理性的精神与民主的追求等观念之中，这一点并不因人们对当前传媒自由的各种批评而有所改变："西方新闻自由思想的形成，原本是对西方自由主义运动的深刻总结，体现着西方传统的人文精神，本身就具有价值合理性。"①

其一，自然权利观。自然权利是指人所具有的与生俱来的、先验的、神圣的权利，包括生命、自由和财产权等，这些权利是人生而有之的，而不是由那个世俗的权威所赋予的，因此是不可剥夺的。用格劳秀斯的话来说就是：自然权利乃是正当理性的命令，不依上帝或神而存在，以人性的本性为基础；霍布斯则提出，自然权利就是"每个人按照自己的所愿意的方式运用自己的力量保全自己的天性的自由"。而表达自由和出版自由，在那些自由主义运动的启蒙思想家们看来就是自然权利中最重要的权利之一。弥尔顿就说，"人的理性高于一切，所以言论和出版的自由是一切自由中最重要的自由，是一切伟大智慧的乳母。"洛克提出，"自由就是一个主体有能力按照自己的意愿下决心或思考，决定某一行动的实现或停顿，离开思想、意愿就无所谓自由。人凭头脑中的思想，自由地说话或保持沉默，那么，他就获得了言论或保持安宁的自由，一个人的自由只能以其意愿为限，无法想象能有比这更自由的。"② 杰斐逊在论及自由民主思想的时候，也强调人的这种权利。在起草《独立宣言》的时候，他写道："我们认为下面这个真理是神圣的和无法否认的：人人生下来就是平等的和独立的，因而他们都应该享有与生俱来的、不能转让的权利，其中包括生命的保存、自由和追求幸福权利。"

其二，理性的精神。在为出版自由所作的经典辩护中，弥尔顿提出了一个基本的文化预设，即人是理性的动物，具有理性与理智，有

---

① 胡伟希：《理性与乌托邦》，载高瑞泉主编：《中国近代社会思潮》，华东师范大学出版社，1996年版，第231页。

② 洛克：《人类理解论》，关文正译，商务印书馆，1959年版，第208页。

独立自主的意志，能够运用自己的理性去辨别是非、善恶、良莠。在自由主义运动中，人们的理性可以解读为两个层面的意思，一是，"人们都以自由的理性去寻求真理，并且愿意接受真理的指导"。那么，真理如何才能实现呢？自由主义学者们提出了"意见的自由市场"的理念，既然各人的意见必然分歧，就必须允许每一个人自由地、甚至强烈地坚持自己的意见，只要他同时给别人以同样的权利；通过这种相互容忍和不同意见的比较，看起来最合理的一种意见就会出现而被大家普遍接受。从弥尔顿开始，人们都强调了不同意见自由发展和评论对于认识真理的意义，这就把维护个人的表达权利同整个人类文明的发展联系起来。弥尔顿说，为了使人的理性得以有效的发挥，就必须不受限制地了解到各种不同的观点、意见和思想。真理是通过各种观念、意见和思想的公开辩论和自由竞争获得的，不是权利赐予的，必须允许各种演说在大地上流行，让真理参加自由而公开的斗争。通过这种斗争，真实的、正确的、积极的思想观念必然被大多数人所接受，虚假的、错误的、糊涂的思想观念必然为人们所抛弃。洛克、孟德斯鸠等人也持类似的观点。自由主义运动中理性的第二个层面的意思是，人们作为类的一分子，本然地支持公共理性或内在地就有着公共理性，每个人都会自觉地关照社区、群体及类的价值并自觉地以自由的理念追求这一价值的实现，同时与这一反公共理性的宣传作斗争。杰斐逊在力促把言论、出版自由载入宪法时，他也是基于这样的理论预设，即人是可以受理性和真理支配的。而他提出的目标是为人们打开所有通向真理的道路。在他看来，迄今为止，找到的最好的办法就是新闻自由。

其三，民主追求。近代以来，民主理念已深入人心。民主是指多数人的统治，或叫人民的统治，即最终的政治决定权不依赖于个别人或少数人，而是特定的人群或人民全体的多数。在民主理念中，政府是建立在人民的同意与授权的基础上，政府是人民的代理人；民主理念同样认同个人享有的不可侵犯的私人生活空间，而这个私人生活空间也就意味着他的思考与言论自由。新闻自由，在其发轫之初，就是反专制——政治专制与文化专制——运动的旗帜，是民主价值观在新闻传播领域的体现。民主社会历来反对传播手段为政府或少数权势集团所垄断与控制，从而形成对民众的强制性宣传与教化。这其实也就是说，新闻自由是政治自由的基础条件，哪里的人们不能自由地彼此传递他们的思想，哪里就没有自由可言；相反，哪里存在着表达自由，自由社会就在哪里发端，因而，每一种自由权的扩展就具备了现实性。① 新闻自由对民主的诉求就是要求民主必须能保证其成员持有的尽可能多的思想观点的自由表达，以实现一种不同知识和观念的自由市场。在新闻自由与民主的理念中，意见的自由市场从不拒斥公共讨论，因为公共讨论是维系自由民主社会的一项必要条件，而表达自由则是开展充分的公共讨论的一项必要条件。公共讨论能激发和拓展心智的力度的广度，它是培养心智强健之公众的基础，如果没有这种东西，一个自治社会就不可能运转。对于这一点，赫伯特·阿特休尔深信不疑："事实上，我们能够很有把握地指出，美国老百姓特有的基本假设之一，就是认为民主制度之所以繁荣兴旺，某种程度上归结于新闻媒介传播的信息……很难发现一个人准备为反对新闻自由进行争辩。尽管人们不时埋怨新闻的弊病，但人们几乎普遍相信新闻媒介在民主社会中具有举足轻重作用的假设。"② 在民主的理念中，政府的作用则在于：维持秩序以及为维护言论自由和新闻自由而对私利与怨恨的种种表现——蓄意破坏、敲诈和腐败——加以基本制裁。在民主社会中，大众传播本质上也就是民主性的传播手段。虽然它本身并不必然带来民主，但恰如一位西方学者所指出的："不管民主的定义是什么，没有新闻自由，民主本身就无法存在。"③

3. 传媒自由与传媒道德的冲突

近代以来人们之所倡扬传媒自由的理论大旗，乃是期望从传媒自

---

① 新闻自由委员会：《一个自由而负责的新闻界》，展江、王征等译，中国人民大学出版社，2004年版，第3—4页。
② J. 赫伯特·阿特休尔：《权力的媒介》，黄煜、裘志康译，华夏出版社，1989年版，第20—22页。
③ 希尔斯曼：《美国是如何治理的》，曹大鹏译，商务印书馆，1990年版，第390页。

由这项权利获得光明正大的领航作用。但传媒自由发展显然已经让公众失望了。传媒自由从其理论孕育到形成，并确立自身在西方社会的指导性地位，经历了约4个世纪的过程：16世纪的发端，17世纪发展了哲学理论，18世纪把这些理论付诸实施，但在整个19世纪，大众媒介的自由放任的实践就达到了顶峰，传媒的自由及其追求，已经溢出了其原初意义域，并严重地侵蚀了自由主义最初的思想精髓。这主要表现在：

其一，把自由绝对化，反对任何来自外界的干涉，传媒自由成了许多传媒领袖的口号，它被等同于传媒的运作不容任何政府干涉的主张。传媒自由的绝对化导致了传媒自由的滥用，传媒打着自由的幌子，侵犯公民私域空间，严重影响了人们的隐私、名誉和安宁的生活。人们普遍认为，传媒自由的滥用是愈演愈烈，严重违背了理性精神与民主追求。（美国）自由论坛曾开展的一项调查表明，有超过一半（53%）的人认为媒体滥用了自由，这一数字比1997年所进行的一个类似的调查所得出的数据整整高了15个百分点。在这次调查中，只有45%的人认为传媒是有利于民主制度的，而在1985年的时候，这一比例是54%，还有38%的人甚至认为传媒"伤害"了民主制度。[1] 保护新闻自由不再是自然而然地保护公民或共同体这一事实导致了大众的普遍焦虑。其实，早在弥尔顿提出自由主义思想的时候，他就意识到了无限制的自由的某些危害，并提出自由讨论的权利可以加以限制，但他也只是要求那些虽然有分歧意见，却是诚实的和认真严肃的人，应该享有不受政府检查的自由。也许是时代的原因，他没能论及这种限制的基础的一般性原则。《人权法案》在提及新闻自由的时候，或许也以法律的敏感性感到了新闻自由的潜在的威胁，是以《人权法案》中关于新闻自由的措辞也是含糊的，甚至可以作各种不同的解释。只有一点是各种解释都一致的，那就是新闻自由并不是绝对的，而是可

---

[1] Jan Schaffer, "Attack Dog, Watch Dog or Guide Dog——The Role of the Media in Building Community", from Pew Center for Civic Journalism online: http://www.pewcenter.org/doingcj/speeches/s_batonrouge.html.

以限制的。18世纪的英国法学家最先企图规定新闻自由的界限、两个著名的英国法官曼斯菲尔德爵士和首席法官布拉克斯两人都断言法院和国会规定的法律比新闻自由的概念重要，虽然，两人都认为颁发执照这种检查制度是不合法的，但他们同时指出，控制滥用报刊是法律的正当任务。① 问题是，尽管睿智的先哲们觉察到新闻自由可能的潜在的危险性，但对自由的约制性研究在当时却是几乎不可能的，这是由当时的时代所决定了的。

其二，在当前市场化的浪潮中，自由成了传媒在自由市场的商业世界里谋取自身利益的护身符。出于对利润的追求和竞争的需要，大众传播媒介打着新闻自由、出版自由、言论自由的旗号，在媒介上大量刊登煽情主义的信息和情色信息以刺激受众，以至于把人生重大的问题变成了廉价的闹剧，把新闻变成了最适合报童大声叫卖的东西，这严重污染了社会风气，特别是这种情况对青少年的影响尤为让人担忧，这招致了公众的反对；另外，媒介还大行广告新闻、有偿新闻及虚假新闻之类的事情。在这种情况下，公众也不再认为传媒是宪政自由的保护者，而是将其视为一种倾向于集中到少数人手中的特权的获益者。这同样也背离了新闻自由的初衷，用法官雨果·布莱克话来说就是："宪法《第一修正案》……建立在以下假设的基础之上：最广泛地传播来源多样和互相敌对的信息乃是保障公众福利之必需，一个自由新闻界乃是自由社会的先决条件……宪法《第一修正案》保障新闻界享有免于政府干涉的自由，而这并不意味着这种自由可以受私人利益的压制。"在这场发生于1945年的关于美联社的诉讼案中，法官判定美联社是一个限制自由贸易的垄断机构。在任何时候，人们都是把新闻自由界定为一项人们为在快速变化的世界中求生存而获取必要信息的权利，而不是一项发行人可以在不考虑人们需求的情况下自由运作的权利。另外，在当前的市场化与商业化的趋势下，传媒还面临着另一个自由的困境，即传媒在实质上并不自由，因为它们往往要受媒

---

① 威尔伯·施拉姆等：《报刊的四种理论》，中国人民大学新闻系译，新华出版社，1980年版，第57页。

介资本的操控,在信息选择与传播中不再以公众利益为衡量标准,而总要考虑到媒介资本的利益,传媒在这个方面已经丧失其独立与自由地位,这同样也招致了大量的批评:早在1944年1月的时候,美国《大西洋月刊》曾发起过一次主题为《检验报纸在一个民主社会中的功能》的随笔征文比赛,其中一个获奖者就是该刊的主编拉尔·麦吉尔,他在其征文中提到:"新闻自由不是哪个主编或发行人的私有财产……它不是能够在晚上锁进保险箱的东西。它只是人民的一种保障……对大多数人主编和发行人来说,新闻自由意味着出版权。任何对这种权利的侵犯都被视为对新闻自由的打击。而对于走在大会上的人来说,新闻自由的意思则不一样:如果他对它有什么看法的话,那么他认为它意味着一个自由的新闻界。当他看到一份报纸并发现它故意让新闻倾向于它再三鼓吹的方针时,那么就他而言,它就不是一个自由的新闻界。"①

同时,随着大众传媒的迅速发展,传媒自由理论的缺陷也日渐暴露出来。在自由诉求的最初,人们普遍认为,传媒在集权主义的控制下是不可能对公众利益负责的,人们坚信,责任主体必须是自由的主体,否则责任只能是一句空话。在传媒获得了较大程度的自由以后,传媒也获得了极大的生存空间与发展空间,但随之而来的市场化与商业化却让传媒自由理论遭遇了来自资本的挑战。资本对当前媒介的操控让人们觉得自由陷入了一种无可挽回的理论困境之中:在人们大力倡导新闻自由之初,人们是希望它能创造并保障一个意见的自由市场,但在现实中,新闻自由的结果却又在摧毁这个意见的自由市场。许多人开始深入反思传媒自由理论本身——大众传媒怎样才能自由?如果大众传媒完全由政府管理,它必然就会因受政府控制,受政治操纵而难有自由。正是这种情况下,弥尔顿等人才极力鼓吹只有市场才能保证传媒的独立性,并由此而自由。在他们看来,市场是对国家检查制度的防范途径,只有在市场力量的主导下,大众传媒才能有真正的自

---

① "There Is Time Yet", *Atlantic Monthly*, September 1944, pp. 62—64.

由。这一理论无疑是受到了亚当·斯密的市场自由主义的影响,认为传媒的动力是赢利,只有悉尽依靠广告收入的传媒,才能保持政治上的独立性。换言之,只有在自由市场上自由竞争的私营媒体,才能保证对政府的完全独立。但市场化及随之而来的商业化事实证明,事情远远没有这么简单,在市场化进程不断推进及商业化不断强化以后,人们发现,即便是在自由市场中,大众传媒也不自由。因为,大众传媒发现自己处于一个极为尴尬的处境中:在摆脱了政府的控制之后,自由市场中的大众传媒又不得不接受另一种控制——资本的控制。虽然,在市场化与商业化中,传媒显得要比受政府控制与政治操纵的传媒要活跃得多,但它同样是不自由的,广告商与资本的操控把它在同政府斗争中赢得的自由残酷地蚕食掉了。

第二节 自由主义的补充、修正与确证
——大众传媒的社会责任理论

大众传媒的社会责任理论源起于人们对传媒自由理论本身的缺陷,以及传媒领域对自由的滥用所造成的社会负面影响的深刻反思,这种反思自19世纪中期就已经开始了,但其理论的系统化最初还是在美国完成的,那就是新闻自由委员会的报告——《一个自由而负责的新闻界》。[①] 尽管社会责任理论充分认识到了传媒自由泛滥所导致的近乎灾难性后果,并试图通过责任建构来找到有效的解决方法,但这一努力并没有取得预期中的理想效果。

1. 传媒的社会责任理论的兴起及其理论基础

19世纪中期以来,大众传媒的自由放任逐渐侵蚀了自由主义最初的思想精髓:公共信息资源被少数人垄断、"意见的自由市场"也不复

---

① 该报告还有一个副标题,即关于大众传播的总报告:报纸、广播、电影、杂志和图书。

存在、言论自由处于放任状态、生产和传播信息主要服务于商业利益而不是公共利益，从而侵害到其他权利主体。这种情况越来越严重，《报刊的四种理论》的作者之一，西奥多·彼得森指出，当时的资本主义报业的缺陷主要包括：（1）常为自己的目的而运用巨大的权利，发行人只宣传自己的意见，特别是有关政治、经济问题常以自己的意见压制反对意见；（2）屈服于庞大的工商业机构，有时广告客户控制编辑政策及社论内容；（3）常常抗拒社会改革；（4）在新闻报道中，过分注重浅薄的和刺激性描述；（5）新闻报道常常危害公共道德；（6）新闻报道常常无理侵害个人的私生活和秘密；（7）已被工商阶级所控制，使"思想观念与意见的自由市场"遭受威胁。[①]事实上，这种情况不仅仅存在于报业中，也同样存在于其他大众传播媒介中。人们对传媒现状的同声指责，也表现出了媒介从业人员与公众之间在道德观念上的分歧越来越突出。正是在这种情况下，人们日渐关注自律与社会责任的观念。早在1841年，美国报人霍勒斯·格里利在创办《纽约论坛报》的时候，就在该报的创刊词中宣称，它将摒弃许多便士报上的不道德的、下流的警察局新闻、广告和其他一些材料，尽心尽力地把报纸办成赢得善良的、有教养的人们嘉许的、受欢迎的家庭常客。以努力维护人民的利益和促进他们道德的、社会的和政治的权利。1855年，英国报人斯莱在创办《每日电讯信使报》时，所宣扬的办报宗旨是将报纸办成一张价格低廉而质量优良的日报，以保卫国家，提高道德并促进民主福利。进入到20世纪，人们更加深刻地认识到新闻自由的滥用对报业自身造成的伤害已经严重影响到其自身生存的程度，1922年美国报纸编辑协会的成立使得这一观念更是得到了强化。在1923年的一次会议上，美国报纸编辑协会提出了为公众服务、独立、真实、诚挚准确等新闻理念。同年，广播局也成立了全国广播联合会并于1929年制订了广播准则。尽管全国广播联合会的准则起初主要是处理广告与设计标准的，而且还很模糊，但社会责任的意识在这里得

[①] 威尔伯·施拉姆等：《报刊的四种理论》，中国人民大学新闻系译，新华出版社，1980年版，第90—91页。

到了有效体现。这些早期的准则说明，西方新闻界开始从强调新闻自由主义的时代，转而进入许多人把新闻自由与社会责任联系起来对待的一个全新的时代。

　　1944年，在《时代》杂志发行人亨利·卢斯的资助下，成立了以当时芝加哥大学校长罗伯特·哈钦斯为主席的新闻自由委员会，也就是后来被称为"哈钦斯委员会"的组织。这个组织成立的初衷是，当时媒介权力过于集中的情况，已经严重触及了新闻自由，他们觉得自己有义务调查这种情况并提出解决的办法。1947年，委员会发表了调查的总报告，即《一个自由而负责任的新闻界》。报告指出："新闻自由的危险，部分源自新闻业经济结构的变化，部分源自现代社会的工业制度，在某种程度上，更是由于操纵新闻的人不能洞见一个现代化国家对新闻业的需求以及他们不能责任和不能承担肩负的责任所造成的。"在调查与反思的基础上，报告还初步建构了一个大众传媒的责任框架。这份报告被视为社会责任论最早的经典性文件，也被认为是系统的大众传媒社会责任理论的发端处。1956年，美国著名传播学者威尔伯·施拉姆等人在其合著的《报刊的四种理论》中正式提出了传媒的社会责任论，并对该理论进行了系统的整理与阐述；次年，施拉姆著《大众传播的责任》一书，对社会责任理论作了进一步的发展和阐述。大众传媒的社会责任理论从此迅速发展起来，并逐渐取代传统的大众传媒的自由理论而成为媒介理论的主流。

　　与传媒自由理论一样，大众传媒的社会责任理论并不凭空提出来的，它有其自身的理论基础。

　　第一，理性的不完善性。社会责任理论是建立在新的人性理论基础上：传统的自由主义理论信奉理性主义，人被看做是一个有理性的人——认为人是有理性的动物，具有理性、理智与独立自主的意志，能够运用自己的理性去辨别是非、善恶、良莠，也能以理性的自觉去追求真理。传统的自由主义者们相信，既然被赋予了言论和出版自由，人们就会愿意发表自己的意见，且愿意有节制地而不是放任地发表自己的意见，并不需要出版者提醒注意他们的社会责任。但自由主义的历史表明，人类这种所谓的理性远没有人们所期望的那么美好。20世纪以来的现代社会学，似乎否认了人类天生有一种动力支持寻求真理和服从真理，认为人们虽然能够运用理性，但是他们厌倦这样做，结果他们就变成了野心家、广告商以及那些为达到自私目的而受他人操纵的俘虏。社会责任理论的观点是，人并非完全是理性的动物，它的理性与道德感至少是值得部分地怀疑的。在实际生活中，人往往容易堕落，他们的行为也经常会受到自私情欲的影响，并时常不能作出正确的选择。社会责任论者对电影、广播、电视、连环画等各种媒介内容的研究表明，人性其实是有其丑陋的一面，譬如凡在媒介上出现过的各种不合乎理性道德的事物，人们也会像小孩似的予以揣摩，甚至全盘接受。社会责任论者由此得出人性不可靠的结论，并进而演绎出媒介应负有教育责任的结论。

社会责任论者同样不赞同传统传媒自由理念中真理观。传统的传媒自由理论认为，只要让真理在意见的自由市场参与公开讨论，真理最终是会胜出的。而在社会责任论者看来，这只是一种理论的推演，在现实中则是另一回事。他们认为，仅靠辩论或公开讨论是不可能得到真理的，因为，没有任何人能宣布自己是胜利了还是失败了。在现实的讨论中，人们有时可能会很难从无休止的辩论中找到真知，同时，在现实中，也很少会有人专门去寻求与自己观点相左的意见并与之辩论。在社会责任论者看来，公开的讨论或辩论的作用或意义更多是在于启发讨论者的智力，开阔胸襟，使人在困难和挫折中不畏缩、失望，而不是发现什么绝对真理。自由的传媒对人的贡献在于能够通过发现一些适用的真理，促进人的幸福。因此，传媒的社会责任便是把社会从暴力、混乱、纷扰的层次提高到讨论的水平，以增进社会和谐共振。

第二，责任的伦理观。传媒的社会责任理论所强调的责任，有两个层面的意思：其一，责任与权利的等同。强调权利和责任的统一，是这一理论的核心观点。在将传媒自由设为一种权利的同时，就已经意味着传媒应承担相应的责任和义务。在社会责任论者们看来，完全的自由或绝对的自由是没有的，没有限制的自由只能是一个幻想。用彼得森的话来说就是："在社会责任理论下，言论自由是以个人对他的思想、对他的良心义务为基础的，它是一项道德的权利。"① 社会责任理念还强调：公众的自由高于媒介的自由。公众有获得信息的权利，即所谓的"知晓权"，保护传媒的自由仅仅是为了保护公众的利益，而如果不能满足公众对信息的需求，法律也就不应该再对传媒提供足够的保护。新闻自由委员会也提出："……言论自由是有条件的，它的性质是在言论自由权的基础上产生出来的。言论自由以人对他的思想负有义务为基础。如果一个人不负担这个对于人的良心的义务，如果他反而运用言论自由去煽动仇恨、诽谤、说谎，如果他故意利用言论自由来玷污真理的源泉，那么他就没有要求言论自由的权利，只有在他负起相伴随的道德义务时，他才有道德权利。"传媒的社会责任理论摆脱了自由权利天赋的狭隘立场，将新闻自由带回到对道德权利认识的起点上，重新加以审视。自由主义主张不受外界限制的自由，责任论者认为这是一种消极的自由，而他们理解的自由是积极的"有做……的自由"或称为"行动的权利"，这样就必须明确行动的目的与公众需要和公众利益相关。其二，责任的社会性。社会责任论者认为，人类相互之间存在着责任关系，人既是个体的，也是社会的，人与人是相互依赖、影响的，个人的责任只有在社会中才能产生意义。越是对别人产生重要影响，所承担的责任越重大，越是对别人产生重要影响，所承担的责任越重大，这也就是说，大众传媒因其对当代社会日益强劲的影响，使得它也须承担越来越重大的责任。责任是个实践的概念，与新闻道德、义务相联系，从而它规定了媒体"应该做"的内容。传媒的责任是关注社会整体的福利。而不是少数人的福利，这里的少数代表两个含义，一是指传媒从业人员自身，二是指掌控传媒的那少部分人士。社会责任理论扬弃了那种媒介从业人员以自我为中心的伦理观念，强调"最大多数人的最大利益"。他们指出，社会本身虽无目的，但它却代表个人"整体"的利益，因此，人们承担自己良心的义

---

① 威尔伯·施拉姆等：《报刊的四种理论》，中国人民大学新闻系译，新华出版社，1980年版，第114页。

务，并诉诸媒介从业人员的道德自律与社会的舆论约束。

第三，修正的自由观。从传媒的社会责任理论的发展历程可以看出，社会责任理论其实是对传媒自由理论的修正，它从来就不完全反对或者说要推翻传媒的自由主义理论。有的传媒伦理研究者在论及传媒的社会责任理论时，常常自觉不自觉地把传媒社会责任理论看成是传媒自由理论的对立面，或者把社会责任理论看成是合乎道德要求的，而把传媒自由作为其对立面来对待。很显然，这种观点是错误的，因为，作为传媒自我定位的一种必要，社会责任理论的提出，一方面是对自由主义理论的修正与补充，另一方面也是对自由主义理念的确证。修正与补充的是自由主义理论所坚持的以自我为中心的伦理观。传统自由主义理论把自由解读为一项"自然权利"、一项人类与生俱来的权利、一项无人能剥夺的权利，在这个权利体系中，个人本身就直接被定位为目的，个人的成就即一切的最终目标——人的目标、社会的目标、国家的目标。在这里，只有个人的快乐和幸福才构成社会的目的。社会责任理论对这种传统的自由观作了相应的修正与补充。社会责任理论把自由解读为以个人对于他的思想、对于他的良心的义务为基础且附有义务的一项道德的权利。社会责任理论认为，自由不是一个为自私目的而要求的东西，它与一个人的精神存在和成长联系得如此密切，以致他"应当"要求这一自由。它对于个人和社会双方都有价值——它是个人通过他的思想使自己不朽的手段；它也是社会智慧的唯一源泉，是产生进步的种子。除了对个人和社会都有价值外，社会责任理念还强调自由所附有的义务，即任何人只要有意见，就有义务上发表出来。新闻自由委员会说："如果一个人怀有意见，他不仅希望发表出来，而且应当发表出来。他对于自己的良心和公共利益负有义务。发表意见的不可缺少的作用，是对于社会的一种义务，也是对于超乎社会之上的真理的义务。它是科学家对于他的研究成果的义务，是苏格拉底对于他的预言的义务，是每个人对于他的信仰的义务。因为这个义务的对象是超乎国家之上的，所以言论出版自由是国家所不应侵犯的道德权利。"在社会责任理论中，言论自由不像在传统自由主义理中那样，是一项绝对的权利。新闻自由委员会说："这种无代价的、无条件的、为造物主所赐予的、与生俱来的权利的概念，乃是一个反对专制政府的不平凡的战斗原则，并且也有它的历史使命。但是在已经实现了政治自由时，显然就有加以限制的必要。"

之所以说社会责任的论是对自由主义理念的确证，是因为在社会责任论的框架中，传媒自由是传媒作为社会公器履行社会责任的必要前提——没有关于自由的意志与追求，任何关于社会责任讨论都是很苍白的。事实上，自由本身并不与伦理道德相冲突，自由的权利一开始本身所表明的就是一种面对社会时所采取的姿态，那就是个人行动的自律或自主，这里的自律是基于普遍理性、意志和义务动机的自律。只是在后来的实践中，自由主义本身也被误读并被滥用，以至于导致了它自身的危机罢了。

因此，从作为传媒自由的补充、修正及其确证的角度来说，社会责任论只是自由主义理论的一种演化形态，有人甚至把它称之为"新自由主义"，认为它是对原有自由主义理论的修正或革新，用彼得森的话来说就是，传媒社会责任理论所指出的是新闻自由思想的发展方向。关于这一点，从美国新闻自由委员会的报告中也可以得到验证。在报告的篇首，委员会就对"新闻自由"予以当头棒喝："本委员会打算回答这样一个问题：新闻自由是否处于危险之中？我们的回答是：是的……"同时，他们还断定，"既然新闻自由是处在危险之中，那么，文明社会也总是危险的。"新闻自由委员会提出新闻自由处于危险之中的根据是，作为一种大众传播工具，大众传播的发展对于人民的重要性大大提高了。同时，作为一种大众传播工具，新闻界的发展大大降低了能通过新闻界表达其意见和观点的人的比例。而能把新闻机构作为大众传播工具使用的少数人，又未能提供满足社会需要的服务。最为严重的是，那些新闻机构的指导者还不时地从事受到社会谴责的种种活动。这些活动如果继续下去的话，新闻机构将不可避免地受到管理或控制。在这里，美国新闻自由委员会在强调传媒自由的危机时，其目的并在于反对或推翻自由主义理论，而是要强调挽救传媒自由运动的重要性与急迫性。委员会在 1944 年成立的时候，一些业界的成员也表示欢迎它开展调查，并将这种调查视为恢复新闻界衰落的公共形象、增进公众理解新闻自由重要性的手段。①

对自由与责任这一问题或关系的重新认识与评价，是传媒社会责任理论最重要的理论基础，也是它区别于传统自由主义理论的主要标志。社会责任理论将自由分为消极的自由与积极的自由两大类：消极的自由即"免于……的自由"，更精确地说即是"不受外界限制的自由"；社会责任理论则相反，它以积极的"有做……的自由"为基础，要求有能达到人们所希望的目标的必需手段，也就是说，这种积极的自由观要求以传媒自由服务社会，并且主动追求达到这一目的的手段和设备。在其积极的意义上，自由是必需的，但绝不是绝对的、不受限制的，也不是全部；在这里，大众传媒的目的应该是为全体公民服务得更好。

当代传媒的社会责任论理论还是对传媒集团化进行反思的结果。现在虽然已经不再是集权主义的时代，但在传媒方面，却又好像走向了一个回归：即传媒正像过去集权主义时代一样，已经落在了少数有势力的人手里，主要包括媒介机构的所有者及广告商；但少数人控制传媒这件事实本身，使传媒的老板和经理掌握着新的令人不安的权力。传媒不再像杰斐逊和密尔所论述的那样容易成为思想的自由市场，在正如美国新闻自由委员会所说的，"现在，仅仅是政府的干涉，并不足以保证一个人要说什么就有机会去说。传媒的老板和经理决定着哪些人哪些事以及这些事实的哪一种说法可以向大众公开。"在学者们看来，传媒的权力和几近垄断的地位带给它们一种义务，那就是它们有社会责任对各方面的立场都公平地加以报道，并保证大众能掌握充分的信息去加以判断。

2. 社会责任理论的理论与实践困境

自社会责任理论产生以来，它就面临着诸多争疑，有的人甚至认

---

① Margaret A. Blanchard, "The Hutchins Commission, The Press and the Responsibility Concept". *Journalism Monographs*, 1977（Mary）.

为责任对大众传媒来说是一个不必要的负担。彼得·汉密尔顿等人就认为，在传媒的市场化与商业化进程中，传媒的责任不能以新闻自由委员会及后来的理论家们所说的对公众的利益服务之类的道德标准来衡量。他们提出，在市场化的态势下，传媒只是一种企业，它们所从事也只是一种生意罢了，作为一种企业（特别是私有性质的企业），它原本就不欠社会任何东西。同时，作为一个企业，它只要能提供就业机会，并依据市场逻辑进行相关运作，通过利润、工资及银行存款强化其经济基础，并因此而巩固所在社区的社会结构，那么，它就算是已经履行了社会责任。即便是现在，支持这种观点的仍大有人在，诺贝尔经济学奖获得者米尔顿·弗里德曼就是其中之一。在弗里德曼看来，对企业来说，企业的社会责任只有一种，那就是利用其资源，并且在没有诡计与欺诈的情况下，从事那些旨在增加其利润的活动。有的学者还认为传媒的社会责任理论本身就存有自相矛盾的地方：第一，社会责任理论缘起于对滥用传媒自由的反思。持社会责任理论的学者们认为，政府应当对传媒自由进行监督与管制，如果传媒确实是滥用了自由，并且因此而损害了公众利益和社会利益时，那么政府应该采取措施约束、干预传媒的自由。美国新闻自由委员会的社会责任理念也正是基于对新闻专业的自我管理愿望持怀疑态度而提出来的，他们警告说，如果媒介不能够自我纠正，就只有诉诸媒介以外的力量："这些现正指导着报业机构的人一次又一次地在做为社会所谴责的事情。如果这样继续下去，社会将不可避免地对之采取管制与控制的措施。"但这恰是矛盾所在的地方：因为，一如前文所论及的，传媒的社会责任理论本身并不是反对自由的基本原则，而是对自由的修正与确证。事实上，传媒自由运动的发展史，就是一部传媒为争取自身自由与专制政府管制传媒的抗争史。正是由于抗争的胜利，才确立了传媒自由的基本原则，其中就包括了不受政府的干涉以及对政府的批评监督权。社会责任论者既要防范政府对传播媒介的干涉，又来呼吁政府管束媒介，这本身就是一种矛盾。第二，在市场化的进程中，人们大多认为媒介是为追逐利润而放弃了责任，那么如何解决这一问题呢？在一些制度性的因素之外，人们大多自然会想到还可以把问题的解决诉诸人的自律理性，也就是人的道德心或良心。事实上，传媒社会责任理论也一直是把人的这种自律理性看做是理论的基础。但这同样让传媒的社会责任理论陷入到一个自相矛盾的窘境之中：传媒社会责任论的理论基础之一就是认为传统自由主义所赖以立论的人的理性是不完善的。而现在却又把克服现实矛盾的方案与建议，奠基于人的道德良知与人的理性的觉醒。传媒社会责任理论的这种自相矛盾使得人们在对社会责任理论抱有很大期望的同时又不得不心存疑虑。

另外，社会责任理论在实践中还面临着诸多难题，其中最为主要的问题是：媒介从业人员如何负责以及向谁负责。关于前者，英国哲学家希尔·格林曾提出："义务可由法律强制执行，而责任则不然。除非我们是自由的，否则我们就不可能对自己的行为负责。"[①] 这也就是说，如果媒介从业人员是不自由的话，他就不可能对其行为负责，至少是不可能对社会公共事业负责。美国新闻自由委员会在架构传媒社会责任的框架时所确立的最基本的两点就是：作为一个自由而负责的大众传媒，首先它必须是自由的，并强调只有在自由的前提下，大众传媒才可能作为独立的道德主体承担起为公众利益服务的责任。其次，作为一个自由而负责的大众传媒，它还必须是可以问责的。但是，自由与责任之间其实存有争歧的。作为一个媒介工作人员，如果他是自由的，他就拥有自由选择的权利，也就是说，他完全可以凭自己的责任感行事，他可以选择对媒介董事会负责，也可以选择对自己的职业或受众负责，等等。而且，不管他最终选择忠诚于哪一方，在当前的市场化态势下，都可以为自己找到充分的辩护理由。这种情况使社会责任理论在实践中陷入困境，举例来说，如果一名新闻工作者奉命承担义务，那么，他仅报道合乎出版商或政府意愿的消息，可以说他已经尽到了责任（忠实于出版商或政府的责任）；但是，如果这位新闻工作者发现这类消息在道义上不得人心，从而拒绝报道的话，他也同

---

① J. 赫伯特·阿特休尔：《权力的媒介》，黄煜、裘志康译，华夏出版社，1989 年版，第 343 页。

样尽到了自己的责任（即格林所指的忠于个人意志的"责任"）。如此，新闻工作者的责任似乎找不到依托，记者无论报道与否，都是尽了责任的。因而也就无法用"责任"来约束新闻工作者的职业道德。

媒介从业人员当向谁负责的问题也一直困扰着学术界与传媒实务界的人士。在许多时候，当我们考虑伦理道德问题（如大众传媒的社会责任）时，在一个人或一个群体的权利与另一人或群体的权利之间就会发生直接的冲突，这时，我们必然要面对为了某些人有利而需排除另一些人的难题。问题是，我们应当对哪个个人或社会团体负有首要责任？是公司（公司利益）还是公众或社会效益？抑或是其他别的什么利益对象？在这里，媒介从业人员会发现，他们有太多的选择，而且每个选择都似乎是合理的。他们面临着有义务支持的对象包括：（1）对自己的责任。在许多情况下，保持自身的正直，听从自我的良心的召唤可能是最有说服力的择，然而，事业心是一个严肃的专业问题，常常在我们声称听从自己的良心时引诱我们为自身利益，甚至是不可告人的自我利益而行动。（2）对客户（订户）或支持者的责任。如果客户已经付款，那么传媒机构就应该按合同要求为他们工作。因为在这种情况下，传媒机构就他们负有特别的义务；而且即便是在受众并未购买传播信号付服务费这样更无定形的问题上，在决定哪种步骤最合适时，媒介也必须考虑对他们的责任。（3）对公司的责任。作为公司的员工，否认在那种情况下，忠于雇主往往被认为是一种美德。（4）对专业同事负有的责任。这种责任较难界定，但一般来说，不能因为自己的行为而让同事陷入困境或更不好的处境也是员工的基本责任之一。（5）对社会的责任。对社会的传媒责任伦理中越来越重要的部分，并且由于有了社会责任理论，媒体对社会的责任就显得尤为重要。为了论证这个问题，我们可以假定有一个这样的情景：一个新闻工作者在深夜接到一个突发事件的采访任务，为了使问题的论证变得简单些，我们假定没有任何其他人员知道或者接受了对这件突发事件的采访任务。因此，如果他不去采访这件事，公众就无法知道关于该事件的消息，在这种情况下，赶赴现场、及时报道事件无疑就是这名新闻工作者的首要责任。但在这名新闻工作者赶往事件发生地采访的时候,他在途中却遇到了一个生命垂危的病人。同样,为了使问题的论证变得简单些,我们还假定并没有其他人能帮这名新闻工作者来解决及时救治这名病人的难题。因此,如果这名新闻工作者不及时救治这个垂死的病人的话,他可能就会丧失生命。在这种情况下,这名新闻工作者是应该首先救治这位生命垂危的病人呢?还是置之不顾而赶往事件发生地履行其职业职责呢??对于那个生命垂危的病人,他是有责任的,包括对自己(良心)的责任、对社会(互助)的责任等;但作为一名新闻工作者,他却也面临着职业道德的要求,即及时报道突发事件的消息,在这里他同样有责任,包括对自己(职业)的责任、对公众(知晓权)的责任、对公司(工作)的责任、对社会(环境监测)的责任等。但是,很显然,他面临的是一个道德两难困境,在这里,他的任何一种选择都完全可以得到充分的道德支持。但同时,他做任何一种选择又都必须以违背另一种道德义务的为代价。现在媒介从业人员所面临的最大问题是,传媒社会责任理论并没有给出这种情境下相应的明确理论支持。

在责任的主体问题上,传媒的社会责任理论同样面临困境,即责任的主体并不明晰。在很多时候,究竟应该由谁来负责这个问题并没有得到有效的解决。例如在儿童节目方面,人们常常谴责当前媒体的暴力节目泛滥、节目中性元素过多、娱乐节目过于庸俗、诱导儿童消费,等等。但这个问题上,是只有父母要对儿童所看的电视节目负责(父母可以不让他们接触这类节目,或者限制他们接触这类节目时间等),还是广告商和广播公司要承担责任(他们可以决定是否播出这类节目,或者是播出什么内容的节目)?如果说父母们负有责任,他们的责任有多大?如何界定其责任范围才是合理的?而如果说广告商和广播公司有责任,他们有多大的责任呢?是不是拥有最高技术的人就有最大的道义责任?在这种责任选择中,媒介从业人员进行道德决策的原则依据又是什么?在冲突发生时,哪些原则是必须坚持的,而哪些原则又可以放弃?在这些问题上,人们各执一端,难以一统。

因此，在很多时候，对于媒介从业人员来说，"责任"一直都没有一个很明确的界定。身处不同社会、不同意识形态下的媒介从业人员，对社会责任的理解各异。即便在同一社会形态下，社会责任论中的媒介从业人员该负责的对象也难以厘清。一名新闻工作者的社会责任针对的是什么？为了什么？如果他至少在理论上要对自己所报道的消息的合理性和正确性负责，那么这个责任该归咎于谁？尽管自《一个自由而负责的新闻界》以来，传媒界似乎已经建构了一个可行的责任框架，但事实上，这个些问题一直没有得到有效的解决。这些问题的存在，使得明确框定社会责任及其原则变得尤为艰难，这进而使得关于传媒的伦理原则的争辩从一开始就不可避免地陷入到一个这样的理论困境中，要么在伦理原则与现行法律之间产生冲突，且二者之间难以生出一个有效的解决方案；要么是在现有的伦理原则之间产生冲突，而这些伦理原则本身的合理性或合法性都是不可置疑的，这之间的妥协必定是以牺牲某一"正义"为代价的。或许，正是由于"社会责任"的这些理论与实践难题，社会责任作为一种理论，尽管其声音已经高于自由主义的声音，但它却没有作为一个权利概念进入宪法或其他的法律体系之中。就连美国新闻自由委员会本身也不抱这种奢望，在论及社会责任的解决时，它甚至还主张借助社会非赢利性机构来帮助提供人们所需要的特定传媒服务，这也昭示了社会责任理论的建设还有很长的路要走。

第三节　自由而负责的大众传媒

1. 自由的大众传媒的责任框架

现在，很多人都担心，如果大众传媒继续现在的市场化与商业化方针，那么，它要想取得成功，就只有使用和其他商人一样的方式，那就是向消费者提供他们想要的东西。根据这种理论，对公众服务检验的标准就是看经济上是否成功；同样根据这种理论，大众传媒就会受制于它相信什么是大众传播受众的兴趣和品位，而这些兴趣和品位可以通过发现这些大众传播对象意欲购买什么而得到揭示。进一步的结论是，与这些大众传播的受众们在报摊上或票房中表露出来的兴趣和品位相比，大众传媒如果试图提高一点，那么它就会失去市场，并被迫驱向破产，而作为市场化的企业，它的生存也将就此走到尽头了。这种理论成为许多媒介机构及理论界人士为当前传媒社会责任理论意识淡薄辩护的理由。但是，很显然，作为一个特殊的经营单位，市场化与商业化并不能成为它免除社会责任的理由。美国新闻自由委员会及后来的传媒研究理论都认为，传媒应当承担社会责任，他们的社会责任理论构建了一个较为清晰的自由的大众传媒的社会责任的基本框架。

作为一个自由而负责的大众传媒，首先它必须是自由的，社会责任理论从来不反对自由，它只是反对自由的滥用及不道德的自由。人们普遍认为，文明社会是一个思想观点的运作系统，它靠消费思想观点来维系和变革。因此，它必须保证其成员所持有的尽可能多的思想观点能得到它的审视。它必须确保表达自由、确保最终实现思想观点流动的所有障碍都被一一排除；而且，也只有在自由的前提下，大众传媒才可能作为独立的道德主体承担起为公众利益服务的责任。当我们强调传媒必须享有能够发展它自己关于服务与成就的种种概念的自由、必须享有为维系和发展自由社会作出贡献的自由的时候，其实也是以传媒本身是自由的为基础的。

其次，作为一个自由而负责的大众传媒，这同时意味着大众传媒还必须是可以问责的（新闻自由委员会语）。"它必须对社会负有如下责任：满足公众需求，维护公民权利以及那些没有任何报刊代言、几乎被遗忘的言说者的权利。它必须明白，它的缺点和错误不再是个人的无常行为而已经成为社会公害。……放眼未来，新闻自由只能以一种可以问责的自由而继续存在。它的精神权利以它对这种问责性的接受程度为转移。它的法定权利将维持不变，如果它的精神义务得到履行的话。"[①]

[①] 美国新闻自由委员会：《一个自由而负责的新闻界》，展江、王征等译，中国人民大学出版社，2005年版，第10页。

在此基础上，美国新闻自由委员会及后来的研究者们根据自由社会的基本要求，架构了一个较为清晰的自由的大众传媒的社会责任的基本框架：

其一，及时、准确、客观而公正地再现现实的责任。世界上大多数国家都把真实而公正地报道和评述新闻作为新闻传媒应当向社会与公众承担的首要的职业责任。按照这一要求，任何违背新闻报道真实公正原则，无视公众的知闻需要的做法都是有悖大众传媒的职业责任和要求的。用美国新闻自由委员会的话来说就是，大众传媒应当提供一种就当日事件在赋予其意义的情境中的真实、全面而智慧的报道。对大众传播媒介的第一项要求就是准确报道，至少不能撒谎。更高层次的要求则是，在报道中要分清事实与意见，把事实与观点剥离开来。最高层次的要求则是报道关于事实的真相，而不仅是简单地报道事实。这一点对当前的大众传媒来说尤显重要。因为，更多的媒介是以事件的表面现象来做文章，追求其娱乐效果，而不作深度报道，这在实际上导致了诸多误导。在这方面，大众传媒媒介最容易犯的错误是以赢利为动机而形成的"新闻主义"和"煽情主义"，随之而来的是侵犯国家安全和人权。追求轰动效应，把新闻只视作孤立的事实报道，而不考虑它的社会效果，这就是所谓的新闻主义；而煽情主义则是重视刺激受众情绪，甚至不惜以黄色的内容激发人们追逐低级趣味。这两种情况都很容易使传媒丧失责任感。

其二，维护公众的知情权和表达权的责任。大众传媒应当成为一个交流评论和批评的论坛。也就是说，大众传播机构应将自己视为公共讨论的共同载体与公共传递者。对一个自由社会来说，至关重要的是一种思想观点不应该被扼杀于摇篮中。虽然，不可能也不应该期望新闻界发表每一个人的每一个观点，但是，新闻界应该承担起这样的责任，这就是要求大众传媒应当设法表达一切重要的观点，而不仅仅是表达出版者或从业人员所同意的观点，这是客观报道的应有之义。换句话说，就是要善待与自己相左的观点和态度，让尽量多的人参与到交流与评论中来，给尽量多的人提供说话的机会。这一点在当前各国媒体日趋集中化、集团化的情况下尤为重要。因为，在此前的集团化进程中，媒体所有者或广告客户等少数人操控媒体并只反映这部分少数人的意见的情况日趋严重，而这违背了传媒作为社会公器的初衷，也不符合民主社会的要求。

其三，作为一种供社会各群体互相传递意见和态度的工具，大众传媒有责任正确投射出社会组成群体的典型画面。这一点与前面两点是相关的。因为，如果当新闻界所描绘的形象不能真实地反映社会群体时，它就会误导判断。比如，如果在一份全国发行的杂志所刊登的故事里，黑人都作为仆人出现，那么，即使它没有用明确的语言来界定黑人的社会形象，它实际上已经在为他们定性了。很明显，这是一种误导。其他的情况还有很多，在电视广告中，女性出镜率很高，但实际上，女性的形象在这里大多并不光辉，她们往往是以成功男人的附庸的形象出现，这既是对女性形象的错误定性，同时也在进行一种错误的价值观导向。在此，负责任的表现就意味着，被重复和强调的形象应该是这些社会群体真实、典型的形象而不是相反。社会责任理论的要求是，关于任何社会群体的真相，虽然其缺点与恶习不应该被排除，但是还应包括对其价值观、抱负和普遍人性的认可。只有在人们真正接触到某个特定群体生活的核心真相时，他们才会建立起对它的尊重与理解。

其四，介绍、阐明社会目标与美德并维护社会公共利益的责任。对于整个社会的美德和目标，大众传媒也应当承担起相应的责任。人们对传媒的期望是，它不仅要充分满足公众的知情权，而且还应该成为主流价值的塑造者与引导者，应该成为促进社会宽容、理解、融合和发展的积极动力，从而为我国改革开放和民族振兴创造良好的道德环境。大众传播机构是一种教育工具，而且也许是最强大的，它们必须在陈述和阐明本共同体应该为之奋斗的理想中，承担起教育者那样的责任。在呈现、阐明社会美德同时，大众传媒还应承担丰富公众精神生活、培养公众的审美情趣等相关方面的责任。美国新闻自由委员会认为，大众传媒有责任提升而不是降低公众的情趣。1972年，一个电视系统的负责人在评论安排音乐节目对公众的重要性时是这样总结的:"所有这些是为了回应电视观众的放松、娱乐和消遣的欲望,我们应该完成我们的首要任务,这里的伟大使命是要让电视落实训练社会意识、提高电视观众的文化教育水平和培养他们的审美情趣。电视应该传播的是我们时代的群众当中的进步思想,应该作为他们丰富精神的工具。"① 这里所表达的就是传媒把培养公众的审美情趣等视为自己应然的责任的观点。同时,作为一种社会舆论机关和公众舆论手段,大众传媒理应成为社会与公众的耳目喉舌,自觉维护社会公共利益。这是其不容忽视和不可推卸的社会责任。世界上许多国家都把传媒维护社会公共利益作为大众传媒职业行为的崇高标准与神圣使命。我国更是把"全心全意为人民服务"作为大众传媒职业道德的基本准则与基本要求。这也就是说,传播媒介不能将信息传播的公共权力变成一种媒介私权,去谋求个人便利及争取任何有违大众福利的私利。

其五,发挥社会监督作用并接受公众指导与监督的责任。在传媒研究中,传媒称作是"社会监视器"、"环境监测者",这是说它具有预警和监督的功能,可以对社会起到一种监测、预警和调适、护卫的作用。马克思因此称传媒为"社会的捍卫者",其含义也在于此。一般来说,大众传媒是通过以下三种形式来实现其社会监督作用的:一是对政府的监督,二是对社会不良现象的监督,三是对违法、违纪和违反社会公共道德者的监督。实行这些监督,是大众传媒所应当承担的社会责任。而承担这些社会责任的目的,就在于维护社会与公众的利益不至于因此受到侵害,保证社会这部大机器能够不出偏差,实现良性运行。有的学者还认为,接受公众指导与监督也是大众传媒的责任。公众有必要了解大众传媒的力量,并指出它不能满足社会需要的程度。一旦公众知道这些情况,就至少可以在三方面行动起来,以改进之:一是各种社会组织应当帮助媒体来执行其任务;二是教育机关为媒体创立进修、研究和批评性的出版物,新闻学院应当使学生受到最广泛

---

① B. Baulu. 《东欧的广播和电视播出》, *Minneapolis*, *Minnesota*, Minnesota University Press, p. 99

的教育；三是应当建立一个独立的机构来鉴定媒体活动，并且定期提出报告。

其六，履行社会公共文化的责任。作为一种社会公共信息媒介，大众传媒还承担着社会公共文化的责任。大众传媒应当自觉地不传播低俗不雅的信息，而传播有助于促进积极、健康、有益的社会公共文化的内容，自觉抵制消极的、不健康的和有害的文化垃圾。这种责任要求强调大众传媒传播的内容应当庄重、高雅、健康、有益，并对那些低俗不雅的内容则持批评态度，并加以必要的道德规范。

在大众传媒的社会责任框架方面，并不存在一个通用的模式。因为，对责任的理解与传媒各自的文化传统与社会实际相关，各种传统对同一责任理解可能会因此而不一致，甚至相冲突。但有一点却是一致的，那就是大众传媒必须承担相应的社会责任，对于所有的传媒来说，只要试图对社会产生影响，责任问题就无法回避。

2. 大众传媒社会责任理论的意义

尽管到现在为止，仍然存有诸多对社会责任理论的争歧与质疑，但有一点是可以肯定的，那就是社会责任理论的提出为传媒伦理的建设提供了理论基础，并因此而有着重大的意义。其一，大众传媒的社会责任理论明确了传媒自由的界限，并引领传媒自由的理想之舟驶进了责任和道德的轨道。不同于传统的自由主义以实用权利为基础的是，传媒社会责任理论是以人们对于其自身的思想和良心义务为基础的。在这里，一个人的言论自由和权利应以不应伤害他人相应的个人权利以及主要的社会利益为前提，相反，它力图在此基础上有益于他人的个人权利以及主要的社会利益；如果一个人要求自由发表意见，那么，他也有义务尊重别人行使这一权利。社会责任理论认为，传媒自由不是一个为自私目的而要求的东西，它应充分考虑公共权利和公众利益，也只有将公共权利和公众利益纳入自身，传媒自由才能继续成为传媒的一种权利。其二，传媒社会责任理论指出，在复杂的人性面前，要保护传媒自由的权利，就需要他人提供外在的约束力量，就需要提醒人们注意其社会责任。否则传媒的自由权利就会被滥用为满足个人的直接需求和欲望的工具。其三，社会责任理论在一定程度上揭示了传媒自由深刻且积极的社会含义，提出传媒自由权利是传播媒介、公众和政府共享的权利，它们分别是承担大众媒介责任的三个义务主体，而且它们之间的相互关系不是对立的而是相互关联的。在传媒的社会责任理论中，传媒自由就不再被看做一种与生俱来的绝对的自然权利，而是附有道德义务的有限制的道德权利。如果一个人拥有某一观点，那么，出于对自己的良知和公众福祉所负有的义务，他就应当把这一观点表达出来。新闻自由委员会把表达思想观点这一不可或缺的功能看成是一种责任——对共同体的责任，并且也是对超越共同体的某种东西的——可以说是真理的责任。它好比科学家对其成果以及苏格拉底对神庙的义务。它是每个人对他自己信仰的义务。也正是因为这是一种超越了国家的义务，言论自由和新闻自由才会被认为是国家不得侵犯的精神权利。① 其四，传媒社会责任理论还在传媒受众与媒介机构两方面都产生了一些积极的影响。在受众方面，社会责任理论为公众评价大众传媒确立了一个价值体系，并因此而成为社会公众批评不负责任的大众传媒的武器；在媒介机构方面，社会责任理论则是它建构道德自律的理论基础。同时，社会责任理论还成了媒介从业人员和媒介教育的重要内容。社会责任理论甚至还影响了司法机构的判案标准。即在肯定传媒自由的同时，也要注意保护公民的隐私权、知晓权等权利。鉴于社会责任理论的考虑，一些国家的政论还改变了对待传播媒介的立场，反垄断法等法律法规的出台就足以说明这个问题。

现在的情况是，社会责任理念已经深入人心，传媒社会责任概念也已经成为一种共识。事实上，早在人们反对传媒的集权主义、为新闻自由而奋争的时候，人们就已经深刻地意识到，集权主义操控下的传媒不可能担负起领导人们走向光明的责任，因此，自由权利的意识本身就蕴含了一种责任意识。在《一个自由而负责的新闻界》在刚

---

① 参见新闻自由委员会：《一个自由而负责的新闻界》，展江、王征等译，中国人民大学出版社，2005年版，第5页。

刚发表的时候，当时的美国新闻界甚至极为敌视新闻自由委员会，连哈钦斯本人也成为"大多数报社诅咒的对象"。① 尽管如此，社会责任理论的必然性与合理性还是得到了大多数人的认同："十分明显，很少有哪一个媒介会与委员会就新闻界应当承担社会责任这一基本观点……乃至于就新闻界在当代民主社会中的功能发生争论。"② 也正如玛格丽特·A. 布兰查德③所说，尽管由于新闻界素有推崇报纸及报人完全独立、彻底自由运作的绝对个人主义传统，他们也因此而不可能立即、充分支持哈钦斯委员会的报告；尽管在《一个自由而负责的新闻界》发表以后，新闻界曾一度对报告进行了猛烈的抨击，如《芝加哥论坛报》的发行人罗伯特·麦考密克就指责委员会的报告，称其会导致政论对新闻界的控制；④ 新闻行业组织甚至说该委员会的成员都是"猪脑子"，说他们的观点会毁了新闻自由。⑤ 但是，在大多数人看来，日益发展的新闻界的"责任"这一宏大主题仍然是难以回避的一个话题。

---

① Curtis D. MacCougall, *The Press and Its Problems*. Dubuque, Iowa: William C. Brown Company, 1964, p47.
② Fred S. Siebert, *Theodore Peterson and Wilbur Schramm. Four Theories of the Press*. Urbana, Ill: University Illinois Press, 1956, p85.
③ 玛格丽特·A. 布兰查德（Margaret A. Blanchard）女士现为现为北卡罗来纳大学新闻与传播学院小威廉·兰德·凯南教席教授，她发表于1977年的《哈钦斯委员会、新闻界与责任概念》被誉为研究新闻自由委员会的经典作品之一。
④ John Vivian, *The Media of Mass Communication*. Boston: Allyn and Bacon, 1991, p338.
⑤ 罗恩·史密斯：《新闻道德评价》，李青藜译，新华出版社，2001年版，第54页。

中篇 大众传媒的道德现状及伦理反思

毋庸讳言，当前的大众传媒在很多方面都是有违于道德的，造成这种情况的原因主要有两个：其一，传媒实务在部分领域中进入了一些误区。如对待新闻真实性原则上的极端主义，要么把新闻真实性绝对化，要么沉溺于失实的新闻报道；娱乐化趋向的无限放大；传媒市场化进程中的原教旨主义的抬头；传媒集团化问题上的非理性以及对传媒后现代化的无意识，等等。这种情况很容易导致传媒的职业原则凌驾于伦理原则之上，也就是说，在大多数的传媒实务中，伦理考量被认为是次要的。其二，伦理学界对上述传媒现象关注不够。在此前的研究中，人们仅或从社会学、经济学（特别是媒介经济学）以及文化批判的角度探讨过这些问题，而对其伦理层面则少有涉猎者。但事实上，上述传媒现象所导致的社会伦理问题却与当前的社会道德失范及随之而来的社会道德重建有着重大的关联，对这些问题的伦理反思实有重大的理论与现实意义，不容忽视。

第三章
恐怖真相——新闻真实性的哲学解读及其伦理维度

真实是新闻的第一生命，是新闻传播活动内在的重要规律，也是新闻受众对新闻的基本要求。媒体的影响力来源于与百姓和社会生活的贴近，来源于对社会的责任和关怀，也来源于其丰富的内涵和独特的见解，更来源于所刊发新闻的真实和权威。从伦理的角度看，新闻真实性则还必须充分考虑到人文关怀及凸显事件的意义等相关方面，而不仅仅是停留在简单的真实层面。

第一节 新闻真实性及其新闻学解读

1. 真实性的新闻学解读

新闻的真实性是指新闻报道与具体事实相符，而且还能反映全面的事实真相。这里包括了两个含义，其一，是指新闻所报道的事件、人物、数字、思想观点等都必须准确可靠，引文、史料及背景材料也同样准确有据；其二，是指准确地报道全面的事实。[①] 新闻真实性一直是人们公认的一条普遍原则，也已经被公认为国际新闻业的共同标准。它从一个方面揭示了新闻的本质特征及新闻传播活动的规律：新闻就

---
① 刘建明：《当代新闻学原理》，清华大学出版社，2003年版，第92页。

是要发掘事实真相并提供对事件和问题的公正、广泛的报道来推动民主和正义的进程，是对新闻记者职业行为的最基本的描述。每种文化可以有自己的传统，每种语言可以有不同的声音，但在全世界的好记者当中，将他们联系在一起的东西，总比使他们分离的东西多得多，全世界的好记者大都认为，他们肩负着某种共同的职责。这一职责的基本概念如下：(1) 客观现实存在于人的意识之外，等待记者去理解并反映出来；(2) 记者与客观现实之间的关系（记者在这一关系中应用一些原则）是识别真正记者的试金石（记者不应是傀儡，公差的仆役或是某一的代言人）；(3) 不按记者行为准则行事的记者，他们已被强加于头上的政客的意识形态所左右；(4) 英语国家的记者认为，自己遵守的不是某种意识形态，而是反映新闻本质特征的行为规范。美国著名记者李普曼也曾说："新闻的功能是提示某一事件的发生，真实的功能在于将隐蔽的事实公之于众，并揭示事件之间的相互关系，描绘出一幅现实的图画，使人们行事有据可依。"① 那么，如何理解新闻的真实性呢？从新闻学的角度看，新闻真实性有以下几个层次的含义：

第一，事实真实。即每一个具体的新闻报道中的事实，都做到完全准确无误。任何一条新闻，如果不反映现实生活的真实事件，缺少事件的真实，就不能指引受众正确地认识生活，看清事实。在新闻报道中，事实真实至少包含四个层面的要求：其一，必须确有其事。事实就是已经发生、存在和正在发生的真实情况。新闻是报道确实存在的事实，绝非凭空捏造。其二，新闻报道中的相关新闻事件的主要新闻要素，即新闻写作中的五个"W"和一个"H"② 都有明确所指；其三，不仅要素完全真实，而且对这些要素的细节描绘也要有根有据，不能有丝毫的"合理想象"或"笔下生花"；其四，新闻报道中引用的一切资料，也要求有可行的来源，如数据、信件、日记、笔录、作

---

① 转引自戴雨果：《英语国家新闻观念中的真实性与客观性问题》，《新闻大学》，1999年冬季刊。

② 五个"W"和一个"H"即新闻报道中所涉及的谁、什么时候、在什么地方、发生了什么事情、事情的起因及事件进展如何等新闻要素，英语即为 Who, When, Where, What, Why and How。

品、录音、传真、电子邮件……必要时要有明确的交代。事实真实是最起码、最基本的要求，这种真实要求遍及新闻传播的全部事实、事实的所有层面及每个层面的所有细节。

第二，总体真实。总体真实是指，其一，对一个事件的全部报道前后一致；其二，新闻报道要全面、真实地反映社会的整体状况。这就是要求不仅新闻传播的某一个事实，新闻媒介上的某一个报道是真实的，而且要求新闻报道的全部事实、新闻报道中事实与实际生活中的同类事实，要完全真实、完全一致。总体真实要求新闻报道的全部事实与实际生活中同类事实要完全一致，能够如实反映客观世界整体趋势。一切事情都有它的个别情况，如果不是从客观联系中去掌握事实，而截取片段随便挑出来，那么任何事实都不是现实的必然事理。如果把个别事实、少量事实当普遍、大量事实来渲染，或者不报或少报普遍、大量事实，掩盖客观主导倾向，都会使受众在报道中看不到客观世界的真实面目。前几年，沈阳一家报社曾报道过一条新闻：两夫妇因赌博输钱自杀，但服了多瓶安眠药未死，标题是《夫妻轻生，假药"救命"》。记者断定，这种吃不死人的安眠药就是"假药"，但事后的调查却发现，这药实际上是高效低毒的合格产品。该报社也为这一错误付出了沉重的代价：向厂家支付了几十万的赔偿。总体报道的失实，往往表现为不能如实反映事实的主流与支流，把事实总和中的少量和非主流的事实报道过多、频率过高；而把事实总和中大量和占有主流地位的事实报道得太少，甚至不报道，在新闻传播的总量中造成假想，这样的报道尽管每条新闻的个体事实都是真实的，但整个报道却是虚假的。

第三，转发新闻的真实。在传统的新闻传播中，专业的新闻媒介机构是新闻的首发者，他们通过采访、调查在获取第一手材料的基础上采写、发布新闻，并通过严格的检查和核实系统来控制新闻的真实性。但在如今信息大爆炸的时代，这一点有了很大的改变，受人力、资金或技术等因素的限制，很多新闻机构都不可能在每一起重大事件发生的时候都有自己的工作人员在新闻现场，但激烈的传媒竞争态势又要求他们必须对这些重大事件做出反映，于是，很多新闻机构就通过转发其他媒体的相关新闻来报道这一事件。但在转发新闻中，同样有一个真实性问题，许多新闻机构在转发新闻时，特别是对已经注明来源的新闻，往往是直接转发，甚至不会到新闻的首发地进行核实，这就极易造成假新闻的再传播和广泛传播。发生在2005年4月的"高露洁牙膏事件"就是一个很典型的例子。2005年4月2日，《环境科学与工程》杂志刊登了美国学者彼得·威克斯兰的一篇名为《三氯生在游离氯调节下氧化反应生成三氯甲烷和含氯有机物》的学术论文，研究本身并不涉及任何牙膏产品，但作者在论文中提到实验对象三氯生[①]广泛使用于牙膏等日用品。4月6日，记者凯林·贝兹根据这一论文的研究，发表题为《氯+抗菌剂=意想不到的结果》新闻报道。事态的发展此后出乎人们的意料——4月15日，英国《旗帜晚报》刊登了《牙膏癌症警告》的新闻稿，明确指出"高露洁"牙膏等几个品牌产品存在致癌危险，且英国部分超市开始停止销售高露洁牙膏。《旗帜晚报》的报道本身已经存在转发的错误了，因为报道的结论与论文的结论已然相去甚远，而其关于"高露洁"在英国超市下架报道也与事实不相符。也许正是出于这种原因，英国国内包括BBC在内的主流媒体均未对这篇报道做任何反应。但自4月17日起，我国媒体报道却以"据英国媒体报道……"为据，发布了关于"高露洁牙膏可能含致癌成分"的报道，随着各种媒介不断介入，一场声势浩大的"高露洁牙膏事件"报道热潮不期然而至，几乎所有的报道都以《旗帜晚报》的《牙膏癌症警告》作为新闻源，事态迅速扩大，以致于引发了一场遍及全国的"牙膏信任危机"。直到4月21日，《南方周末》刊发《谁制造

---

① 医学界研究认为三氯生是"目前国际上推崇的安全高效广谱抗菌剂"，对引起感染或病原性、革兰氏阳性及阴性菌、真菌、酵母以及病毒（如甲肝、乙肝病毒、狂犬病毒、艾滋病毒HIV等）都具有广泛的杀灭及抑制作用，具速效和特效双重作用。三氯生广泛用于高效药皂/卫生香皂、卫生洗液、除腋臭/脚气雾剂、消毒洗手液、伤口消毒喷雾剂、医疗器械消毒剂、卫生洗面奶/膏、空气清新剂及冰箱除臭剂等，也用于卫生织物的整理和塑料的防腐处理、高档环保乳胶漆、医疗制品包装材料以及儿童玩具等。更高纯度的三氯生还广泛用于治疗牙龈炎、牙周炎及口腔溃疡等的疗效牙膏及漱口水中。

了牙膏信任危机》一文，人们才开始逐渐了解到事件的真相原来与媒体报道并不是一回事，随后的深度调查进一步提示了事件的真相。虽然，人们最终还是知道了事件的真相，但我国媒体普遍介入到这场转发失实的新闻报道中的现象之本身却不能不引起人们的反思。

第四，本质真实。即要求能够通过事实的报道而揭示该事实发生发展的原因及其本质。第二次世界大战以后，面对日益纷繁复杂的世相，人们对新闻传播的事实的基本要素需求有所增加，不仅要求提供五个W，还要求说明H（How），即要求揭示该事实出现的动因。我国新闻主管机关也明确要求新闻报道者必须正确揭示事物的本质。后来，有新闻学者就把这个要求称之为"本质真实"。但在是否要坚持本质真实上，新闻传播学界存有争疑。有一种观点是认同新闻必须做到本质真实，因为，新闻记者的职责是了解事件的真相，而缺乏对事件本质的认识，了解真相只能是一句空话。这种观点的进一步表达是，新闻报道不能只报道事件的表面现象，它还必须体现事件的本质与主流，因为，片面偶然的现象不是真实的，只有本质才是真实的。

在新闻本质真实性问题上存有较大争歧，有一种观点认为"新闻本质真实"的提法不科学，而且在实践中也存在弊病。因为，其一，这种提法不科学。因为，本质是事物的内存的东西，它本身并没有真实与虚假的问题。我们只能说新闻报道有没有反映或认识到本质，而不能说反映的本质是不是真实。因此，把"现象的真实"与"本质的真实"割裂甚至对立起来，认为"现象的真实"还不能说是真实，认为只有"本质的真实"才是真正的真实，这在哲学上和新闻学上都说不通。其二，要求所有的新闻都反映出事物的本质，即达到所谓的"本质真实"，既没必要，也不可能。新闻首先要报道现象、事实，而本质往往是隐藏于现象的背后，任何事物的本质都不可能在短时间里就被全面认识。这就决定了对本质的认识需要一个过程，有时甚至是一个漫长的过程，这不仅是指报道者本身的能力，而且还指本质本身的暴露程度。如果一定要在对事物或现象的本质有所认识再报道，新闻就必定丧失其时效性上的"及时性"要求，也就是"新闻"的

"新"。一些学者指出，新闻所强调的"新"与对事件本质的认识是相矛盾的。因为，如果在全面了解了事件的本质以后再进行报道的话，那一定是在事件发生了一段时间，甚至很长一段时间以后的事，这时的报道已经不再是新闻，而是"旧闻"了。其三，针对新闻需反映主流以体现本质的观点，有的学者反对说，本质并不等于主流，因为，本质是决定事物个性、面貌的内在联系，它是相对于现象而言的。主流则是指事件发展的主要方面，它是相对于支流而言的。但是，作为一种客观存在，主流与支流都反映了事物的本质，如果要求新闻报道做到本质真实，并把本质与主流等同起来的话，新闻报道必然会偏失于只反映主流，不反映支流，这种报道方式与新闻全面、如实报道的要求是不相符的，因而也是不可取的。其四，如果片面强调新闻要反映事物的本质，往往可能导致实践操作中的错误。如20世纪50年代匈牙利发生政变，纳吉上台。新华社第一天报道就是客观地报道了政变这一事件，第二天报道则说纳吉是个好人，但第三天却又说纳吉是个反革命。很显然，第一天的报道是必须，但第二天的报道与第三天的报道就值得商榷了。可见片面地要求新闻反映事物的本质也是有待商榷的。更为严重的是，片面强调新闻要反映事物的本质，还可能导致新闻被人利用。在目前的新闻监督中，就经常有人站出来说，报道虽然是事实，但反映的却不是本质或主流，把严肃的舆论监督简单地否决了。可见，新闻是否符合本质的真实是一个尚需进一步研究的课题。

虽然，关于在新闻报道是否要坚持本质真实问题上的争歧现在尚未统一，但争论各方其实都是指向同一个目标，那就是，新闻必须真实，在这一点上，争论的各方始终是高度一致的。也就是说，人们并不反对新闻必须真实这一最基本的要求，争歧主要集中在何种真实及如何真实的问题上。

2. 新闻必须真实

第一，新闻必须真实。这是由新闻的本质决定的。真实性是新闻本质属性中的第一属性，事实客观真实、材料确凿可靠是新闻最起码的要求。新闻是对新近发生的事实的报道,事实是新闻的本体、核心、根本。新闻报道以反映实际、影响实际为己任,而它实现自己使命的手段就是报道客观发生的最新事实。先有事实,后有新闻。新闻一旦不真实,就失去了应有的特点与优势,也就失去了存在的价值。事实上,作为一种世界公认的新闻语汇与报道模式,真实性代表了人们对新闻业的常识、期望,也是人们构思、定义、安排、评价新闻文本、新闻实践和新闻机构的基本标准。

第二,新闻必须真实是受众对新闻的共同要求,这也是新闻传播效果的要求。人们相信一条新闻,首先考虑的是新闻报道中所提供的事实是否确凿。真实信息使人们生活在真实的社会环境中,感受一切实在的事实,增强了对周围环境的信任感和对主体行动的把握性,使人的社会行为能够达到预期目的。如果新闻报道是假的或部分失真的,那就不会为对方所接受,新闻传播也将因此而无法达到预期目的。

第三,新闻必须真实是新闻媒体自身生存的要求。人无信则不立,新闻媒体也同样如此。能否提供真实的新闻报道,成为影响新闻媒体生存与发展的基本要素,失去真实性就会失去受众的信任,新闻媒体也就无法生存下去。这一点在当前的市场经济条件下,特别是媒介竞争日趋激烈及大众传媒日益市场化与商业的条件下尤其如此——客观而真实的报道形式可以加强其新闻内容的可信度与对受众的吸引力,从而帮助媒介拓展发行量,进而带来广告收益。英国传播学者丹尼斯·麦奎尔就认为,真实性可以通过增加受众对"媒体提供的信息和意见的真诚信任"给新闻较高的市场价值。

第四,新闻必须真实是新闻业的职业道德的基本要求。报道真实新闻是新闻从业人员的职业责任,维护新闻的真实性也是他们最起码的职业道德。"我们应该说真话,这是我们的力量所在。"另有一种观点还认为,真实性原则还可以保障新闻从业人员在时间压力下完成任务。新闻机构最大的任务在于提供消息,为了提供消息,它必须密切掌握社会脉动。这样新闻工作人员每天必须处理庞杂、繁琐甚至真实、虚假混杂的消息,所以新闻工作人员必须要有一套准则,以便在最短的时间内完成任务，而真实性原则无疑可满足这样的需求。这一原则不但使新闻工作人员受到外来势力干扰的程度降低，也同样降低了来自新闻机构本身的干扰——它使记者与编辑免遭不同政治理念、或颐指气使的主管的干扰，加快了工作效率。此外，新闻工作人员还可以借助真实性技巧轻易得到处理资讯的标准，借以挑选与评核内容，甚至可以加快处理题材繁多的新闻，舒缓截稿的时间压力，使报纸按时出版、广播、电视新闻准时播出。

第五，新闻真实性还是秩序的要求。这里所说的秩序包括两个方面。一方面，是媒介本身的秩序。媒介的真实性报道，由于强调客观的结果，可以免去许多错误和偏见，在法律上也不会涉及诽谤和侵犯他人的隐私权，这本身就是媒介对自身的一种保护。哈林则更进一步，他认为，即使某些媒体可能存在权力干涉或者私人所有，但真实性的报道形式也通过使媒介看起来中立，而有助于媒介合法化。另一方面，真实的秩序价值则在于通过保障信息公开，给公众提供接受信息、了解环境的途径，从而有助于社会公正的实现。媒介研究者们发现，真实性给社会公众提供了接受信息、了解环境的途径。尽管真实性的报道并不意味着我们总是能发现真相，但真实性报道的价值和意义在于它是理解环境的途径。E. 丹尼斯认为，作为一种呈现资料的方式，真实性的报道可以使得新闻界能借此给受众提供充分的消息，并给持不同意见的各方以答辩的机会。这一新闻报道理念，还因符合了人们的内存需要，而具有重要的社会意义。只有在真实性的报道形式下，才可能真正实现公平的态度、公开的报道、公正地呈现；也只有这样，才能真正促进交往的社会化，推动受众需要、社会需要的扩大。如果在报道中灌输个人偏见，报道一部分事实而隐瞒另一部分事实，或是呈现一部分人的观点而抑制另一部分人的观点，那就无疑会使人失去民主、自由、道德的理想，也会使人类精神交往的空间大大缩小。

第二节　新闻真实性的哲学解读及其伦理维度

1. 新闻真实性的哲学解读

从哲学的角度看，要正确认识新闻的真实性，首先必须区分两对基本概念，即真实性与客观性、真实与真相。

第一，真实性与客观性。新闻活动中，必须区别对待真实性与客观性。严格来说，新闻的真实性是一个融主观与客观于一体的概念。说新闻的真实性是一个主观的概念，因为，其一，事件的真实再现，必须通过新闻从业人员的采访、分析与综合等一系列主观行为，没有这些主观行为的参与，事件的真实原貌就无从再现；其二，对同一条新闻，由于报道的角度不同，可能会勾勒出不同的真实画面。这种差异并非意味着失实，而是"真实"本身的差异，这种差异与新闻从业人员的观察方式或选择事实的原则等主观因素直接相关；其三，对客观事实真实的把握是否精确，与新闻从业人员的能力、主观努力等主观因素密切相关；其四，马克思主义的能动反映论指出，真实本身也是一种主观认识，只有主体对客观事实认识得完全正确并如实地把它反映出来，才是正确的认识，只有正确的认识才能谈得上真实。但同时，新闻的真实性又具有客观性，因为，其一，客观事实是新闻本源和前提，永远是第一性的。没有客观事实，就不可能有报道的真实，离开客观事物，真实就无从谈起；其二，新闻的内容反映的是客观事实的具体过程，真实反映的全部东西要和客观事实相吻合，否则就会出现假新闻。

在论及新闻真实性的主观性的时候，我们应当避免一种误读。有人认为，既然新闻的真实性有主观性的一面，那么，对事件的意见或评论（包括政论）等也就可以算是新闻的一种形式。这是一种误读，因为，意见是对新闻事件的解读，它完全是阅读新闻事件者本人的主观看法，而不是事实本身。由于各人对事实的认识会受其教育水平、生活背景、理论分析能力等多种因素的影响，对同一事件的意见往往也会各个有异，有时甚至是冲突的。新闻报道中掺杂对事件的意见往往不但不能及时澄清事实，有时反而会使事实变得更加模糊不清。因此，在新闻报道中应该把新闻和意见分开。同样，政论也不等于新闻。政论总是想尽办法说服他人认同自己的观点或立场，并反对它所反对的观点与立场；而新闻则只是把事实告诉人们，当然这势必也会影响人们的观点，不过新闻改变人们的观点是人们在新闻所报道事实的基础上自我思考的结果，而不是因受新闻报道者的观点影响而改变了观点。英国著名记者约翰·辛普森在回忆其记者生涯时，曾深有感触地提到他刚参加这一工作时一个上司对他所作的职业劝勉："如果你要影响人们的观念，就去当政治家；要想告诉人们发生了什么，就去当记者。"这句简单的职业劝勉深刻地揭示了政论与新闻本质的区别。

另外，新闻与时事也有区别，一般来说，时事被定义为对新闻的深度报道，它并不受新闻样式的限制，而新闻则是"事实的手记"。时事可以加入分析，可以有幽默感及娱乐的因素，并因此而可以有很多主观的成分，但新闻却不能有主观的成分，从新闻的本质来说，新闻报道中的娱乐因素也是需要区别对待的。比如在娱乐新闻的报道中，适当的娱乐化报道方式是可以接受的，但在报道重大灾难性事件或严肃的时政新闻时，娱乐化的报道方式则是不可取的。因此，在英语国家中，大多把新闻与时事作为两种不同的节目样式来对待。

第二，真实与真相。从哲学的维度考察，真实与真相也是需要区别对待的概念。所谓"真相"是指与客体本质一致的、从正面直接表现本质的现象，是指事物如其本然、如其所是的显现，它更进一步的意思是说真理就是去掉遮蔽。"真相"的反义词是"假象"。"假象"则是指与客体的本质不一致的、从反面歪曲地表现本质的现象。但是，作为一种现象，真相与假象都是一定事物、事实的现象，它们都是客观存在的，都具有客观性。而在新闻传播领域，"真实"的反义词则是"失实"，即没有正确地反映事实，失实报道中的事件或者是不完全真实，或者根本就是虚假的，而虚假的事实是不具备客观性的；失实的

第三章
恐怖真相——新闻真实性的哲学解读及其伦理维度

新闻报道是一种欺骗,这种欺骗是一种有目的的技术性操作,即它是经过思索之后的故意误导。基于这种理解,有学者提出,新闻不仅仅是简单地报道真实的事实,更要在全面、准确、客观、公正地再现事实的基础上揭示事件的真相。

新闻的真实性原则要求新闻从业者尽可能地揭示事件的真相,但这并不是说,报道事实就是报道了真相,只有对整体事实的真实性报道才能揭示出事件的真相,简单的事实或片面的事实有时不但不能揭示事件的真相,有时还会对事件的真相起遮蔽作用。1988年4月11日上午,北京发生了"沙尘暴",一时间风沙迷漫,黄尘遮天蔽日。人们生活受到严重影响,有的人甚至不敢出门。这本来是一场自然灾害,可次日某通讯社的报道却是《金雾罩京城》,报道的却是"首都北京今天长时间地沐浴在金色的浓雾里……这里所有的人和物都沉浸在金色的寂静的海洋中"。从内容看,他的报道无疑也可以说是真实的;但这篇报道对事实的解读显然没有揭示真相:事件的真相是发生了一场自然灾害——沙尘暴。新闻在作灾害事件报道时,一是要及时,二是要通过报道帮助人们应付灾难带来的各种困难与危机。而这篇报道却反其道而行之,把一场灾难的来临描绘成了美好的景色、惬意的享受,显然是不妥的。

事实与真相的不符,往往会带来很多负面的社会效应,这一点在犯罪新闻的报道中特别明显。在很多媒体中,犯罪类新闻往往被看做能吸引眼球的新闻而受到青睐,对于媒介所有者来说,犯罪新闻的报道不但会受到更多的关注,从而提升收视率,并带来广告,而且报道费用低廉,容易采访。换句话说,这是一种收益较高的报道。但事实上,许多国家,包括我国的关于犯罪新闻所报道的事实与真相是有区别的,甚至是相当大的区别。在这种报道中,每一个独立的报道可能是真实的,但是大量的犯罪报道则可能会让公众对自己所处社区的犯罪情况产生不够正确和全面的印象。以美国为例,"总体来说,这个国家犯罪的数量正在急剧下降,在许多大城市及其周边地区情况更是如此,"美国国家公共广播公司记者雷·斯沃兹说,"但与此同时,最近的地方电视新闻中的犯罪新闻却增长了30%。"电视新闻节目还会"发现"罪行。美国联邦调查局的报告却显示,从1992年到1995年,谋杀案的数量下降了13%,但电视网关于谋杀的新闻报道却增加了336%,这还不包括对O. J. 辛普森一案的报道。① 突出犯罪报道的后果之一是使许多人确信暴力犯罪十分猖獗。"它让人们害怕",1988到1996年在得克萨斯州奥斯汀KVUE电视台任新闻主任的卡罗尔·尼兰说,"而且它使人们深深地相信自己也将成为某项罪行的牺牲者,而实情并非如此。"正如美国的其他地区一样,洛杉矶市的犯罪率本已有所下降,但是,《洛杉矶时报》的一项调查却表明,几乎3/4的人相信犯罪情况并无好转,相反,他们认为情况是越来越糟了。在一次民意调查还发现,80%的人认为媒介的报道增加了他们对犯罪的恐惧。美国广播公司在1997年进行的一次民意调查中也发现,从全国的情况看,半数美国人对犯罪的恐惧比犯罪情况更为严重的1992还有所增加。② 许多人担心媒介这种突出犯罪等社会负面新闻报道的行为可能会误导公共政策。加利福尼亚大学洛杉矶分校的政治科学和传播教授富兰克林·吉列姆就说,如果观众看到的犯罪新闻比反映校园问题的新闻多,他们就可能得出结论,认为应该把纳税人的钱更多地投入到修建监狱上,而不是改善学校条件和雇佣好老师上。③ 这种情况在我国当前的媒体中同样存在,许多媒体为了吸引受众目光,提高视听率,往往突出报道社会负面新闻,甚至不惜扭曲放大以达到"刺激"的效应。这种给过分突出社会负面消息报道,给人们造成社会不稳定与不安全的真相,被有的学者称之为"恐怖真相"。现代传媒的这种对社会负面新闻的扭曲放大导致的是一种不真实的"恐怖",这种恐怖所引起的恐惧本身甚至就已经成了一种社会公害。在2003年的非典事件中,全球部分

---

① 参见 Lawrie Mifflin, "Crime Falls, But Not on TV", *The New York Times*, 1997-6-6, 第4部分, p4; Mark Fitzgerald, "Local TV News Lacks Substance", E&P Interactive, 1997-5-24.
② Rhonda Hillberry, "Journalists, Violence and the News", *Newsworthy*, 1996年夏季刊。
③ 转引自罗恩·史密斯:《新闻道德评价》,李青藜译,新华出版社,2001年版,第57页。

媒体在报道中夸大、扭曲疫情,曾一度引起社会的极大恐慌。针对这种情况,诺贝尔医学奖获得者戴维·巴尔的摩在《华尔街日报》上撰文指出,"我们在经历一场令人恐怖的与非典有关的公共健康危机,这是一场由媒体传播开来的恐怖","新媒体技术正在加速公众对于病毒的焦虑情绪,这种对病毒的焦虑情绪增长的速度超过新医学技术对付病毒的速度。"面对这种情况,很多学者提出,新闻应该及时、全面地报道事件的真相,而不仅仅是简单地报道真实的事实,因为不恰当的事实有时会给我们造成伤害,而真相却不会。

2. 新闻真实性的道德现状

应该说,我国新闻媒体在坚持新闻的真实性原则方面总体上还是比较好的。但同时,我们也应该看到,并不是所有的媒体、所有的媒体从业人员都坚决地贯彻执行了新闻的真实性原则。目前,在这个问题上,部分媒体存在着两种极端的新闻取向:一是新闻失实,二是"有闻必录"。

第一,新闻失实。所谓新闻失实,根据联合国教科文组织国际交流问题研究委员会的解释,就是用不准确和不真实的报道代替确凿的事实,或是通过使用一些具有轻蔑意义的形容词和千篇一律的陈词滥调,将带有偏见的解释编入新闻报道之中。换言之,新闻失实是指新闻媒介和新闻工作者由于不能准确地反映客观现实世界的真实面目,而造成的对于客观现实世界的虚假的反映。新闻失实主要有两种情形,一种情形是虚假新闻,即新闻所报道的事件完全是杜撰、虚构出来的。最有名的新闻失实的案例莫过于《吉米的遭遇》了:1980 年 9 月 28 日,《华盛顿邮报》刊登了该报女记者珍妮·库克撰写的特写《吉米的遭遇》,文章描述了一个住在华盛顿特区贫民窟的 8 岁黑人孩子吉米,因被母亲的姘夫注射了海洛因而染上了毒瘾。文章写得生动感人,且很有文采。报道引起人们对主人公吉米的普遍关注,同时也引起了社会各界对美国社会的吸毒及虐待儿童等严重社会问题的深刻反思。这无疑是一篇成功的报道,事实上,这篇报道获得了当年的普利策新闻特写奖。由于报道引起了广泛的社会影响,警察也开始介入这一新闻事件的调查，并要求报社说出"吉米"的真实姓名和确切地址。警察介入事件调查以后，很快发现，这是一篇杜撰的新闻，最后，面对来自社会各方的压力，库克只得"面对真理"，辞职谢罪。新闻失实在网络中表现的尤为突出，网络具有开放性、匿名性特点，每个人都因此可以在线播报新闻，同时，由于在网络新闻监督非常困难，这也使得制造虚假新闻的人更加肆无忌惮，网络中新闻失实现象的泛滥已经成了一种公害。1998年12月，一位自称叫阿虹的女孩在一家商业网站上声称自己患了血癌，并讲述了她跟病魔作斗争的经历。故事在互联网上发表以后，立即引起网民的极大关注，短短几天，全世界就有5万多人登录该网站，并有7000多人在其网页上留言。但据后来的调查，这同样是一个虚构的故事，而且故事的编造竟然是一个只有15岁的女孩，这不能不引起人们的深刻反思。

新闻失实的另一种情况是部分事实真实，即只呈现部分事实，而隐瞒另一部分事实，并试图让人们相信这就是事实的全部。如在报道形势发展的时候，有的媒体报喜不忧。只强调部分事实真实的情况在新闻广告中最为明显，广告为了宣传的需要，往往只宣传产品的优点，对其产品中可能不受消费者欢迎甚至有害的方面则隐而不宣——并不是所有的广告都会像香烟广告一样，会在其宣传中加上一句"吸烟有害健康"之类的警示语。在广告界，这种只说一半真话的"欺骗"被美其名曰"合法的谎言"。然而，我们都知道，对于广告所宣传的产品，未提及的方面（如果有的话）与它提到过的方面一样重要，尤其是在宣传和销售某种具有危险性的产品时，更是如此。

新闻失实的危害是显而易见的。首先，它导致人们对客观事物认知偏差和行为错误。人们之所以需要新闻，是由于我们需要这些新闻信息，这些信息能帮助人们作全面的境遇分析与正确的行为抉择。人们都希望通过新闻来准确地了解客观外界事物，改变我们对客观事物的未知或少知的状态，以此来保证我们朝着正确的方向行动。而如果新闻提供的信息不真实、不准确的话，那么我们对客观事物的认知就可能发生偏差、错位，我们的行为也就可能出现错误。其次，它导致新闻公信力的缺失，影响新闻力量的发挥。新闻不真实的进一步的后果就是公众对新闻、新闻媒体的不信任，即通常所谓的新闻公信力缺失。作为权威的信息来源和舆论机关，新闻代表着社会文化的价值取向，并因此而具有文化整合、社会调适功能。但新闻失实违背了新闻真实性原则，破坏新闻媒介的形象。失实新闻有的是发布虚假信息，有的是冲淡媒体的社会价值强化经济利益导向，这些都使得媒介文化整合功能弱化，加重社会信任危机，并进而影响了新闻媒介的信誉和功能的发挥。正因为如此，世界各国，不论是哪个阶级、哪个政党、哪种制度、哪种新闻观，不论是过去还是现在，在新闻报道问题都强调新闻的真实性原则。

　　第二，有闻必录。所谓"有闻必录"，就是把新闻真实性原则绝对化，把新闻真实性原则理解为新闻应当报道所有真实的事实，这种报道方式所反映的是某些新闻从业人员试图报道所有新近发生的事的不严肃态度，其对待新闻源的态度则是强调记者勿需对事实进行调查选择，也勿需对生活进行理解，而是碰到什么报什么，记者在这里不过是一架照相机或留声机罢了。"有闻必录"的新闻原则势必导致两个极端：一是不道德的真实，二是非法的真实。1997年4月，台湾艺人白冰冰的女儿白晓燕遭陈进兴一伙人绑架，在这个案件中，部分台湾媒体为了抢镜，竟然在案件公布之前就不顾人质安全和新闻道德报道了案件的进展；在警察与罪犯周旋的过程中，有的媒体甚至动用了直升机来追踪报道案情进展，这使警察的行动毫无隐蔽性可言，罪犯从媒体的行动中洞悉了警方的所有动作。绑匪眼看在媒体的镁光灯下不可能实现勒索的目的，情急之下，杀害了人质。很显然，从新闻职业的角度看，这些媒体确实是也在作真实报道的努力，但这种真实是以人质安全为代价的，是不道德的。所谓非法的真实，主要是指两种情况，一种真实的报道危及国家与社会安全，如泄露国家机密等；另一种情况则是不经许可公布他人隐私信息，特别是未成年人的真实信息等，非法侵犯他人的隐私也属于这种情况。2004年，江苏南京一位父亲因家庭纠纷，抱着上小学的独生子登上城墙意欲往下跳，南京许多媒体都参与了对这一事件的报道。其中，一家电视台不仅全面报道了该事件，而且，第二天还等候在新闻事件中的小孩上学的学校门口采访他，并在新闻节目中不加掩饰地播出，根本没有考虑到要保护该小学生的相应权益。

不论是新闻失实还是有闻必录的报道方式都违背了科学的新闻真实性原则，这既有违于新闻的职业要求，也有违于新闻道德要求，两种报道方式同样也都势必影响到传媒功能的实现。

3. 新闻真实性的伦理维度

新闻真实性是一个与事实相关的概念，它是指新闻报道与具体事实相符，而且还能反映全面的事实真相。从伦理的维度看，在新闻报道中，选择报道那些新闻事件及如何报道这些新闻事件的过程，包含了认识主体对事实的实际情况一种说明、判断。"事实乃是对呈现于感官之前的事物或现象的某种实际情况的一种断定或陈述。"[①] 罗素也说过："当我谈到一个'事实'时，我不是指世界上一个具体的事物，而指事物有性质或某些事物有某种关系。因此，我不把拿破仑叫做事实，而把他有野心或他娶约瑟芬叫做事实。"在这里，事实至少包含了两个层面的意思。首先，事实必须是呈现于人的感官之前的客观存在，而且这种客观存在还能为人们所直接或间接观察到，成为概念的对象；其次，人们在对事实进行概念规定或判断，又必定要借助语言及相应的价值体系：人们必定是在特定的价值立场，以特定的话语方式来对事实作其陈述或判断的。这也就是说，在新闻报道中，我们不仅要作"事实判断"，而且还要作"价值判断"。在这个过程中，我们不仅会遇到事实上的"真"与"假"的冲突，还会遇到价值上的"应该"与"不应该"的冲突等相关的道德问题。这就涉及了对新闻报道中事实的道德性及其理解的问题，主要涉及以下几个方面的问题。

第一，作为新闻传媒的职业要求，新闻必须坚持真实性原则，这一点是毋庸置疑的。就此而言，在新闻报道中只存在对于事实的取舍

---

① 彭漪涟：《事实论》，上海社会科学院出版社，1996年版，第65页。

问题,而不应存在事实的真假问题。换句话说,报道虚假新闻是不允许的,哪怕这些虚假的信息有助于一个更高目的的实现。这是因为,首先,在伦理学的视野中,目的的正当性并不能成为手段的正当性的证明,就像在白晓燕命案中,传媒为了真实报道而暴露警察行踪一样,他们的目的合理性关不能保证其手段的合理性。这也好比现实生活中,我们不为了帮助一个患了绝症而无钱医治的人去抢劫银行来交纳他的医药费一样。其次,这样的做法本身违背了新闻的本质要求,更大的问题还在于,它并不能保证媒体不沦为被某些人或某些利益集团为私利而加以利用的工具。媒体应该是独立的,传播者应该坚守自己的职业要求,对所从事的新闻事业负责。设想一下,如果公众知晓传媒发布了虚假的信息,即使是为了一个好的目的,结果又会怎样呢?会不会导致公众对下一次类似报道乃至于所有报道的普遍怀疑呢?这样一来,传媒又何以生存?总之,新闻的真实性是新闻传播活动从业人员的道德底线,这一道德底线是不能突破的,突破了这一底线,媒体将失去受众,新闻传播事业也就无法生存。

第二,并不是所有的事实呈现在电视或报纸上都是有利的。这里有三层含义。首先,媒介在报道真实的事件时就当区分那些是有报道价值的,而那些又是没有报道价值的。我们每个人身边每天都会发生许多事情,并不是每一件事都值得报道。如你在上班途中发现一个路人在走路的自己把脚崴了一下,又或者你的一个朋友去看了一场电影等等,这些事固然是新近发生的,但如果把它作为新闻就值得怀疑了;根据这种理解,新闻的定义应该在"新近发生"的基础上再加上"重要"这一要素。其道德的解说就是:这是一个信息爆炸的时代,在这个信息爆炸的时代里,作为公共信息"过滤器",大众传媒有责任把那些值得知晓的事件挑选出来并加以报道,而不是"有闻必录"地把所有事件都报道出来,更何况这在事实上也是不可能的。其次,作为人们监测自身生活环境的公共机构,新闻媒介应及时告知人们发生在他们身边的对他们的生活有影响、特别是有重大影响的事件,对这些事件的报道应当既能充分体现媒介监督功能,又助益于公众履行其作为公民的社会职责。就我国目前的实际来看，我们现在面临的与国民生计最为相关的问题包括北方的缺水、环境污染、城市贫困问题、农民问题、下岗工人问题、社会保险问题、艾滋病泛滥问题、贫富差距问题，等等。在新闻报道中，这些问题及其重要性应该得到彰显，以引起社会大众及决策层对这些问题的重视，进而采取相关措施加以改进。但事实并不是这样，如今媒体的作用，倒好像是使人们忘掉了那些似乎很遥远的重大问题：媒体更愿意关注明星的隐私问题、社会负面新闻而不是上述重大且关涉社会民生的问题。这与传媒伦理的立场并不一致，传媒伦理对传媒报道的立场是，仅仅陈述我们生活于其中的世界的种种弊端，在媒体上刊登负面的东西并不足够。我们必须还要再问：传媒如何才能帮助我们的社会？再次，新闻的真实不同于科学中的真实，新闻传播者对新闻事实真实性的判断，是一个基于事实判断和价值判断合一的复合判断，这意味着虽然新闻传播中的事实须是真实的。但从传媒伦理的角度看，并不是任何真实的东西都是可以传播的，有种情况是，如果传播者在传播过程中对所要传播的被证明真实的信息可能会引发一些伦理、道德上的冲突，如可能伤害到另外一些伦理原则，或者甚至会不利于社会和谐与发展的话，就应该对这些信息做出必要而恰当的取舍。例如在白晓燕被绑架案中，"及时"地报道警方破案的进展就是值得反思的事情。从新闻的职业要求来讲，它并没有不对的地方，但事实却是，这种符合新闻职业要求的行为直接危及绑架案中的人质安全。

第三，真实性的报道方式或角度也很重要。一些研究传媒伦理的学者就反对娱乐化的新闻报道方式。在他们看来，这种报道方式是以娱乐公众为目的。而当娱乐成为一个重要的新闻标准时，势必导致两个方面的问题：第一，新闻报道中，先把报道哪些新闻涉及新闻价值标准的问题。一如前文所说，新闻不仅要报道新近发生的事情，更要报道对人们生活及社会有重大影响或意义的那些新闻。但这样的新闻大多不具备娱乐效果，或者是不适合用娱乐方式来报道的。如果把娱乐作为新闻价值的重要标准，就很可能为选择适合于娱乐化报道方式的新闻而忽视了另外一些更有价值的新闻,这显然不符合新闻的本质要求,也有违于社会发展的基本要求。第二,娱乐化的报道方式还可能消解一些原本有重要价值的新闻事件的价值。娱乐化的报道方式追求的是事件的娱乐效果,这种方式拒绝对事件的深度反思。因为,深度反思的东西大多倾向于严肃或深沉,这种反思不与娱乐合流,但于人们生活与社会发展却绝对必要。在马加爵杀人一案的报道中,各地传媒不仅详细报道了追踪、拘捕、审判等全过程,还大肆挖掘出一系列相关的新闻背景,如马的家人、马的生活习惯和心理状况分析等。一个血腥残暴的凶杀案和严肃的社会问题,在娱乐化的传媒中演变成了一场闹哄哄的媒体娱乐秀。类似的在对暴虐事件的报道中娱乐化倾向也很严重,在面对社会弱势遭遇强暴时,许多媒体往往也极力挖掘其娱乐性的因素,而不是反思其中的社会问题。马丁·贝尔认为,当暴虐在横行、人们在受苦之时,不偏不倚地报道是不可取的。用他的话来说就是,这意味着记者"被阉割了"。他指出,屠杀人类行为需要有同谋,就是说"不仅仇恨是根源,对暴行的漠视也是帮凶"。① 贝尔的意思是,在面对不道德甚至非法的行为时,新闻报道不但要承担全面的报道职业责任,同时,还当承担谴责邪恶,呼吁公正的道德责任。同样,在报道角度上也有一个道德考量的问题。例如,在报道疫情或人类面临重大疾病折磨的时候,传媒有从任何角度、选用任何事实和强调某个事实的自由。但是,传媒伦理却必须问:媒体报道的角度和强调的事实,是否是当前公众最需要关注的?是不是当前与公众利益最为密切相关的?媒体强调的事实和新闻,究竟是记者或其所代表的媒体或利益集团需要关注的,还是当地公众需要关注的,等等。

第四,对人的关怀问题。传媒伦理要求新闻报道能充分体现出对人的关怀。对人的关怀在这里可以用一个原则来表述,那就是最小伤害原则,即要考虑到新闻事件中人物的感受,并尽量不伤害他们的利益。最伤害原则是对功利主义"最大多数人的最大幸福"原则的另一

---

① 参见戴雨果:《英语国家新闻观念中的真实性与客观性》,《新闻大学》,1999年冬季刊。

种解读，即让尽量少的人尽量少受伤害。有道德的记者给予新闻来源、报道对象及同事以应有的尊重。要做到这一点，就要求记者至少要做到：首先，同情那些可能受新闻报道所伤害的人。谨慎地使用陷于悲痛中的人的照片和采访。其次，只有在公众利益迫切需要时才能侵入他人的私生活。法院未做出最终判决之前，应假定犯罪嫌疑人为无辜。再次，品位要高尚，不迎合公众无止境的好奇心。

第五，传媒伦理要求新闻的真实性报道不仅仅停留在客观、公正地报道事实，它还要求在新闻传媒报道中能凸显其意义，促进公众对该事件的重要性的认识和理解。帮助公众在社会上有效行使其作为公民的社会职责，并在真相的报道中能凸显其社会的、文化的及至于人类的意义。

强调新闻真实性的伦理维度并不与新闻传媒职业要求相冲突。相反，这是新闻报道的必要。只有在充分考虑到事实报道的伦理道德方面，新闻报道才有可能真正完成其揭示事实真相的职业要求，并有效地履行其社会责任。如果新闻报道不考虑事实的伦理维度，就不可能完整地把握事实，更遑论全面而真实的报道了。

个案考察：人肉搜索引发的思考

据说，在过去的 2008 年，最让人恐怖的威吓不是流氓似的"打死他"或"弄死他"，而是网络上的"人肉他"！何以这句话能带来如此的威吓力量？这就不能不提到"人肉搜索"。

近年来，"人肉搜索"风行于网络，这种搜索方式主要以互联网为媒介，通过人工智能参与、过滤搜索引擎及现实考察而得的信息，帮助用户更好地得到想要的答案。在谷歌信息世界中，人肉搜索被界定为是指利用现代信息科技，变传统的网络信息搜索为人找人的关系型网络社区活动，变枯燥乏味的查询过程为一人提问，八方回应的人性化搜索体验。之所以把这种搜索方式以"人肉"命名，则主要是用来区别于传统的网络搜索引擎,"人肉"所表明的是人工介入在搜索活动中所扮演的重要角色。其实,作为一种信息收集方式,所谓的"人肉搜索"早在网络普及之初就有了。但蔚然成一种运动并引起广泛社会关注,则是21世纪的事。说它已蔚然成一种"运动",一方面是指当前的人肉搜索往往是人们针对某个事件的某个当事人自发地以团队协同作战的方式进行信息搜索、整合,整个过程实质上是一场"群众运动";另一方面则是指人肉搜索的是由一小部分人在网络上进行,但搜索的结果却能直接影响到现实生活,甚至引起一场针对某个当事人的全民性道德审判运动。

最早的案例是2001年的微软"陈自瑶"事件。当时有网民在网贴出美女照,并称该美女是自己的女朋友。但另有细心的网友发现,该美女其实是微软公司的代言人陈自瑶,并贴出陈自瑶的部分资料以资佐证。随后,更多陈自瑶的资料被公布出来。在这一案例中,如果说在陈自瑶事件中,陈的资料被公布尚有论证的意味的话,那么,后来的人肉搜索事件则远远超出了这一意义。从目前的情况看,人肉搜索根据动机、内容及形式的不同可分以下几类。

1. 社会监督型。主要针对公务员或政府机构的行为及相关事件的处理进行监督,最有名的莫过于周久耕事件了。人肉搜索对许多事件的参与,促进了我国社会的民主化及管理的透明化,也在一定程度上增强了全社会的公民意识与参与精神,这种积极作用应当得到发扬。

2. 惩恶型。主要针对社会败德、违法行为,即由网民发起对某一社会败德或违法行为及其主体的信息搜索,以最快的速度揭露其败行,并推动政府惩治。在现实生活中,网民通过人肉搜索对伤害公众利益和情感的事件,保持高度的警惕性,这体现了一种责任心,值得倡扬。从媒介研究的角度看,一方面,针对某些事件,人肉搜索可以在最短的时间内揭示事件背后的真相,拓宽了人们获取信息的渠道;而且,网民的广泛参与、互动也能在一定程度上把对事件的探讨推向纵深,这也多少算是对当前媒介普遍以娱乐为重,不关注深度事件报道的纠偏。另一方面,人肉搜索算得上是话语弱势群体的一种表达方式。一一般情况下，普通公众不具备媒介及社会强势群体的话语势力，但在网络普及的情况下，即便是普通公众也有舆论参与的空间与途径，在这里，他们也可以对他们所关注的社会问题提出自己的看法，并可以通过网络社团强化他们的声音。

3. 挟私攻击型。主要是由于利益或人际冲突引起的攻讦性人肉搜索，这种攻击类似于社区间的人际攻讦，只不过这种攻讦行为发生在网络上，并由于信息散播广与速度快而会导致对双方更大的不利影响，这种攻击的双方都不是赢家，赢家只有一个：网络。

4. 娱乐、恶搞型。这种人肉搜索纯粹出于发起人的娱乐旨趣，恶搞为上；既不刻意攻击他人，也不刻意谋取利益。但这种信息搜索往往也会造就一些流行的网络语言，并可能涉及现实生活。

5. 公益型。这种人肉搜索是热心的网民发起的非盈利型活动，主要针对疾病援助、弱势群体援助、灾害支援等。如在去年的汶川大地震发生之后，各大搜索引擎和网站纷纷创建寻亲平台并不间断发布各种信息，许多离散的亲人得以团聚。

6. 谋利型的商业化操作。这种人肉搜索方式尚未普及，但利用人肉搜索进行广告发布、商业服务等方面的运作已初见端倪，是否可行，如何规范尚需要更进一步地讨论。

第一次全面而深刻地让世人感受到网络人肉搜索的迅捷与威力的事件是2006年的虐猫事件。当时，人们网友们仅根据虐猫视频中的极少量信息，在极短的时间内迅速找到虐猫女性及其详实资料，幕后的参与者也被迅速挖掘出来。这次事件在让世界感受到网络人肉搜索的威力的同时，也让更多网民认识并参与到这一"游戏"中来，其中一些网民甚至于乐此不疲。其后发生的有代表性的人肉搜索事件包括铜须门事件、华南虎事件、辽宁女口出秽言狂骂四川灾民事件，等等。

人肉搜索事件正式进入法律程序的第一案件是被网民与媒体热炒的"王菲案"。2007年12月29日，王菲的妻子姜岩从24层的家中跳楼自杀。随后，姜岩生前的博客被网友发现，上面记载了她因为"老公出轨"而经历的煎熬。针对王菲的"人肉搜索"就此展开，并且一发不可收拾。王菲、"第三者"的真实姓名、住址、照片、王菲工作单位等信息尽被披露，甚至王菲家人的相关信息也被公开。根据王菲后来在起诉书里的说法，他的生活从此受到多方面的影响：不断收到恐吓邮件、失去工作、父母住宅门口经常被涂满各种标语……2008年3月28日，不堪其忧的王菲以名誉权受损为由，将披露其信息的网站及相关网站管理员告上法庭并要求赔偿，北京市朝阳区人民法院受理了此案并予审理。

目前，人们对人肉搜索的争歧主要集中在几个方面：第一，人肉搜索到底是值得肯定还是相反？第二，人肉搜索是否有侵犯他人隐私的违法嫌疑？但不管人们对人肉搜索持何种立场，人肉搜索的基本事实是：被人肉者的所有个人信息乃至其亲朋好友的私密信息都被绝对"真实"地在网络上公开了，并借网络之便利而迅速传。但我们又应当如何对待这种"真实"的道德性呢？不论被人肉者的行为是违法，抑或是不道德，有的甚至根本就既非违法，也非不道德，而仅仅是个人之间的恩怨或不和而遭人肉搜索。个人信息的这种被动真实都极大地影响了人们的生活。因为，几乎所有的"人肉"搜索都是对个人生活的暴力介入：它无须征得当事人的同意，就通过各种合法与非法的渠道搜索其相关信息，并在网络上予以公布。这种暴力介入给人们造成了强烈的心理恐慌：第一，网络便利到如此程度，以至于要"人肉"任何一个人的信息都完全有可能，而人肉的威力又是如此之大，它足可号召成千上万个人在网络上乃至现实生活中攻击某一个人，每个人都因此而生活在随时被"人肉"的威吓之下。第二，人肉搜索中对某种现象或某个人形成的是集群攻击，这种集群攻击往往会产生一种"离轨放大"的效果。即当人们集中关注某个问题或现象时，这一问题或现象的严重性往往会严重地放大，而如果被集群攻击且放大的效果造成了社会负面影响的话，它还会导致人们对自身生活环境的不信任，并进而导致一种普遍的道德恐慌。"Die 豹"事件就是一个较为典型的事例：2008年5月12日，四川汶川发生里氏8级特大地震，重庆市有明显震感。第一次亲历地震的"Die 豹"很是兴奋："我长这么大，还是第一次感受到地震，很舒坦，我还在想为什么不来得更猛烈一点……"甚至还说"死的人不够多"等。当"Die 豹"这些言论被贴到论坛中时，当即引起网民的指责，针对她的人肉搜索随即展开，其真实姓名、生日、身高、血型、星座、远视者信仰、通讯地址、邮箱、电话、QQ、MSN、中学和大学就读学校及入学时间等真实资料悉数被公布。而且，在现实生活中，"Die 豹"也遭遇了种种压力，甚至有人威胁说打她杀她。"Die 豹"不堪重负，请求休学一年。在这个事件中，"Die 豹"的言论确实有不人道的方面，但这终究只是一个个人素质问题。事件的严重性完全超出了人们的预料，甚至一些人肉搜索的发起者也难以接受事件的最终结果。但事实上，由于缺乏强力的组织与有效的规范，人肉搜索给人们可能带来的威吓与恐慌却被有意无意地忽略了。在这里，信息的真实性是一个值得人们深入反思的话题。

第四章
信息与娱乐——传媒娱乐化的伦理反思

这是一个泛娱乐化的时代,传媒热衷于把所有的节目和时段都以"娱乐"的形式加以包装,似乎娱乐就是人们全部需要。在娱乐的喧嚣中,很少有人反思健康的传媒应当倡导什么样的文化品格,也很少有人反思什么样的娱乐才是真正的娱乐。

第一节 势不可挡的传媒娱乐化趋势

1. 传媒娱乐化现象

在近二十年来的我国传媒改革进程中,伴随着媒介市场化步伐加快,产业性质日益凸显,特别是20世纪90年代以来,随着媒介大众化、市场化浪潮的勃兴,媒介市场与信息消费观念的兴起,我国传媒业在新闻理念、大众传播理念以及文化理念等方面都发生了极为重要的变化,这些变化在媒介实务上最为重要的影响就是催生了一股传媒娱乐化的热潮。传媒娱乐化的热潮最早始于新闻娱乐化。所谓新闻娱乐化,是指伴随着大众化报纸的兴起而在大众媒介中出现的新闻与娱乐合流的趋势。具体来说，就是在内容上，表现为偏向软新闻①——即西方媒介所谓的"大众新闻"——或尽力使硬新闻软化。② 具体的操作手法包括：尽量减少严肃新闻的比例，将名人趣事、日常事件及带煽情性、刺激性的犯罪新闻、暴力事件、灾害事件、体育新闻、花边新闻等软性内容作为新闻的重点。新闻娱乐化还表现为新闻中的娱乐性因素被大力发掘，即竭力从严肃的政治、经济变动中挖掘娱乐内容及其价值；在形式上则表现为强调故事性、情节性，强调新闻事件的戏剧悬念及煽情性效果，从最初强调硬新闻写作中适度加入人情味因素，加强贴近性，逐渐衍变为一味片面追求趣味性和吸引力，并以故事化和社会新闻化为主要特点强化事件的戏剧悬念或煽情、刺激的方面，走新闻故事化、新闻文学化道路。约翰·卡茨用"新式新闻"这一术语来描述这一新的新闻现象，他说："新式新闻是一个速配的混合物，它部分是好莱坞电影和电视电影，部分是流行音乐和流行艺术，它将流行文化和名人杂志紧紧混合起来，使小报式的电视节目、有线电视和家庭录像互相结合。"③ 这种所谓的新式新闻的主要表现就是将信息和娱乐结合起来，这种结合使曾经清晰的新闻与娱乐信息的界限日渐模糊。媒介分析家本·巴路迪肯则用"infotainment"一词来描述新闻与娱乐合流的这一趋势。④ 很显然，这个词是信息（information）与娱乐（entertainment）两个词的合成词，根据英语独特的造词习惯，我们很容易就能推演出这个词的意义当为"信息娱乐"。这个词的出现昭示了一种新的新闻现象，即资讯与娱乐的合流。我国学术界把 infotainment 一词所反映的在新闻领域中新闻与娱乐信息相融合的趋向称为"新闻娱乐化"。

---

① 硬新闻是指关系到国计民生以及人们切身利益的新闻，而软新闻则是指富有人情味、纯知识、纯趣味的新闻，它和人们的切身利益并无直接的关系。
② 黄和节、陈荣美：《新闻娱乐化：形式与功能的错位——对当前新闻娱乐化现象的新探索》，《当代传播》，2002年第5期。
③ 沃纳·塞佛林、小詹姆斯·坦卡德：《传播理论：起源、方法与应用》，郭镇之等译，华夏出版社，2000年版，第9页。
④ 参见鞠健夫：《我们在"娱乐"什么——关于娱乐化新闻的理性思考》，《传媒观察》，2002年第9期。

第四章
信息与娱乐——传媒娱乐化的伦理反思

但仔细分析,不难看出,当前学术界所理解的"新闻娱乐化"并不能完全涵盖 infotainment 一词的意义。"新闻娱乐化"仅仅限于新闻或新闻媒体,是指在新闻报道中娱乐化理念及新闻媒体中的娱乐化经营倾向。事实上,在传媒界,从主流传媒到大众化传媒,不仅仅是在新闻或新闻媒体中存在着普遍的娱乐化倾向,而是几乎所有的传播媒体都已经被娱乐化所感染:从最初的报纸周末版热潮,及后来的晚报和都市报浪潮漫延开去,在电台方面,以经济台为主导的文艺台、交通台也都自觉不自觉地亲近了娱乐化方式;电视台的综艺节目也大多选择了娱乐化道路,更有的电视台开设了专门的娱乐频道,电视湘军的兴起之初也就是以其娱乐节目为先锋品牌,如快乐大本营、玫瑰之约等;之后,各地电视台纷纷效仿,不断推出娱乐性节目,从上世纪90年代的综艺热到时下的游戏热、真人秀,都是这一趋势的表现。有人曾做了一首题为《感受周末》的打油诗来描述当前娱乐节目的热闹场面:

《花好月圆》之时(南京有线台)
你在《为谁心动》(南京电视台)
提醒《非常男女》(凤凰卫视台)
勿忘《玫瑰之约》(湖南台)

走进《快乐大本营》(湖南台)
参加《欢乐总动员》(北京有线台)
在这《非常周末》(江苏有线台)
一起玩《激情方向盘》(上海东方台)

湖南卫视是目前国内电视节目娱乐化成功的典范。2004年,以《美国偶像》为蓝本,湖南卫视推出了一档全新的娱乐节目《超级女声》,大获成功,后来更有《天天向上》等一系列相关节目相继推出,并且都获得了较好的收视率。上海东方卫视推出的《莱卡我型我show》,中央电视台推出同类型的节目《梦想中国》、《星光大道》也极具人气,这些节目的成功使中国电视娱乐表演秀节目呈现出火爆发展之势。从这种情况来分析，infotainment一词的准确翻译当为"信息娱乐化"或"传媒娱乐化"，尽管这个词产生之初是用来描述新闻娱乐化之现象的。"信息娱乐化"是从其辞源"information"意义的角度所作的解释，而作为一种传媒现象，"传媒娱乐化"译法则更为恰当些。

2. 传媒娱乐化现象的原因分析

陈力丹认为，传媒娱乐化潮流是第二次世界大战以后的事。二战以来，尽管世界上仍然不断发生着局部冲突，但我们的世界整体上还是处于和平时期。人们在观察社会变动的同时，还需要精神的放松和享受。战后的传媒敏锐地体察到了这种社会需求，并适时地提供了更多的文化类、消闲类产品，于是传媒逐渐成为人们精神娱乐的一个重要领域，提供娱乐越来越成为一种传媒的独立职能。我国传媒娱乐化的兴起要晚于西方传媒娱乐化，并因此有着明显的受西方传媒娱乐化影响的痕迹。纵观我国传媒娱乐化的形成及其发展过程，不难看出，催生传媒娱乐化浪潮的因素包括：

其一，市场化及随之而来的商业化是传媒娱乐化的原动力。自20世纪80年代中期以来，我国政府分批对传媒实施"断乳"，推行"独立核算、自负盈亏、照章纳税，财政不给补贴"的新体制，即所谓的"事业单位，企业管理"体制。传媒机构转型为自负盈亏的单位，各种成本上涨、国家的行政补助逐渐减少，这给传媒机构带来压力，迫使它们生产具有市场销路的产品。在这场市场化进程中，诸多传播媒介面临着经济利益与社会责任的二难抉择，但在激烈的市场竞争的压力之下，几乎所有的传播媒介在操作方法、运营模式以及编辑方针等方面都不同程度地突出了商业化取向，而表现在媒介内容上则是娱乐化倾向的强化。因此，可以说，市场化、商业化是传媒娱乐化的最重要原因。

其二，大众文化的流行为传媒娱乐化发展提供了温厚的土壤。我国上世纪70年代末以来的社会转型在文化层面的表征就是大众文化的勃兴。所谓大众文化，指的是在工业社会中生产、以都市大众为消费对象、通过现代传播媒介传播的、按照市场规律批量生产的、集中满足人们的感性娱乐的文化。对当代中国的大众文化，尹鸿认为，在功能上，它是一种游戏性的娱乐文化；在生产方式上，它是一种文化工业生产的商品；在文本上，它是一种无深度的平面文化；在传播方式上，它又是一种全民性的泛大众文化。① 可以说，娱乐性、商业性、消费性是这种文化的显著特征。在这种文化里，一切地域界限、社会差别、政治冲突、阶级对立、私人话语与共同话语的隔阂全被抹去了，高者抑之，下者上之，损有余以补不足，只要能让受众开心地笑一次，就一切"OK"。② 大众传播媒介在迅速把握了当代大众的文化心理及其需求之后，理所当然地成了大众文化的主体载体。可以说，正是大众文化这种远离意识形态、理想主义，摒弃"严肃"、"神圣"、"深刻"等"累人"的人生意义，消解价值、消解意义，追逐平面化、享乐，只关注当下，才使生存于这种文化氛围中的受众，加之普遍受教育程度不高，必然受到影响而过分追求娱乐。

其三，传媒娱乐化的转向还与受众心理也有关。研究表明，当前我国受众心理在一定程度迎合了传媒娱乐化的趋向。首先，从我国当前社会转型时期的社会心理来看，在当前的社会转型时期，传统的价值观念和道德体系受市场经济与外来文化的冲击被解构，而适应新形势发展要求的新的为大众所普遍认同的价值体系尚未完全建立起来，此时社会心理是脆弱的甚至是迷茫无助的，会产生诸如"物欲化、粗俗化、冷漠化、躁动化、无责任化和浮夸虚假化"的"病态社会心理"。③ 在这种具有普遍性的社会心理的支配下，人们会强调感官刺激、消遣娱乐而无视净化精神，并进而对纯娱乐性的信息兴趣陡增。其次，受众在接受传媒信息时候的惰性心理也有很大的影响。人是有惰性的，就是说人在接受传播信息时，往往趋向于选择省时、省力就能获取的信息。美国传播大师威尔伯·施拉姆曾经设计了一个数学公式：可能

---

① 尹鸿：《为人文精神守望：当代中国大众文化批评导论》，天津社会科学，1996年第2期。
② 潘知常、林玮：《大众传媒与大众文化》，上海人民出版社，2002年版，第16页。
③ 参见沙莲香等：《社会学家的沉思：中国社会文化心理》，中国社会出版社，1998年版。

得到的报偿÷需要付出的努力＝选择的概率。意思是说，预期报偿（满足需要）的可能性越大，而费力的程度越低，选择某种传播渠道讯息的概率就越高；相反，预期的报偿很小，而费力的程度很大，那么，选择的概率就越低。换句话说，人的惰性心理使人们在接受新闻信息时不希望引起心理结构的改变。娱乐化顺应了人们的这种需求，因为娱乐使受众舒适和愉快的直接感觉兴奋起来时，并不要求精神的努力，它使人获得快感而不需要心理上的改变，不用动脑就可以完成；而其他非娱乐消遣功能的新闻信息带给受众的常常不是"快乐"，而是要求受众付出努力的，需要其加入主观性和能动性的创造，调用受众原有的经验、理解、决定和判断。对新的刺激加以注意、解释和记忆，而这恰恰是人本性中不情愿的。再次，消遣心理的影响。在现今时代，受众将娱乐化的传媒节目作为缓释心理压力的通道。受众的需求不再仅仅是过去那种政治味浓厚的信息，他们还需要经济、文化、科技、教育等各个领域的信息，更重要的是，人们除各类信息的获取之外，他们还希望在紧张的工作之余，大众传媒能为他们提供有益于身心健康的娱乐消遣。而传媒的娱乐化则是一种回应，它更多地提供了一些轻松活泼文化休闲方式，用戏弄、搞笑、调侃、玩耍的方式转移了情绪的压抑，带来了情绪上的解放感，精神压力也得到了缓释，这也是娱乐化的媒体受欢迎的一个原因。

其四，技术层面的原因则在于，硬新闻的采编在政策、人才、技术、资金等方面都较娱乐化模式更具难度。不少媒介，特别是私营、小型媒介因此望而却步，转而选择难度低、花费小却可能市场效果更好的且受众兼容面更宽的软性内容和技巧，以求在过于激烈的市场竞争中求得生存。因为，经营者们发现，娱乐化的内容以及娱乐化的表现方式更有市场。从这一点来看，我国传媒娱乐化潮流既带有社会转型时期媒介市场化、大众化的必然性，又还带有媒介发展脱离社会发展实际的不正常竞争导致的畸形产物特征。

第四章
信息与娱乐——传媒娱乐化的伦理反思

第二节 传媒娱乐化的伦理反思

娱乐化的传媒及娱乐化的节目是否有必要进行伦理层面的考究呢？关于这一点，美国著名的人类学家罗伯特·雷德菲尔德早在20世纪中期就已经给出了他的答案——在谈到娱乐节目是否应该考虑伦理道德问题时，作为美国新闻自由委员会的一员，雷德菲尔德极力主张所有的社会生产都应该朝向一种思想与制度的"新整合"，朝向一种创造性的秩序，在这一秩序中，"我们表达有象征意义的符号和习俗并遵循它们，产生一致的认识。"产生一个范式社会，这个社会"将指导各处其他自由民族的信心。"① 雷德菲尔德不是一个梦想的沙文主义者，他认为，社会制度（像媒体）和社会信仰（像生命的纯洁）是相互依赖的，因此娱乐节目必须受到伦理道德的检验。事实上，近年来的传媒娱乐化已然引起了传媒领域及至整个社会的诸多伦理问题，深入认识这些伦理问题并探寻有效的解决途径实为当今学界的当务之急。

1. 媒介经济伦理问题

基于从伦理的视角探讨传媒娱乐化问题，这一个前提即娱乐化意味着媒介传播方式的转型，而与这种转型相关的媒介资本介入是我们必须同时予以考察的问题。在当前的情况下，娱乐化与媒介资本介入有着极强的互动性——娱乐化促进了媒介资本的介入，而媒介资本介入则加速了娱乐化的进程——与这一问题相关的问题是，传媒在媒介资本的操控下，在制作与运营理念上都完全市场化，传媒迎来了一个全新的"媒介经济时代"。与此前几乎所有的经济形态在其初期都会面临经济与道德的困境问题一样，传媒在媒介经济兴起初也面临着一个困境，那就是经济（媒介资本的效益）与道德（传媒的社会责任）的

---

① 参见 Robert Redfield, *Race and Human Nature*, *Half a Century—on Wand* (New York: Foreign Missions Conference of North America, 1944), p186.

关系问题。这一问题在我国20世纪80年代经济改革之初也曾遭遇过，对这一问题的讨论甚至促生了一门新的学科——经济伦理学。但较之经济伦理学对经济与道德问题的长期争议，并有"效率优先，兼顾公平"到"效率公平并重"廿年之争不同的是，传媒界（实务界与理论界）在资本效益与传媒的社会责任上并没有纠缠过多，而是很快地就进入了"资本人"角色。这或多或少也是受到了西方传媒界的影响。20世纪80年代，在传媒市场化浪潮席卷欧美时，欧美广电传媒进行了相应的自由化、商业化和放宽规则的改革，同时，在政策天平上也由受众利益向商业利益倾斜。20世纪90年代中期以来，我国媒体也迅速向市场化、商业化方向发展，资本运营也逐渐成为一种新的运营模式并被广泛接受。在这种情况下，传媒话题完全成了一个经济学话题，传媒的社会责任意识或者说传媒的社会效益意识日渐淡漠，经济利益最大化成为唯一的主题。而对于如何能够保证信息资源的共享，如何创造民族的认同平台和公共意识，如何维护或得建构主流的伦理秩序和社会规范，如何保持经济利益与社会利益之间的平衡，如何维护社会的大众群体与小众群体、强势群体与弱势群体、中心群体与边缘群体之间话语平等，如何建设一种公正的舆论环境等等这样一些与媒介发展方向、道路、出发点相关的重大问题都被忽略了。实践及研究都表明，大众传媒在进行传播活动时，除了解决自身赢利的问题外，更要考虑其作为事业性组织所负有的社会责任。"一个职业化组织，当然是以为公众服务为趋向。这种'服务'，不能以专门组织自己利益为基础，但也不是自己的'顾客'要什么就给什么，而是基于他们的需要。"①

2. 人文关怀的失位

传媒娱乐化在当代传媒转型中也有其积极的一面，那就是受众本位回归——在相当长的一段时间内，由于媒介资源稀缺，而且传播理

---

① 黄旦：《负责任的公共传播者事业化和商业化冲突中的新探索——学习美国新闻传播思想史札记》，《新闻大学》，2000年秋季刊。

第四章 信息与娱乐——传媒娱乐化的伦理反思

论没有得到应有的重视,在新闻传播领域,一直实行传播者本位方针,即从报道方针、写作乃至节目制作都是从传播者的意愿出发,而很少考虑受众意愿。传媒娱乐化突破了以往的僵化模式,走近群众,服务群众,甚至在节目中开展与受众的互动,这使受众在精神和文化生活上得到了极大的满足,其传播权益也得到了满足和提高,这无疑是媒介的巨大进步。但当前娱乐化的实际却是,传媒在走受众本位回归的同时,也走向了媚俗的极端,也就是一味迎合受众的需求,而受普通大众趣味庸俗化的影响,传媒在其娱乐化进程中也就不可救药地走向了庸俗化、琐屑化以至于感性至上主义。传媒大亨默多克在为其媒体的定位充分说明了这一点。默多克提出,提高发行量的方法其实很简单,那就是降低你的品位,并一再降低你的品位!这一精神被秦皇岛电视台继承得很好。在秦皇岛电视台近两年来一直着力打造所谓的"新面孔"新闻——《今日报道》所做的宣传材料中,秦皇岛电视台的说法是,这档新闻节目为了真正想和老百姓交上朋友,彻底亮明自己的身份:"俗",俗到每条消息都能让没文化的老太太喜欢看,看得懂。相应的,主持人也要与播音腔彻底决裂,真正做到为大家聊新闻、讲故事。他们宣称,"我们求的是平凡。"但与之相关的伦理问题是,媚俗的娱乐化传媒必然导致对人本身价值的深层次尊重与关心,因为,人(特别是社会重大事件、闹剧乃至悲剧中的个体或群体),在传媒看来,重要的不是他们存在的社会价值或是他们的行为与处境所引起的人们的社会反思,而是他们能为传媒带来什么"猛料"以资炒作。在英国王妃戴安娜遭遇车祸时,面对着受重伤急需救治的遇难人员,现场的帕帕拉奇们①竟然不采取救护行动,而是把镜头对准尚在淌血的人体进行拍摄。为抢拍照片,他们甚至还在警察赶到现场进行救治的时候推挤警察,认为警察妨碍了他们拍照。在过度的炒作中,相当一部

---

① 帕帕拉奇,原为意大利语,意为"嗡嗡叫的昆虫",后转意为"专门追逐名人偷拍照片的摄影师或记者"。这一角色最初出现在意大利导演费利尼1960年拍摄的电影《甜蜜的生活》中,在电影中,一位名叫帕帕奇的摄影师因追逐名人偷拍照片而享誉欧洲,之后,paparazzi 在意大利便成为一种专门职业的名称。

分传媒失去了应有社会良知及对人的应有的尊重——罪恶不是被批判，而是作为噱头被嘲笑，罪恶的主角不是被推向道德的审判台，而是被附魅乃至英雄化。在追踪报道张君重大犯罪案中，张君甚至被诸多媒体描绘成无所不能的英雄，传媒本身在这里也成了闹剧的主角。在传媒娱乐化的炒作中，隐私不是被保护起来，而被争先恐后地曝光，甚至无限放大。有人把娱乐化比喻成满足公众窥私欲的公开舞台，实在是不无道理。

尤为严重的是，娱乐化传媒过于关注主流大众的娱乐需求，而对社会弱势、边缘人群缺乏关注，漠视他们的存在，忽视他们的需求，这在某种程度上加剧了边缘群体的边缘化与弱势化。社会弱势群体是一个社会学概念，按照国际社会学界和社会政策界达成的基本共识，社会弱势群体被界定为"由于某些障碍及缺乏经济、政治和社会机会，而在社会上处于不利地位的人群"。弱势群体的成因是多方面的，有的是因为身体的原因，如残疾人、老人、妇女和儿童，这种弱势群体即所谓的生理性弱势群体；有的是因为社会制度安排的原因，如失业和贫困人口等，这种弱势群体即所谓的社会性弱势群体。需要强调的是，虽然被称为弱势"群体"，但一般来说，这些人并没有形成真正的群体，而只是一个处于相同境遇的人口集合。他们大多并没有内部的组织化，因而不具备利益集团那样的影响社会政策的力量。这部分社会弱势群体的存在和要求常常被社会所忽视。对弱势群体的不重视问题在传媒界由来已久，在1978年的一次电视访谈中，美国《时代》70年代的报纸发行人奥底斯·钱德勒承认《时报》在覆盖城市中少数民族社区方面存在不足。他并且说将低收入读者作为目标没有经济意义，"因为，那部分读者没有购买力，对我们刊登的那些言行没有反应"。[①]我国的传媒中同样存在这样的情况，即把视线过多地集中于主流大众的娱乐需求方面，从而更加剧了边缘群体的边缘化、弱势化。资料显示，全国已注册的各类电视台有上千家，开办对农（农村、农业、农

---

① 转引自克利福德·G. 克利斯蒂安等：《媒体伦理学：案例与道德论据》，张晓辉等译，华夏出版社，2000年版，第44页。

民、农民工）栏目的只有1%．省级电视台中，只有大约十五六家开办了农村专栏，与368家注册的各种电视媒介相比，开办率只有4%。在电视节目中，以白领、大款、成功人士以至于新新人类为主要服务对象的栏目越来越多，《相约星期六》、《玫瑰之约》之类的红娘节目也只针对都市白领，而为普通平民百姓特别是为困难企业职工、下岗工人服务的节目和栏目却越来越少；在传播内容上，反映弱势群体的价值观念、思想感情、生活方式的东西越来越多，而站在弱势群体的立场反映他们的愿望、要求、呼声的东西却越来越少。① 有人因此哀叹："在媒体如此发达的今天，6000万国有企业的工人，2亿在城市里游荡的民工，8亿农民，这样一批人没有人在说话，中国老百姓越来越没有声音。"② 《中国青年报》冰点调查发刊辞中一段话也能代表了新闻调查者们的对这种传媒状况的思想焦虑："这个社会中，普通百姓生存状况无人关注，官员、大款、明星充斥媒介，芸芸众生怎么样活着、他们在干什么、要求什么，愤怒什么很少见到报道。"

应该说，最近几年来，这种情况已经有所好转，许多媒体帮助农民工讨薪、培训农民工职业技能、解决农民工的子女教育问题等等的报道和言论日渐增多。但问题仍然存在，那就是传播方式上，弱势群体的能够得到表达，往往都是因为他们受到伤害，更多的时候，他们沉默。好像是只有在弱势群体受到伤害的时候，才会引起媒介的注意；社会弱势群体受媒体关注的另外一种情况往往是与比较极端的社会性事件相关，如贫困生在假期打工攒学费、农民工因拿不到工资而集体上访或闹事、城市拆迁过程中发生的一些极端事件等。③ 很明显，大众传媒是出于经济效益的考虑，不愿意长期关注弱势群体，商业的逻辑则使其在对弱势群体的报道中更多的是能采用一种炒作的姿态，而不

---

① 戴元光，陆琼琼：《弱势群体在中国电视中的"弱势"》，《传播学论坛》（http://www.ruanzixiao.myrice.com）。
② 李希光作客新浪聊天实录，摘自中华传媒学术网：http://www.mediachina.com，《传媒人物访谈》。
③ 汪凯：《转型中国：媒体、民意与公共政策》，复旦大学出版社，2005年版，第147页。

是旨在作为长时间的利益代言人。对于本应关注公众生存状态、为弱者鼓与呼的大众传媒来说，这是一个极需反思的现象，特别是在当前我国全面建设小康社会、构建和谐社会的进程中，这种对弱势群体、边缘群体的漠视尤显背离整个社会建设工程。对大众传媒来说，真正的人文关怀不仅仅是以受众为本位，而更应对受众的人生终极关怀为最终目的，这是媒介的社会责任的应然内涵，不容删减。

3. 社会价值观引导上的背离

当代传媒为大众所诟病的一个重要原因就是传媒在社会价值观引导上的背离。长期以来，随着大众传播活动的迅速发展及各类组织普遍性的传播参与，大众传媒对人们生活的渗透、干预与影响也越来越大，人们对传媒的依赖性也不断增加。传媒已经成为改变人们生活方式乃至于思维方式主要渠道，并直接影响人们的道德情操、价值观、人生观等的形成。传媒已经成了社会监督与社会教育的强大公器，与之相关的是，传媒的社会教育责任自然越来越大，越来越重。但事实却是，传媒在市场化、娱乐化的浪潮中并没有自觉地充分履行这一社会教育的职能与责任。这主要表现在：

第一，教育功能弱化甚至反面化。在传媒研究中，教育被界定为传媒的基本功能之一，但在传媒娱乐化的进程中，教育这一有些沉重的形式与责任不受重视。在收视率逻辑的指导下，为了吸引足够多的眼球关注，提高收视率，抢占受众市场，娱乐化传媒普遍把暴力、性及放纵等个性化，这种对暴力、色情的渲染，直接助长了暴力化、色情化倾向的社会风气，造成极坏的社会影响。这一点对青少年等传媒弱势群体而言，更是如此。有调查研究表明，传媒中的这类信息会让青少年模仿学坏，并直接影响到他们的道德发展。[①] 珀杜大学研究者格伦·斯帕克斯也认为，电视暴力使社会失调，尤其是儿童中的失调成

---

① 李爱芹：《大众传媒与青少年成长——"青少年媒体接触现状"问卷调查报告》，《广西青年干部学院学报》，2002年第6期。

为可能。① 在论及娱乐化传媒（特别是小报类媒体）的反面教化时，霍勒斯·格里利曾撰文指出："便士报热衷于蛰伏在社会内部恶魔般的欲望煽动点火，他们也许不会被指责犯有谋杀罪，但是，他们的的确确是犯了制造谋杀者这种更恶劣的罪行。"②

　　第二，对深层问题缺乏关注。这里的问题有两个方面，一个方面，娱乐化节目不可避免地走向琐屑化与庸俗化。因为，传媒娱乐化倾向使得记者们（娱乐节目的记者被称为"娱记"）抱着刺激公众兴趣的目的来选择信息传播的内容，在娱记们看来，这是最能挑逗起公众兴趣的东西，也是最能给他们带来收视率与市场的信息。这也就不难理解为什么我们在接触传媒的时候会接触那么多恐怖与"星"事了。庸俗化、琐屑化的节目不屑于关注深层社会问题，或者说它的聚集点并不在于社会的深层问题。深层问题过于严肃，缺乏娱乐因素，对这类问题的讨论并不一定符合普遍大众的口味。但问题在于，这类内容并不能为市民的政治参与和公共讨论提供有意义的帮助。正如斯帕克斯所言：对许多人来说，了解曼彻斯特联队的竞赛纪录，要比了解一个不引人注目的议会在生育问题上的投票记录有意思得多，但这并不是说体育知识更加重要。任何一种民主理论，即便是精英民主理论，都要求大众具有起码的关于政治核心问题的知识，这是具体实现民主制度的必要条件。而娱乐化的内容或庸俗化的新闻不能给观众或读者提供实现公民权利的必要知识。另一方面，即使是传播、报道严肃的重大问题的信息时，娱乐化的倾向或动机也容易导致报道的不适宜性。这一点在新闻报道中尤为明显。因为，娱乐化的新闻报道方式及其图片选择都有可能导致人们对事实真相的误解，其夸张的报道方式常常让人难以相信他们所报道的就是事实。从价值导致向来看，传媒是把观众的注意力导向琐屑的星事或生活小节而不是对社会现实问题的反

---

① 参见 Glenn G. Sparks. "Developmental Differences in Children's Reports of Fear Induced by the Mass Media", *Child Study Journal* 16 (1986): 55-56

② 参见梅尔文·L·德弗勒等：《大众传播通论》，颜建军等译，华夏出版社，1989年版。

思。在当代娱乐化炒作的标志性事件——戴安娜王妃案、辛普森杀妻案及克林顿绯闻案中,娱乐化的导向就非常明显,媒体极端关注戴安娜王妃事件,并不是为了反思当时的交通安全事故以及对帕帕拉奇各种不道德的作法进行批判,而在于炒作英王室成员的外遇与家庭关系;媒体关注辛普森案,并不在于对反思美国的种族问题与司法问题,而是在于炒作体育明星的凶杀案;媒体关注独立检察官斯塔尔的报告和莱温斯基的一举一动,并不是在于反思美国总统的品行与美国的司法制度如何应对总统卷入这样的绯闻之中,而是在于炒作总统的风流韵事。正是这些娱乐性的节目,使大众放松或放弃了理性批判和世界重建的意愿,放逐了对生活的反思以及对人生的真、善、美的价值判断。① 问题在于,传媒的这种娱乐化在提供娱乐外不能为公众的政治参与和公共讨论提供真正有意义的帮助。

第三,娱乐化节目缺乏应有的思想内涵与审美品味。在对传媒娱乐化的研究中,欧洲主流美学流派的学者把传媒娱乐化看成是人们审美生活的灾难。在传媒娱乐化中,人们的审美其实已经错位——在这里,审美趣味一味朝向"娱乐化"方向发展,"美"从理想精神的高峰回到了人世生活的享乐之中,蜕变为看得见摸得着的快乐生活享受,心灵沉醉的美感转移为身体快意的享受。我们以新闻娱乐化为例来阐释这个问题。在新闻娱乐化中,"娱乐"大行其道,新闻彻底放弃了应有的沉重,放弃了对历史和未来的责任,变成了一个只能满足受众感官刺激的娱乐文本。这样的新闻无须强调事实的真实和历史的深度,而只是着力表现日常生活的世俗(庸俗)图画,使得原来人们在新闻中注入的思考被"快乐"的享受所代替。这样的新闻,受众的愉快享受并不需要以任何深度体验和人生经验作为保障,受众也不必关心自身感觉之外的世界,而只需关心自身在感觉层面上是否获得最大的"快感",对于新闻究竟是什么东西,他们将不再关心。这种极度的宣泄和对感官刺激的迷恋,将把新闻的真实、正义彻底埋葬掉,新闻再

---

① 参见周宪主编:《世纪之交的文化景观》,上海远东出版社,1998年版,第236页。

也读不出真正有价值的信息。欧洲主流美学流派因此坚决反对这种娱乐化，因为在他们看来，"身体的感官和恶俗趣味往往是联在一起的，诉诸感官的艺术是'媚'而不是美，它所产生的是'娱乐'（'消遣'）而不是'愉悦'（'升华'）"。事实也是如此，新闻娱乐化中的"娱乐"有时甚至偏离其本义，而成为媚俗、低俗、色情、暴力等的代名词。大诗人歌德在谈到对群众趣味导向时曾说过："对待群众，如果你是激起他们想要的情感，而不是激起他们应该有的情感，那就是个错误的让步。"可见，群众的一切需求，哪怕是情感需求并不都是合理的，媒介走向娱乐化也应当有一个度，或者说只能把健康的能激起他们应该有的情感的媒介作品提供给他们，以高品位的媒介作品去培养群众的情操，去帮助他们确定正确的价值观，这才是大众传媒必须遵循也本应有的职责与操守。

第四，在生活方式的导向上，当代传媒也颇受诟病。在当前的传媒娱乐化中，无论是在传播的内容还传播的形式上，传媒都在尽力为受众提供一种轻松愉悦感。但深入反思，不难发现，当这种暂时的、表层化的、缺乏思想深度的轻松愉悦感成为越来越多的人所习惯的生活态度时，享乐主义的社会风气就自然形成了。从伦理的角度看，这种社会风气的形成及其过程摧毁了青少年一代的奋斗志趣，也歪曲了他们对幸福的理解。何以这样说？在接触媒介信息的过程，人们能领略到最新的消费时尚和休闲方式，领略到世界级的歌星、影星、球星以及政界要人、商界强人的风采，对于这些人，大众传媒习惯于挖掘的是他们的生活习惯、衣着以及食物的偏好等，特别是关于他们的家庭、情爱、私生活的内容，而并不是他们的奋斗经历与意志磨炼。在大众传媒的暗示与引导下，受众只注意到这些明星们潇洒无羁的行为方式与富丽豪华的生活享受方面，并把这些表面的浮华当成追求与模仿的标本，社会的享乐风气就成为一种流行与时尚。很多人，特别是青少年都认为，只要能拥有像媒体上的明星们所拥有的，能像他们那样生活，或者只要能拥有媒体广告上所推广的东西，那他们就是幸福的，在这里，自我实现简单地等同于自我满足。在这种观念的指引下，人们都不再把劳动或创造当成一种追求，而一种痛苦与磨难。在当代受众尤其是青少年中，他们心目中的英雄和偶像已经不再是焦裕禄、王进喜、陈景润等先进人物，也不再是常香玉、关山月等老一辈艺术家，而是活跃在当前各大媒体上的影视歌舞明星或体育明星等。

4. 娱乐不远道：真正的娱乐是道德的

当前的传媒娱乐化是对传媒娱乐功能的异化，它放大了娱乐在传播媒介中的地位，放大了人情味、趣味性等因素，从而偏离了传媒娱乐功能的初衷。我们并不完全反对传媒的娱乐化，适当的娱乐是有益的。因为，首先，真正的娱乐应该是健康的、向上的。娱乐的"健康"是指娱乐的内容与形式都应当是有利于人的成长与良好生活状态的维持，而向上的是指传媒娱乐应当能给人以鼓舞、信心和力量，并且能启迪人们的智慧。其次，真正的娱乐应该是美的，这里我们所讲的"美"是指符合美的规律与人们对审美的追求。传媒娱乐应当能始终给人以美感，这样人们就可以在娱乐中心境开阔、消除疲劳，获得真正艺术般的享受。再次，真正的娱乐也是法律和道德许可的。在法律允许的范围内开展各种娱乐活动，这是社会秩序化的要求。同时，传媒的娱乐化也应当普遍遵循一般的道德规则，而不是以非道德立场甚至反道德为个性。最后，真正的娱乐应当是能体现民族文化特色的，娱乐的民族特色是指在挖掘、整理、借鉴、吸收传统娱乐方式的基础上能够推陈出新，使娱乐内容成为一个民族独特的东西。这种娱乐有深厚的文化底蕴，有悠久的发展历史，形式也是本民族的人们喜闻乐见的。而且，在它自身的发展过程中，其糟粕还不断被淘汰，而更多的新鲜内容则不断地被充实进来。这种娱乐不会因时间的推移而失色。相反，它还会随着时间的推移而总是能够保持旺盛的生命力。

虽然，传媒应当以受众的需求为上帝，所有节目也应当以受众可以接受的方式来制作，但传媒俯就受众的趋向未必就是真正切合了广大受众的心理需求。事实也已经证明，单纯形式化的娱乐追求未必有良好的效果。哥伦比亚广播公司的著名主持人丹·拉瑟就认为新闻娱乐倾向是比较危险的。他说："我们已经变成好莱坞了，我们已经屈从于新闻的好莱坞化——因为我们担心不是这样。我们化重要为琐碎……我们将最好的时段给了闲言碎语和奇闻。"① 德国不莱梅电台的电视总统米歇尔·盖耶尔与德国记者协会的主席赫尔曼·麦恩则表达了对娱乐化的倾向极大的担心，在米歇尔·盖耶尔看来，"我们所做的，就是不使'今日新闻'被那些领导新闻娱乐化的人引入歧途。他们说那样可以使新闻更有趣一些，但这种做法最终与那种献媚取宠的新闻活动并无多大区别。"赫尔曼·麦恩则指出："我们不能不承认，当信息'包装'服务于市场推销目的因而'包装'比信息本身更受重视之际，信息对公众的告知功能也就名存实亡了。"② 在传媒各种版面、频道不断创改却又好像离受众越来越远的事实面前，传媒应该进行反思了，什么才是传媒应有的品性？什么才是传媒赢得受众好感的本质的东西？传媒迫切需要在文化内涵的培植上下更大的功夫。毕竟，娱乐不可能成为媒体受众的全部需要，文化的要求则已成了有识之士的共识。

个案考察："星气象"节目引发的争议

2003年，湖南电视台娱乐频道开设了一个"全新"气象栏目，说它"全新"，是因为在这档天气预报节目中，主持人一改一般气象节目正统、职业的播报风格，转而从美女性感出镜、背景音效煽情及台词暧昧、挑逗三个层面打造节目特色。节目中，主持人身着露肩吊带装，时而随音乐起舞，时而在播报中发嗲，甚至在播报中提起一些露骨的话题，而节目的背景音乐则是类似呻吟的煽情性音乐。节目一经播出，即引起了各方极大的争歧。争歧主要集中在三个方面：第一，节目是气象信息预报还是时尚风向预报？星气象节目中，真正的气象信息量

---

① 转引自迈克尔·埃默里、埃德温·埃默里：《美国新闻史》，展江等译，新华出版社，2001年版，第568页。

② 张颂：《捍卫电视新闻的严肃性，拒绝娱乐化》，《南方电视学刊》，2000年第5期。

远不如传统气象节目,美女主持的时尚着装倒像是在宣示时尚的潮流。人们对此的反应是,气象节目应能简明地告诉人们最近的气象信息,方便人们生活,而星气象节目似乎是偏离了气象节目的正道,它更像是一档时尚资讯节目而不像是一档气象信息节目。第二,该档节目是色情性还是情色性?对节目色情的质疑主要是节目中美女主播的行为与背景音乐。节目中,美女主播不是着正装站立播报,而是慵懒地躺在沙发上,双脚搭在靠背上。有人觉得这档节目的主播暴露过甚,而且在播报中会用一种不当导向播报气象信息,并配有暧昧的背景音乐,节目有色情倾向。但有人不同意这种说法,毕竟节目并未像床上戏那样露骨,而且主题(气象信息)是健康的,尽管说包含了色情倾向的内容或播报方式,但并不能算得上是色情,最多只能说是情色性的。第三,节目合法还是非法。有关人士指出,气象事关人们生活之大事,因此其信息必须准确。根据《气象法》第25条的规定,各新闻单位发布气象信息时,必须使用当地气象主管机构所属的气象台、站所提供的实时天气预报,但"星气象"所使用的信息却来自于某气象网站,与权威发布的信息内容差异很大,容易在资讯上造成混乱,不便于市民生活。

无独有偶,"星气象"类节目并不只有湖南卫视播出过,国外一些电台也曾播出过类似的节目。只不过这些节目并不一定是气象节目,而是其他类节目中出现类似的主播现象,有的甚至是在新闻节目有比"星气象"更露骨的表现。如果说,湖南卫视的"星气象"还有情色与色情之争歧的话,那么,有些国家的类似节目就完全是色情演出了。

新闻链接一

据报道,保加利亚私营有线电视频道 M—SAT 为增加收视率,曾在晚间新闻中"加料",安排四位年龄在18岁至23岁之间的美女轮流担当主播,主持"赤裸新闻"。这个叫"全裸真相"的节目开始时,女新闻报道员都会穿得严实整齐,与一般新闻节目毫无两样,但其后她们会慢慢将全身衣服逐一脱掉,直至完全裸露。

资料显示,俄罗斯 M1 电视台也曾推出类似新闻节目,大受欢迎,收视率急升10个百分点,使得M1成为最受欢迎的电视台之一。

新闻链接二

加拿大华裔美女裸报新闻

加拿大"裸体新闻"网站,靠着女主播脱光播报新闻一炮而红,该网站成立不到两年,每个月竟能吸引600万人次上站。

以"一丝不挂"的新闻播报员打响知名度的加拿大新闻网站"裸体新闻"网站,其"收视率"节节上升。为了增加知名度和曝光率,还进入有线电视播放,逢星期五播放45分钟的收费新闻节目,费用为每集2.65美元。该网站副总裁则颇有所得地表示:"'裸体新闻'是首个由互联网'跳进'有线电视的网上新闻节目。"①

由此可见,"星气象"的节目思路并非湖南卫视独创或独有,各国、各地类似娱乐节目的泛滥反映了当前传媒娱乐泛化的特点。而这种娱乐泛化的特点又大多与传媒为吸引受众注意力、抢夺受众市场、并进而抢夺广告份额有着内在的关联。这既反映了传媒在市场化的态势下确实存有现实且急迫的生存压力,但是,如果连一档便民的服务性节目也被纳入到娱乐化大潮中的时候,我们也能清晰地体会到市场化态势下的传媒所表现出的一种急功近利的狂躁心态。在这种心态的影响下,对收视率的考量远远超出了节目社会效果的考量,对经济利益的追求也被置于高于考量社会责任的地位。"星气象"节目方曾一度为自己辩护,提出节目方案是在市场调研基础上制订的,是根据市场需求而制。而且,事实也说明了节目方案是可行的,节目收视率一路攀升。但节目方却没有对收视率本身作更进一步的分析:是谁在收视节目?如果是成年人,他们有足够的辨别与判断能力,但如果是青少年呢?青少年不具备足够的价值辨别与判断能力,在传播研究中,青少年被认为是弱势群体。而"星气象"恰恰在这一点缺乏应有的价值自觉,这与传媒一直所标榜的舆论引导者与文化精英的立场相去甚远。

---

① 新闻链接材料引自新文.湖南《星气象》:《我们是情色天气预报》,参见http://ent.sina.com.cn/v/2003-06-06/1143153703.html.

当然，我们这么说的时候，并不是完全反对传媒的娱乐节目，毕竟，在当前的社会中，人们需要娱乐，而这本身也赋予媒体以娱乐功能。但娱乐节目与节目娱乐化却是两回事，而且即便是娱乐节目，我们也应充分考虑到如下问题：第一，何种娱乐？健康的还是低俗的？第二，娱乐到何种程度？娱乐一定要有情色或色情的色彩吗？第三，为谁娱乐？成年人，还是青少年？当然，这个问题中又有前两个问题的细分。但在目前的娱乐泛化的潮流的中，这些问题也似乎都被有意无意地忽略了。

第五章
体制之痛——传媒市场化、集团化的伦理考察

当前人们对大众传媒违反伦理原则与道德规范现象的文化与道德诘难,大多都与传媒市场化及相关的商业化有着直接的关联。在传媒市场化的进程中,大众传媒的身份由此前单一舆论引导者,向"事业单位,企业化管理"的双轨制体制中的身兼舆论引导者与经济创收者的双重身份转变。随着大众传媒这种身份的转变,大众传媒对受众的定位也发生了根本性的变化,在传统传播体制下,受众被定位为社会的公民,而在市场体制中,受众被定位为纯粹的信息消费者。在这种角色转换中,传媒把自身完全等同于市场体制中的生产商,与之相关的伦理问题是,大众传媒在审美情趣上走向了彻底的媚俗化,并日渐淡漠了社会责任意识。

第一节 关于传媒市场化

1. 西方国家的传媒市场化

西方国家的传媒市场化倾向最早萌芽于欧洲的文艺复兴时期。在此之前,手抄新闻的发行则几乎都不收费。到了 14 世纪以后,由于新航路的开辟和地理大发现,欧洲尤其是意大利沿海城市的工商业繁荣起来。为了追逐利润,同时又有效规避风险,意大利的商人们需要

了解商业行情及船舶、道路的消息，以及与此有关的政局战况。于是，首先在作为地中海贸易中心的威尼斯，继而在罗马出现了一种专门"搜集消息的机构"，它们把采访搜集到的消息写成文字，有偿地提供给订户，这就是最早的手抄小报。这种新出现的小报、手抄新闻都以出售为目的，其编辑、制作者无不把它看成是一种赚钱的商品。到15世纪以后，人们的好奇心和追求新闻的欲望日趋强烈，地理大发现也开阔了欧洲乃至世界人民的视野，这也刺激了人们的求知欲，人们对信息的需求也随之日益强烈。16、17世纪之交，欧洲社会动荡不安，宗教战争接连不断，这从客观上进一步刺激了社会的信息需求。在这些因素的交织作用下，有意识地收集和加工为一般公众感兴趣的最新情报和消息的事业日益专门化，近代新闻业由是而兴，近代报刊也开始出现。不难看出，西方国家的近代新闻业在其一开始就有着商品的属性，它是为满足社会需要而生产，也是为了利润而生产。

资产阶级革命前后的新闻自由运动取得了极大的成功，新闻自由原则由是得以确立，报纸刊物的数量迅速增加，这为媒介市场的形成提供了坚实的政治和经济基础。而"意见的自由市场"则又为媒介市场提供了相应的理论基础。现如今，市场化的媒介体制在西方大多数国家占据着绝对的主导地位。20世纪80年代以来，西方世界又掀起了一股传媒并购热潮，广电媒介的私有化愈演愈烈，这在一定程度上进一步推动了传媒市场化的发展。可以说，20世纪80年代以来，西方传媒就此发生了一场深刻的变革，这种变革主要体现在如下几个方面。

第一，私有化。20世纪80年代以前，西方各国的报纸杂志在所有制性质上也比较单一，除屈指可数的政党报以外，绝大多数是私营的（多为股份合作制），但广播电视却复杂得多，从其运营性质看，有私营的，如美国原先的三大广播公司CBS、NBS、ABC等；有国营的，如法国80年代以前所有的电台、电视台；有公营的，如英国的BBC、日本的NHK、意大利的全国广播公司、德国的广播联盟等。从各国的体制情况看，主要有四种类型：其一，以美国为代表的以私营为主、国营为辅类型、在美国，既有强大的私营台，也有政府各社会团体扶植的公共台。其二，以日本、英国为代表的公营为主、私营为辅类型，这里既有强大的公营台，如 BBC、NHK（在 20 世纪 80 年代以前，它们拥有 80% 以上的市场占有率）等，也有私营。其三，以德国、意大利、加拿大为代表的类型。在这些国家，20 世纪 80 年代以后，只有公营台，不允许私营台合法、公开经营。其四，以法国为代表的类型，当时的法国只有国营台，也不允许私营台合法、公开经营。

但是，20 世纪 80 年代以后，伴随着全球经济的私有化风潮，广播电视也掀起了一股私有化的浪潮。其中，法国总统密特朗 1985 年 1 月签发命令，同意设立私营台，随即，法国最大的电视台，即电视一台以及电视五台、新频道三家电视台转让给一些大公司，变成私营台。德国在 1987 年由议会通过《公共和私人的广播电视体制之规定》即 223 法，正式承认私人拥有从事广播电视的权利。与此同时，在私有化浪潮的鼓舞下，英国私营电视台即独立联盟（ITV）和日本的四家私营电视台实力也大大加强。

第二，商业化运作。市场化的运作模式必定导致传媒运作的商业化倾向。因为，在市场化的浪潮中，在激烈的市场竞争中，收视率成为各大媒体生存的生命线。在这种情况下，受利润的驱动与市场逻辑的影响，电台电视台都纷纷迎合受众偏好，节目内容不断趋向娱乐化，乃至庸俗化、琐屑化。不但私营媒体，而且公营媒体也都转向商业化运作，媒体角色也由公共服务机构转型成为以追求经济效益为第一要务的经济实体。

第三，集中化。一般来说，市场化必定导致产业化，而产业化又必定走向集中化或垄断化，近 30 年的国内外传媒发展再次验证了这一规律。20 世纪 90 年代，各大媒体兼并、联合高潮迭起，尤其在美国，传媒间的兼并、联合风起云涌。1995 年，美国迪斯尼公司以 190 亿美元兼并了 ABC。1996 年，微软公司与 NBC 合作，开办微软全国广播公司电视频道（MS NBC），这是一个有线＋在线的的电视频道。1999 年，美国维亚通讯公司以 230 亿美元兼并了 CBS。最大的一笔交易发生在 2000 年 1 月,当时世界最大的传媒、娱乐公司时代－华纳公司和世界最大的网络服务商美国在线宣布合并,成立美国在线—时代华纳公司。在欧洲,兼并、联合的浪潮同样此起彼伏。在意大利,米兰富商贝鲁斯科尼从 80 年代开始,兼并、收购了意大利所有的地方电视台,组成意大利全国性私营电视公司——第 5 频道,成为与意大利广播电视公司平起平坐的最大的一家广播公司。

在报纸、杂志方面,集中化的程度同样强烈。1970 年,西方各国还有 125 个拥有报社的集团公司,而现在,西方各国重要的报刊则已落到不到 30 家大公司手里。① 在美国,10 家大公司拥有全国五分之一的日报,而其报纸发行量更是占到了五分之四。在欧洲,小报大量被大报兼并、收购,从 1980 年到 1996 年间,日报数量减少了 30% 以上。②

2. 我国的传媒市场化

我国传媒市场化进程,最早追溯至 19 世纪初。当时,《德臣报》、《香港华字日报》等外报"入侵"我国,这些外报基本上由外国人出资创办,机构设置亦仿照外文报刊的经营体制。为了尽可能达到赢利的最大化,常常将整个报纸一半以上的版面刊登广告,发布价格行情与商业信息,甚至出副刊扩大广告刊载量。1855 年《遐迩贯珍》出附刊《布告篇》随报发行,专载商情及船期,并在我国中文报刊上推出广告收费举措。19 世纪后期,终于有了中文商业性报刊,如《上海新报》、《申报》、《新闻报》等。其中,《申报》是商业性报纸的典型代表,其运营模式偏重赢利,注重经营管理。

20 世纪初到 20 世纪 40 年代,我国传媒市场化也有所发展,其中,尤以民族资产阶级的报业为甚。在这段时间里,我国报界曾出现过一批报业资本家及报业经营管理的专家。如史量才、陈德铭、成舍我等

---

① Shivley Biagi, *Media /Impact*. Wadsworth Publishing, 1998, p77.
② Denis Mcquail, *Media policy*. SAGE Publications, 1998, p9.

当时的风云报人。史量才经营《申报》时，曾设想建立报业托拉斯，兼并《新闻报》，实现50%的控股。1937年，《新记大公报》改为股份制，这是旧中国报业实行股份制较为成功的案例之一。陈德铭的《新民报》最初主要依靠四川军阀势力的经济支持，后来，也于1937年改为股份制，并实行所有权与经营权分离的管理机制，吸收了大量民族资本。1940年以前，国民党的《中央日报》全靠政府拨款维持各项开支，但为了摆脱沉重的宣传经费包袱，1946年7月，《中央日报》也开始推行股份制，实行党报企业化改制。

新中国成立以后，我国传媒市场化又进行了两次尝试。第一次是新中国成立以后的1949年到1956年间，我国传媒，主要是报业又开始了一次新的尝试，1949年12，全国第一次报纸经理会议在北京召开，会议提出了报纸实行企业化经营的方针。1950年，中宣部发出了《关于报纸实行企业化经营情况通报》，指出，"报纸企业化经营方针是完全正确的可以实现的"。① 之后，各家报纸纷纷呼应号召，开始实施企业化经营。但是，由于各种原因，这次市场化的进程很快就在1957年的反右运动中结束了。

直到20世纪70年代末，我国各项工作的重点开始转移，经济建设成为全部工作的中心，经济体制也从计划经济体制转向大力发展有计划的商品经济。这一转变在极大地激活了我国经济的发展的同时，也促使我国传媒机构经营方式的转变：1978年以后，我国传媒业以广告为突破口，开始重新进入市场领域：《天津日报》于1979年元旦首先恢复刊登商品广告；元月28日，上海电视台则率先播出电视广告（1.5分钟的参桂补酒广告）；同年，广东电视台也播出了第一条收费商业广告，这一年，广东电视台共制作播出广告30多条；1979年3月，《文汇报》首先开始接纳外商广告；3月15日，上海电视台播出外商广告（瑞士雷达表）。这些商品广告在大众传媒上的出现，一改此前我国传媒正统、单纯的政治宣传面貌，同时，也拓展了传媒功能，

---

① 唐绪军：《报业经济与报业经营》，新华出版社，2003年版，第108页。

拉开了我国传媒市场化经营的序幕。

1978年，财政部批准了《人民日报》等八家报社实施企业化管理的报告，这是一个标志性事件，它意味着从此以后，我国传媒就从国家行政事业单位向以"企业经济、独立核算、赢余留用"，"包干上交，节余留用"为核心内容的"事业单位，企业化管理"的双轨制的转变。从1979年开始，我国政府明确的对传媒的基本态度是：国有制方针不能变，在此基础上，国家尝试着分期分批减少对传媒的经费投入，要求传媒机构"独立核算，自负盈亏，照章纳税，财政不给补贴。"就这样，在"财政不给补贴、自负盈亏"的压力下，媒体开始自愿不自愿地进入市场自谋生路，开始了市场化运作。但这个阶段，受国家整体经济环境等因素的影响，传媒市场化还大多带有尝试性的特点。到1992年，邓小平南巡讲话确立了社会主义市场经济的目标以后，我国传媒则进一步由"事业单位，企业化管理"的双轨制向"自主经营，自负盈亏，自我约束，自我发展"的道路转变，一种全新的传媒宏观管理体制开始形成，并逐渐成为我国传媒体制中最为独特的方面。传媒进一步市场化的大幕得以拉开，媒介的产业性质也得到确认。1992年6月16日，中共中央、国务院发布了《关于加快发展第三产业的决定》（以下简称《决定》）。《决定》在阐述加快发展第三产业的重大战略意义时指出："到本世纪末，我国人民的生活将达到小康水平。同温饱水平相比，小康水平不仅表现在居民收入所达到的标准，更重要的是要看社会化服务水平和居民生活质量。随着经济的发展和收入的提高，人民群众不仅在衣、食、住、行、通讯、卫生和生活环境等物质生活的各个方面提出了许多更多、更高的要求，而且在文化娱乐、广播影视、图书出版、体育康复、旅游等精神生活方面也提出了更多、更高的要求。只有加快发展第三产业，才能适应人民群众日益增长的物质和文化生活的需要，促进社会主义物质文明和精神文明建设。"在这里，《决定》的几点精神值得注意：其一，我国政府在作出加快发展第三产业的战略决策时，将新闻传媒所提供的精神产品置于提高人民群众的生活质量这样一个层次上；其二，我国政府将新闻传媒划出了

第五章
体制之痛——传媒市场化、集团化的伦理考察

党政机关行列,而将之归属于第三产业的范围,并且认为新闻传媒在第三产业中有着十分重要的地位。在后来的研究中,这份文件被看成是我国新闻传媒正式被界定为一种产业的重要标志。自此,我国政府逐渐开放了中国媒介市场,最初是一些边缘领域,例如影视节目制作领域、广告领域、印刷业、有线电视网络、报刊零售发行、出版物分销、传媒市场调查等;而后,对许多国外的传媒集团和国内的业外资本借用各种变通的手段(如电视频道落地、节目内容合作、传媒公司借壳上市等)进入传媒业也逐渐默认,传媒市场的开放程度更是逐渐加大:2003年,图书出版和发行领域向业外资本开放;2004年,国家广电总局发布《关于促进广播影视产业发展的意向书》,透露出电视频道将有可能被允许合资经营的信息;2004年3月,国家工商总局发布《外商投资广告企业管理规定》,根据这项规定,外资将可以进入我国广告业进行合资经营,甚至可以控股(最高不超过70%);2004年4月,国家新闻出版署透露,中央已决定将人民出版社以外的所有出版社转为经营型企业单位。

现在回过头来看,始于20世纪70年代末的传媒市场化确实有着较好的经济绩效:在市场中进行商业化运营,大众传播媒介只能倾向于以"大多数原则"来定义其受众对象,并逐渐形成自己特定的受众群。同时,市场所促成的新闻竞争使传播媒介注重受众各方面的需要,在媒介产品的内容和形式方面都有大量的创新。从受众的角度看则是,他们选择媒介的可能性大大增加了,从媒介获得的信息数量和种类增加了。传媒市场化的积极意义不容否认。

第一,媒介数量的增加和结构的改变。1978年,我国的报纸总数为186种,除了为数很少的几种晚报和官方团体所主办的报纸之外,其余报纸清一色地属于党的各级组织的机关报。同时,日报的版面数量最多为4版,容量极为有限;当年的电台和电视台的数量为32家,并且基本上只有单一的频道(频率)。而到了2002年,这一系列数字发生了巨大的变化:当年全国共出版期刊9029种,平均每份期刊每期发行量为2万份左右;报纸2137种,平均每份发行量为9万份左右,

而且报纸的版面大大扩张，有些报纸甚至经常性地出到了100版以上。电视节目套数为2058套，广播节目套数为1933套。两相比较，不难感受到20多年中大众传媒在数量上的惊人增长。

比数量的扩张更值得关注的是媒介结构的改变，以最早繁荣且相对成熟的为例，报纸数量增长和大规模扩版，从宏观上来看是市场经济信息需求扩大的必然结果，但同时，它也是报业从20世纪80年代初开始分步骤地走向企业化运营，从而实现了经济自立并逐渐走向集团化发展壮大的道路的结果。在新创办的报纸中，除了行业报以外，其他大部分是各级党委机关报的子报，而创办子报一方面是母报经济实力增强的缘故，另一方面则是进一步增加经济效益的考量。20世纪80年代以来，在报业领域有三次浪潮改变了或正在改变着报业的结构，丰富了报纸的种类。作为其社会效应，是受众选择面大大拓宽了，信息需求得到了更好的满足。这三次浪潮分别是20世纪80年代初期到中期的信息热。80年代初期，在商品经济的背景下，信息观念得到了重视，一大批以提供纯信息，尤其是以提供经济信息为主的报纸纷纷创办，电台、电视台也纷纷推出以提供经济信息为主的新频道。信息性内容占据了媒介的重要地位。传统新闻报道的宣传模式受到了冲击，以吸引受众为核心的"预测性报道"、"解释性报道"、"扫描式报道"也纷纷登台。[①] 20世纪80年代末到90年代末的大众化热潮。大众化趋势在80年代末初露端倪，在当时，一些报纸在原有的版面基础上扩版和增加周末版或是月末版；1992年的十四大以后，市场经济体制的目标模式及新闻事业的"双重属性"被正式承认以后，以晚报和都市报的兴起为标志，报业开始走大众化的道路，并获得了惊人的成功。2000年以来的分众化浪潮。所谓分众化，这里主要指报业在经历减化浪潮之后，正在向"大众报纸"与"高级报纸"（指目标受众为社会精英阶层的报纸，如《经济观察报》、《21世纪经济报道》、《新京报》、《东方早报》等）两分化的方向发展。相对于大众化报纸的通俗、贴近

---

① 李良荣：《新闻改革十五年来的回顾与展望》，引自《李良荣自选集》，复旦大学出版社，2004年版。

和生活服务的办报理念，高级报纸更注重公信力和影响力，更强调责任感和建设性。这种报纸的出现，有两个主要原因，其一，是因为随着经济发展所造就的一个新的普遍拥有较高学历、收入和社会地位的阶层出现相关，这个阶层对国家政策和经济、社会发展状况比大众更加关心。同时，他们也需要一个表达自身意见与利益追求的平台；其二，是随着我国经济改革的深化和经济运行的复杂化，人们越来越需要对经济和社会问题的更为深层的解释与说明，而大众化报纸一方面是趋于饱和，另一方面则不能满足这个方面的信息需求。

第二，媒介内容的开拓和形式的创新。市场化带来的另一个方面的积极意义是媒介内容的开拓和形式的创新，特别是形式的创新上发生了重大的变化。市场化以后，在市场的驱动下，媒介从业人员往往会在坚持传媒基本原则的前提下，进行一些新的尝试，这种尝试首先是在距离"党的新闻事业"原则这一核心较远、意识形态色彩相对较淡的地带，如广告经营管理等领域展开，随后拓展至报纸的周末版、电视的娱乐节目等非新闻领域以及非时政性的新闻节目内容如社会新闻与财经新闻等领域。这一做法，被一些学者形象地概括为"边缘突破"。在这个过程中，有人提出了"新闻策划"的观念，在这个观念中，为了争取读者的信任与认同，民生问题的关注得到更大程度的强调。同时，深度报道、电视谈话节目等相继兴起并迅速走红。不可否认，这种形式上的创新更大满足了受众的信息需求，也更好地体现了对受众，特别是普通老百姓生活的关注，这无疑是一大进步。

第三，舆论监督力度的提升和民众表达机会的增长。以《焦点访谈》为代表的系列节目大大提升了大众传媒的社会舆论监督力度，这也使得这些节目很受公众欢迎，《焦点访谈》能在如今频道繁多的传媒市场中获得平均20％以上的收视率足以说明这个问题。另外，无论是都市报还是电视民生新闻的大规模兴起，都给了普通民众展示自己的舞台与机会。事实上，公众大规模地参与媒介讨论的形式也提升了媒介的公信力和亲和力，许多媒介因此而获得了巨大的市场效益。曾有人在分析《华西都市报》的成功因素时指出：（都市报）加强舆论监督,把批评报道的对象和范围确定为"抓生活"。针对老百姓生活中的障碍,像假冒伪劣、服务态度、菜霸、暴利、医疗事故等展开追踪批评,事情虽不大,但与市民生活密切相关,最触及老百姓的痛痒。它提高了报纸的威信和社区亲和力,也增加了对广告商的吸引力。①

但同时,我们也应该看到,我国传媒市场化进程中同样存在着许多问题,主要包括:

第一,媒体数量过度膨胀,市场有限,媒介整体效益低下。在近20年来,特别是20世纪90年代初期媒介市场化浪潮兴起之后,我国媒体飞速增长,到1996年左右达到最高峰:报纸从1978年的186种增至1996年的2163种;电视台从80年代初的38家增至1996年2827座(无线电视台961座,有线电视台715座,教育电视台593座,企业有线电视558座);广播电台也从80年代初的114座增至1320座,如果再加上地方政府、党委、广电厅、局批准设立的广电机构2790座,我国实际的广电播出机构有6937座。② 媒体的增加固然可视为新闻业的长足进步,但这并不意味着媒介市场也相应膨胀,就我国的情况来看,媒介数量过快增长已形成媒介市场粥少僧多的局面,导致媒体整体效益的下滑。以报业为例,1996年,报纸多达2163种,但每种报纸平均期发数却在下降,1996平均每期发行份数为17877.23,而1984年,当时报约只有1049种,但每期发行份数却高达134444份。③ 媒体数量过度膨胀造成的竞争压力,被认为是当前大众传媒日趋低俗化的主要原因,对此李良荣认为,对于当前我国媒介日趋严重的媒介产品低俗化倾向问题,解决问题的关键,除了澄清思想之外,就是要大幅减少媒介数量,以降低过度竞争带来的负效应。④

第二,过度竞争导致媒介市场竞争无序,不正当竞争行为抬头。我国传媒市场化在当前面临的一个严重的问题是,市场将媒介部分地

---

① 张立伟:《都市报经营策划》,《当代传播》,2001年第5期。
② 参见《国内外新闻界动态》,《新闻业务研究》,1999年第5期。
③ 李良荣:《李良荣自选集》,复旦大学出版社,2004年版,第72—73页。
④ 同上,第74页。

从政治的全盘控制中解放出来的同时，媒介却又走向另一个极端：为了在激烈的竞争中获得市场，许多媒介机构甚至不惜一切手段。这种一味追求经济利益的导向，必然会在一定程度上削弱对社会责任与社会道义的重视。更为严重的是，我国传媒市场化没有形成相应的市场规制体系，这使得市场在带来活力的同时，也带来了媒介行为的失范。一时间，传媒界出现了许多违背道德法规和公平竞争原则的现象，如虚报发行量、给回扣、大搞有偿新闻、变相出卖版面等。这种失范不仅破坏了传媒形象、影响了媒介经济的发展，同时也使得公众利益受到局部伤害。这些现象已经引起了媒介内外人士的关注。

第三，媒介煽情主义泛滥，媒介产品庸俗化倾向日益明显。在媒介市场过度竞争的情况下，各媒体为扩张市场占有率，必然会自觉或被迫降低其媒介产品的精神品位以迎合受众的低级趣味，而在一个普遍受教育程度较低的国家中，出现这种现象就更难避免。某些媒体近年来大兴煽情之风，低级化、庸俗化倾向已变得相当明显，损害了媒介形象，引发了社会各界的强烈不满。

第二节 大众传媒的双重身份及传播理念的变迁

1. 大众传媒的双重身份

在国家根据社会经济大环境的情况试探着将传媒推向市场后，进一步给出传媒的新定位，即"事业单位，企业化管理"的双轨制。强调事业性质，是为了维护国家对传媒的控制，强化传媒的政治色彩，要求它在政治上与党中央保持一致，发挥好舆论引导者的作用；强调企业化管理，是为了充分发挥它的经济职能，令其创造出有益于国家的巨大经济财富。关于我国传媒的体制，相关机构与相关国家领导人在不同的场合均予以了确认与强调。针对近几年对新闻媒体所有制认识的混乱，1999年10月，国务院机关事务管理局、财政部、新闻出版署在给中国社会科学院关于《中国经营报》和《精品购物指南》报社的产权界定的批复中明确指出，我国的报刊社都是国有资产。新闻出版署有关部门负责人指出：我国现行的出版法规和规章明确规定，我国报刊创办实行许可证制度，报刊社的主办单位是法定的创办投资人；我国目前的报刊社均为全民所有制单位，报刊创办时，个人或集体自筹启动资金按全权债务关系处理。党学报及各级政府办的报纸均为国家出资或国家补贴办的。其他报纸即使创办是国家没有直接注资，也是以国有单位的名义办的。因此，现有报社的资产性质是国有的。在报纸期刊启动时，有的是主管或主办单位出资，也有的是主管、主办单位没有直接提供资金，而是让出版单位自筹资金启动的。根据新闻出版管理规定，主管、主办单位是创办报刊社的法定投资人，非主管、主办单位不具有投资的主体资格，因此，其他的出资行为，不能视为投资。筹资中有的来自企业赞助，属无偿的赠予行为；有的是个人或企业等的垫资，这是一种借贷关系，只能按债权债务关系处理。报刊是国家的特殊行业，不同于一般的企事业单位，因此不适用"谁投资谁所有"的企业资产认定原则。① 2001年1月11日，丁关根在全国宣传部长会议上谈到新闻出版、广播影视业的改革时，也指出，我国目前不允许外资和私人资本办新闻媒体。新闻媒体在吸收社会资金和利用外资时，必须坚持以我为主、为我所用、于我有利的原则。社会资金和外资不能控股，不能影响新闻宣传。无论在什么情况下，必须确保宏观管理控制力，党要始终掌握对媒体产业的控制权。②

"事业单位，企业化管理"的媒体双轨制的特殊性在于它赋予大众传媒以双重属性。首先，传媒有着意识形态的属性。传媒常常是以社会舆论机构的面目出现的。一方面，公众的言论须借助于传媒才能得以发表，也就是说，传媒常常用来反映社会公众舆论；另一方面，传媒对事件所作的报道，对社会现象所作的分析和评判本身也是一种舆论，它表明了传媒对某些社会现象的倡导和对另一些社会现象的反对。基于传媒也一直承担着党和政府的喉舌的角色，是统一思想凝聚力量

---

① 参见《新闻出版报》，1999年10月21日。
② 参见文有仁：《市场经济与传媒和党报》，《新闻与传播研究》，2001年第3期。

的舆论宣传工具，是人民群众文化生活的重要载体，不论是过去的计划经济时代，还是在现在的有计划的市场经济时代，传媒都在上层建筑中有着重要的地位与作用。正是因为传媒有着这种属性，意识形态层面对传媒的期望也很高。它要求传媒进行有选择的反映的同时，还要进行有意识的引导，要将社会公众引导到凝聚人心的方向，引导到弘扬正气的方向，引导到有利于社会稳定、进步的方向。其次，传媒又具有很强的经济属性。由于国家不再"包养"媒体，有的甚至完全被断绝了财政补贴，即使是有的媒体每年还能享受到财政补贴，其数目也是很少的。新时期的财政补贴不再是为了养活媒体，它只是一种象征性的款项而已，其意义更多的是在于昭示政府对传媒的所有权。在这种情况下，大多数媒体的生产运作要靠一定的经济实力来支撑，媒体必须凭借其产品的优良品质去赢得市场份额，从市场份额的回报中获得再生产的投入，在这样一种良性循环中，媒体才能发展壮大。

　　传媒的这种双重属性也同时赋予传媒以双重身份，即它既是舆论引导者，又是经济创收者。前者是传媒的意识形态属性所赋予的身份，它意味着传媒作为公共领域的公众服务机构，它必须把握正确的舆论导向，做一个高明的舆论引导者与社会公正的代言人；后者是它的经济属性所赋予的，它是传媒走向市场化以后自谋生路的必须。

　　大众传媒的两种身份在多数情况下方向是一致的。这主要是因为，在我国，意识形态的根本点在于国家的政治生活坚持用马克思主义作为根本指导思想，坚持以"为人民服务"为最高宗旨。坚持根本指导思想，体现最高宗旨，是人民群众根本利益之所在，并且已经成为社会机构和个人的思想行为准则。这种观念在传媒的办报、办台宗旨之中得到体现。它贯彻到传媒的办报、办台实践中，就要以服务受众、满足受众的需要为自己的最高追求。而在传媒市场上，受众也就是消费者或用户。传媒拥有受众也就占有了市场，也就能从广告主那里得到丰厚的广告收入。从本质上说，这是市场和受众对于新闻传媒的回报。因此，从理论上讲，坚持意识形态属性最好的新闻传媒，也完全可以在按传媒的产业属性运作方面做得颇为出色，也完全可以很好地占有市场,取得很好的经济效益。统计数据显示,2000年,广州日报报业集团上缴国家税收2.75亿,是广州市的第二利税大户,并成为广州国税十强之一。① 作为党报,《广州日报》在坚持中国共产党所要求的意识形态内容方面无疑有着比一般报纸更高、更严格的标准。尽管如此,它仍然占有了当地报业市场上的相当大的份额,取得了较为出色的经营业绩。湖南电广传媒与《成都商报》同样也取得了极大的成功,但这种成功同样也是在坚持传媒的双重属性与身份原则下所取得的。将电广传媒推向资本市场的湖南电广传媒巨头魏文彬就认同传媒有两大属性,他所指的一是政治属性,强调舆论导向是根本,提出新闻是金不换,任何时候新闻不上市;二是产业性,提出宣传功能与产业功能可以分离,媒体的广告经营、信息传输、影视节目的制作可以从新闻宣传中剥离出来,可以非常规范地运作上市。《成都商报》的社长何华章也持相同的观点,他认为报纸与报业在操办过程中完全可以分离,广告、印务、发行投递可以从报社中剥离出去。这些理念支持着他们将自己的媒体带进了资本市场,而成功的资本运作,也帮助他们经营的媒体一飞冲天。《成都商报》以前只不过是一份内刊,1995年8月兼并了一家报纸后才改为公开发行,由于机制灵活、经营有方,发行量攀升到40多万份,到1999年的时候,收入已经达到了2亿多。湖南电广传媒的发展也是有目共睹,现在已经成为地方媒体的龙头。

但毋庸置疑,传媒的两种身份必定也有冲突或矛盾的地方。从我国的现实情况来看,传媒的事业性质,它代表了党和人民的利益,这要求它必须不受任何经济利益的影响,它必须坚持社会主义意识形态,丝毫不屈服于市场的压力,不为市场的某些导向所动;而新闻传媒所具有的企业的性质,决定了它必然在法律和道德允许的范围内追求经济利益的最大化。两种属性与身份有时必然也会处于矛盾之中。

其一,传媒受行政力量的干预。一般来说,行政力量对传媒提出要求,对传媒的工作进行指导,这是完全正常的,也并不属于不恰当

---

① 刘飚:《展望入世后的报业产业——由广东报业的近期发展谈起》,《新闻记者》,2001年第11期。

的干预。特别是对党报，行政力量的干预更是如此，这是由它的性质所决定的。党政的力量帮助党报形成了很高的权威性、立足点和可信度。但是，党政力量的干预，也限制了党报的市场化程度。所统计，1999 年，全国省级党报在各省人均最高拥有量除三个直辖市每千人不足 45 份（北京：25.5 份，上海：32.2 份 天津：43.6 份）外，其余绝大多数省份，每千人拥有量不足 10 份，其中还有六个省份每千人拥有量还不到 4 份。新闻传媒的主管部门及其工作人员，长期以来习惯于将传媒当作党和政府工作机构进行管理，管理的方式多为行政指挥和干预。在经济体制转变以后，主管部门对新闻传媒的管理并没有进行与此相适应的大幅度调整。主管部门在按传媒的意识形态属性对它下达指令的时候，还很少考虑到传媒的产业属性，很少考虑到来自市场的要求。在某些情况下，左右传媒的甚至是长官意志的因素。这时，新闻传媒的两种身份之间的矛盾就会显得非常突出。有人曾经指出："我国传媒机构迄今为止基本上按事业的方式进行管理，还没有完全走上企业发展的道路。开放后的竞争已经市场化了，而我们的传媒仍以某些非市场的行为进入市场，那显然是不适应的。企业的生产经营活动，难以用行政的方式进行控制和管理。我们既然要把报业推向市场，使之进入产业发展阶段，那就必然要有相应的政策调整给予支持。搞市场经济，进行市场运作先要确定市场的主体。报社就是报业市场中的主体，只有当它完全经济独立时，它才敢也才有权在市场上作出进退决策，才能适应复杂激烈的市场竞争并发展自己。"[①]

其二，传媒的产业属性及其所赋予的经济创收者身份被错误理解。传媒的产业属性，是传媒可以在一定范围内经营的一种依据。这里所说的，是一定范围内可以而且应该经营，但是不能理解为整个传媒在所有时间和所有空间之中都可以经营。对新闻传媒产业属性的一种错误理解是，把报纸版面和广播电视的节目时段，都作为资源加以经营，实行完全的市场导向。这就会造成负面的社会影响，就会和新闻传媒

---

① 刘飚：《展望入世后的报业产业——由广东报业的近期发展谈起》，《新闻记者》，2001 年第 11 期。

的意识形态属性相抵触。对传媒的产业属性的另一种错误理解是，传媒的产业属性决定它的一切，因而传媒的意识形态属性必须服从于它的产业属性。这势必导致传媒把自身的经济效益凌驾于社会的整体效益之上，并呈现出一种"市场原教旨主义"倾向。

传媒市场化进程的各种弊端已引起了全社会的关注与反思，现在，各个国家的决策者及社会的意识日趋达成这样一种共识，即所有媒介企业不是商业性组织。商业性组织的每个决策都是为了利润最大化。然而人们对这种传统的企业理论却存有质疑：传统的企业理论假定了所有企业行为相同，而不考虑它们规模和组织结构的差异。实际上，企业的制度结构对其行为有至关重要的影响。虽然说媒介企业中有默多克的新闻集团这样的所有者和管理者合一的公司，但是大部分还是公共有限公司（PLC），这种公司的所有者与管理者是分离的。在这种情况下，将经营活动纯粹看成是追求利润过于原始而简单。因为，有的企业还有其他的动机，如媒介企业，它们还必须追求公共和政治的影响。因此，有必要在传媒的市场化进程持理性的态度与立场。

2. 大众传媒传播理念变迁

中国的大众传媒自走上市场经济的轨道后，传播理念也发生了相应的变化。在传统传播体制下，受众是被当作社会主义社会的公民来对待的，而在市场化的体制中，受众的身份却变成了市场经济体制下的信息消费者。别以为公民和消费者只是概念的不同，实质上，在这两个不同概念的背后，是两种不同的选择与喜好倾向、两种不同的审美情趣、两种不同的传播理念。

在现代社会，公民不仅是一个法律上的术语，它更是现代民主政治的产物，是基于维护个人权利和人民主权原则的现代宪政体系中的核心概念。从西方媒介研究及其发展的进程来看，把"公民"概念引入媒介受众观（无论是自觉还是不自觉地），即把受众当作公民以维护公民权为媒介责任和运营基础，是现代民主政治发展和市场经济内在运作机制在媒介观上的折射和反映。在西方媒介史上把受众当作公民，在媒介运作模式上最有代表性的是欧美各国中的公共广播电视业，在法律上则突出表现为现代知情权（知晓权）在观念上的提出和法律上的确认，在理论上集中体现为社会责任论的出现。

对广播电视业的公众性坚持是西方国家把受众定位为公民的最显明表现。在广播电视诞生之初，人们普遍认为电波频率是一种很稀缺的自然资源，因而广播频道就具有公共资源属性，不能私有，广播电视事业也就不同于印刷媒介，成为承担公共义务的特殊许可性事业。国家、政府为维护公众利益，有义务、有权力对之实行相应严格的管理，甚至直接建立国有或公有的广播电视业以确保公众利益、公民权利在广电传播中的保障和实现。这一点在以英国广播公司（BBC）、加拿大广播公司（CBC）以及日本广播协会（NHK）这类西方公共广播机构中表现得至为明显。加拿大广播公司经理比尔·米尼曾在一次演讲中阐述公共广播电视业的建立"是为了给我们最好的创造者和执行者提供一个表达他们自己的机会，同时也是为了允许加拿大公民接近最优秀的创造、最优秀的思想观念、最优秀的传统和理念价值。在此，我们将讨论戏剧、文学、音乐、舞蹈、科学、技术、经济以及事务和政治事务……"① 正是这种理念使广播电视业特别是公共广播电视业避免了商业化媒介追求信息刺激、扩充消费的赢利观，把受众当作公民而不是消费者，以服务于公众利益为宗旨，并以此作为自己的节目编辑方针，以严肃、健康的新闻时事、社会教育为主，兼顾娱乐，减少避免庸俗和低级趣味的不良影响。要加以说明的是，20世纪80年代以后，西方国家的广电传播业在经历了一场声势浩大的新闻业改革以后，也逐渐市场化并不可避免地商业化了，这一点在前文已有所论及，于此不再赘述。

知情权概念的提出及其在法律上的确认从另一个方面体现了受众在媒介中的公民定位。知情权（又称知晓权、获知权）是指公民获取有关社会公共领域信息或本人相关的个人信息的权利。在新闻传播领域，特指受众通过媒介获取信息，特别是公共生活信息的权利。随着

---

① 转引自维护德·D. 罗兰德、米奇尔·德端宪：《公共广播电视面临世界挑战》，《国际新闻界》，1990年第4期。

现代民主社会的发展进程深入，人们深刻地意识到没有知情权作为基础，人民的民主权利和正常的社会民主生活都会成为空谈，特别是公民权利中的政治权利。如果不"知"，也就无从表达，无法参与，批评、建议乃至选举权都会成为无源之水，知的权利应是公民一项基本人权。知晓权也是媒介新闻自由和公民言论自由的基础，基于这种认识，知情权概念开始普及，并越来越多地体现在法律中。人们逐渐认识到知情权不是媒介特权而是人民的权利，受众作为公民，拥有通过媒介了解公共信息的权利。从这里可以看出，知情权实质在于维护公民权，当媒介强调知情权时，实质上就是在声明它把受众定位于公民而不是消费者或是其他。

社会责任论是西方媒介观对此前盛行的自由主义报刊理论所做的严肃的大范围修正。当时，面对日益集中垄断的媒介（报刊）市场，对利润无休止的追逐、煽情新闻、黄色新闻的泛滥、新闻道德的滑落等种种传媒弊端，社会责任论重新思索了关于新闻自由的内涵，提出了一系列限定报刊滥用自由、保护公众权利的主张。实际上，社会责任论的始倡者已经意识到了媒介某种内在的特殊的"公共"性和它与公民之间利益的一致与冲突。正是基于这种意识，他们主张报刊自由应以不损害公民（公众）正当自由为限，提倡保护媒介自由是基于保护公民权利包括获取新闻的权利等。换句话说，当媒介把受众定位为公民时，它本然地赋予自己以一种责任理念，具体表现在新闻信息的选择与新闻价值的判定上：在受众即公民的责任理念中，信息选择及信息价值的判断既来源于受众喜好，同时更来源于有社会责任感的传媒从业者从公民这种受众观出发的精英意识及其对信息价值的定义。也就是说，在这种理念下，新闻价值的评判权并没有完全交付给受众，而是在相当程度上由作为传者的新闻从业者来定义的。由于新闻理念将新闻报道作为一种社会责任，强调最大限度地向大多数市民提供信息，使其在条件允许的情况下尽可能地了解周围的环境，这就最大限度地确保了新闻的严肃性、新闻事业的责任感。

而在市场化的传播理念中，传媒的市场理念把受众定位于消费者而不是传统传播理念中的公民。在这里，媒介机构被完全等同于经济体制中的生产商，而受众则被理解为消费这一生产商制作的商品的"市场"。这时的媒介从呼吁和实践保障公民权利转向高扬"消费者"至上的旗帜，以消费者权益取代公民权利作为媒介市场体系的基础。这种观念变化对传媒的编辑方针、操作方法、运营模式等都产生了整体性的冲击。对于市场化模式下商业性或具有商业化倾向的媒介来说，广告与市场是主宰，而标志着受众群量的指标的发行量与收视率等则成了传媒的生命线。顺着这一逻辑往更深处演绎，则是企业的利益最大化原则转化为现实层面的对受众群的追逐。而媒介产品生产和销售也不可避免地执行市场经济商品的大数原则和通用原则，即什么商品最好销，消费群最大，就生产什么。而不是像对待公民那样，基于公众利益，照顾少数人的兴趣和观点。由于消费者决策的内在驱动力是对于快乐的追求，因此，最有价值的媒介产品也就被解读为能最大程度地满足个体追求快乐的欲望。与之相关的是，受市场逻辑的影响，传媒在传播信息的选择上，完全由市场价值作为确定信息价值的标准，也就是说实际赢利的多少成了传媒信息价值大小的标准。由于，市场理念中的受众是被定位于消费者，在这种定位理念中，传媒对受众的关注，主要集中于与消费行为相关的统计学属性，如受众的收入水平、性别、年龄、教育程度等方面，而对于受众的其他社会特性则不予关心，或不特别关心。这就把复杂的传播关系简化为纯粹的商品买卖关系。这种买卖关系在很大限度上决定了传媒信息传播选择与制作过程中信息价值的判定标准只能由受众（作为消费者的受众欲求）掌握。因为，他们就是传媒市场。现在的情况是，由于传媒在市场化进程中片面地追求视听率，"多数法则"被奉为至尊，所谓"多数法则"，即是指不管什么内容，只要能吸引最大量的受众，能迎合后者原有的欣赏趣味，就是要提倡的内容。众所周知，艺术趣味不高的人远远多于趣味高雅的人，简单粗俗的"多数法则"虽然提升了媒介的市场视听率，但同时也不可避免地降低了媒介的文化品味，使大众传播媒介成为充斥"大众文化"是娱乐机器，媒介应有的新闻报道、文化教育和趣味培养的功能则逐渐减弱。

按照传媒市场理念的准则，新闻选择和制作还必然会出现这样的局面，即制作成本高的新闻处于不利地位，吸引目标受众广度低的新闻也同样处于不利地位，揭露利益攸关者的新闻也会处于不利地位。相对而言，硬新闻的制作成本往往比软新闻要高；由于硬新闻涉及人们切身利益，并且调查性报道也是硬新闻的组织部分，硬新闻也比软新闻更容易触犯利益攸关者。从这两方面来看，硬新闻是相对于软新闻处于劣势的。这也是为什么当前大众传媒中软新闻能成功地挤占严肃的硬新闻性内容在媒介中的位置。正是在这个过程中，传媒作为社会公器的社会责任问题则被搁置，至少是被置于重要性低于市场价值的地位，部分传媒逐渐丧失了道义评判能力及社会责任感，从这个角度来看，在市场机制下，传媒因社会责任而广受批评又有着普遍必然性。

由此可以看出，用消费者权益取代公民权利是危险的：消费者尽管也享有商品知情权、商品选择权等权益，但它和公民在国家政治、经济和社会领域内享有和行使的政治权利、经济权利和社会权利相比，无论从内涵还是从范围上都不可同日而语，这种变化实质上缩小了受众应享的公民权的范围。另外，对市场化中的传媒我们也应当有清醒的认识：虽然说传媒的市场化为媒介提供了更为广阔的发展空间，但大众传播过程毕竟不只是单纯的商品交换过程，大众传媒也同样不能等同于物质商品的生产性企业。受众对精神文化产品的消费过程与物质产品的消费过程也不完全一样。

第三节 传媒集团化及其伦理维度

市场化、商业化及随之而来的市场竞争必然结果就是传媒走向集团化。在市场竞争中，这是一种必要，也是一种必然，中外传媒发展历程都已经证明这个规律，但传媒集团化进程凸显出的一系列伦理问题也值得我们关注。

1. 西方国家传媒集团化简况

西方国家的传媒集团化最早可以追溯到19世纪30年代，早在那个时候，英美报业就开始产业化进程，而产业化就意味着资产重组，资产重组则为集团化创造了条件。以此为起点，西方世界的传媒集团化经历了两个阶段：

第一阶段是19世纪末至20世纪80年代，这个阶段以报业集团化为主要特征。19世纪末，美国和英国的报业就开始集团化，两国分别出现了最早的集团报业主斯克利普斯和北岩勋爵。此后到20世纪40年代，美国、英国、澳大利亚、加拿大以及魏玛政权时代的德国等掀起了报业集团化的高潮，并引发了西方报业世界的激烈竞争。在美国当时的报业中，十大报业垄断集团控制了60%的报纸、80%的发行量。而英国在1921—1937年间，全国性晨报的总销量增加了3倍，但报纸数量却减少了25%，日报也由158种减少到123种。

第二个阶段，从20世纪80年代开始，跨国知识产业集团逐渐主导世界市场，新闻传播业作为知识经济的一类，开始了新一轮的集团化，这个阶段的集团化不再局限于报业集团化，而是覆盖了报业、广播、电视、网络印刷出版等领域，其业务甚至扩展到了传媒以外的电信、环保、公共事业等领域。这个阶段的集团化不同于第一阶段的集团化，第一阶段的集团化主要体现在集团对报纸的收购，而这个阶段则主要体现在集团间的收购与兼并，这也使得传媒集团的规模越来越大，2002年，美国在线—时代华纳公司一年的营业收入就高达382.34亿美元；而法国的维旺迪环球集团一年的营业收入更是高达513.657亿美元；德国的贝斯塔曼集团也有178.869亿美元。① 这公司都进入了财富全球500强。

2. 我国传媒集团化

随着我国经济体制向市场经济体制的转轨及新闻媒介产业性质的

---

① 支庭荣：《西方媒介产业化历史研究》，广东人民出版社，2004年版，第223页。

媒介载道
——传媒伦理研究

确定,新闻媒介在逐步突破原有计划经济体制的重重壁垒的情况下,开始走向市场化、产业化的道路。竞争因此就成了当前中国传媒业改革与发展的主旋律。而根据市场经济自身的发展规律,竞争必然产生垄断——即从自由竞争走向垄断竞争是市场作用的必然结果。我国当前传媒集团化的运营模式又一次印证了这一规律。我国当代传媒集团化过程最早可追溯到1994年在杭州召开的首次关于报纸集团化问题的研讨会——当时会议的主要成果有两个:一是在中国第一次提出组建报业集团的思想;二是探讨并初步提出了组建集团的条件。1996年1月,中国第一个报业集团——广州日报报业集团正式挂牌,成为经国家新闻出版署正式批准的国内第一个报业集团。此后,《经济日报》、《光明日报》、《中国经营报》、《北京青年报》、《解放日报》、《新民晚报》、《湖北日报》、《长江日报》、《广西日报》、《重庆日报》、《哈尔滨日报》等数十家报社相继成立报业集团。深圳特区报业集团甚至还和深圳商报报业集团合并,于2002年9月30日成立了下辖8报4刊的深圳报业集团。与报业集团纷纷上马相似,广电集团化的步伐也是快马加鞭。1999年6月,无锡将有线和无线两家电视台合并,并将下边的宜兴、江阴和锡山三市和郊区的电视台进行整合,成立了全国第一家广电集团。此后,广电集团化便呈现出如火如荼的势头。2000年国家广电总局颁布《关于加强广播电视有线网络建设管理意见》(简称82号文件),到2001年6月30日止,有线台和无线台两台合并必须完成。2001年12月6日,中国广播影视集团诞生,这一集团涵盖了中央电视台、中央人民广播电台、中国国际广播电台、中国电影集团公司、中国广播电视有限责任公司、中国广播电视互联网站,以及若干所科研院所、艺术团体、新闻出版、企业公司等,"其固定资产将超过200亿元,年收入将超过百亿元",成为名符其实的中国"传媒航母"。此外还有一些虽然没有获得正式批准,但事实上已经在按照集团模式在运作的媒介机构,如《成都商报》除了在成都建有自己的大本营外,还在外省建立了分支机构,甚至已经独自创办或同其他媒介联办了新的报纸,这种跨区域的经营已经有了现代媒介集团的意思。从当前的趋势来看，我国的传媒集团化还只是个开始，更深入、全面的集团化运动即将在不久的将来全面展开。

不难看出，当前我国传媒产业化及集团化的内动力乃市场经济的内在机制。事实上，早在上个世纪初，我国就已经出现过以产业化方式经营报纸且获得一定成效的报人，《申报》的史量才、《大公报》的吴鼎昌等即是，他们在报业的产业化方面做出了有益的探索。但由于种种原因，他们的运营方式并没有成为当时中国传媒业的主流运营模式。直到我国改革开放政策推行以后的上个世纪 90 年代中期以后，这种产业化及集团化的运营模式才被普遍认可。这一方面是西方发达国家传媒业运营模式的影响，但更深层的原因则在于市场机制的作用——市场化决定了各大传媒市场必然是在激烈的竞争中寻求其经济效益，而激烈的竞争又必然导致追求规模效益的集团化运营模式的产生。上世纪初的产业化尝试之所以没有最终成为当时的主流，一个很重要的原因就在于我国当时并没有明确的市场经济的概念且报业也并没有普遍实行市场化运营模式。也正是在这层意义上，我们说随着传媒产业性质的确定，我国传媒产业化方向已不可逆转，传媒业走向市场参与竞争并最终实现集团化运营模式亦不可避免。

3. 传媒集团化的伦理维度

不可否认的是，传媒集团化对调动各媒体体制改革的积极性，科学合理地配置媒体的自身资源及利用媒体可调动的社会资源等方面都发挥了重要作用。这与传媒集团化的初衷也是相符的——根据 1999 年 9 月，中办和国办下发的《关于调整报刊结构的通知》，以及 1999 年发布的信息产业部、国家广播电影电视总局颁布的 82 号文件、2001 年所发布的《中共中央宣传部、国家广电总局、新闻出版总署关于深化新闻出版广播影视业改革的若干意见》（简称的 17 号文件）和 2003 年下发的 19 号文件等文件的精神，我国传媒集团化的主要是为了尽快将我国的媒介"做大做强"，以解决当前传媒发展中的几个主要问题：即第一，长期以来媒介单纯依赖国家财政的问题；第二，通过"盘活存量资产"、"优化资源配置"，实现传媒的规模发展及其效益，以期在国际级的媒介集团抗争中赢得应有的席位；第三，解决近年来媒介发展中因管理不善出现的"散"、"滥"等问题。从现在的情况来看，传媒集团化在这些方面都取得了一定的成效。

然而，在传媒集团化热火朝天的表象下，传媒也面临着一系列的伦理难题。

首先，是竞争与发展的悖论。当代中国的传媒集团化是在实行市场化、产业化以后的市场竞争之压力下的产物——正如前文所言，竞争必然会导向垄断，即由自由竞争走向垄断竞争；另一方面，传媒集团化进一步加强了各大媒体间竞争的激烈程度。竞争，从其本义上讲，是有利于发展的：它将促进传媒在结构、传播内容乃至传播理念、管理模式与制度规范等一系列的改进，并进而完善我国的传媒市场。但当前的实际情况却是，各大传媒集团之间迫于注意力经济①的压力，竞争的焦点成了如何吸引公众的注意力。在大众文化日益风行的今天，这种一味迎合大众趣味的姿态使得传媒间的竞争陷入到了一种极为庸俗的竞争之中。这主要体现在当前传媒娱乐化的潮流中，各大媒体为了争夺市场，吸引公众注意力，纷纷推出娱乐节目，其数量之多，投入之大及其节目档次之低下都足以让人"叹而止观"。这种庸俗化的竞争所造成的问题是严重的：其一，各大媒体为市场计，都不惜成本上娱乐节目，但受自身制作水平及大众文化的社会环境影响，各大媒体间相互模仿甚至照搬者不在少数，这所导致了大量节目的"雷同"：如智力抢答型节目就有央视的开心辞典、幸运52、湖南都市的超级英雄及其他省市的许多类似的节目；几乎每个省台都有自己的周末娱乐频道，其内容也大同小异。从理论上讲，传媒集团化应该是可以整合传

---

① 所谓注意力经济，是指在现代社会中，人们所受的资讯压力已经超过了人们注意力的负荷，引发了"注意力匮乏"的问题。而当资讯的供给超过需要（个人所能消化），注意力就会下降。因此，面对排山倒海而来的资讯（来自网络、电视、广告、报纸、杂志等），一个人的注意力就立刻变成了稀有而珍贵的资源。而注意力经济就是研究如何支配一个人的注意力、如何防止注意力的涣散、如何吸引注意力、如何使注意力发挥最大效益等课题。就传媒而言，他们现在的市场竞争的焦点也就是如何吸引公众的注意力，以提高其收视率并进而获取更多的广告与社会支持，其最终的目的是经济效益与社会效益的双赢，如果不能达到这一目标，则先取经济效益。

媒资源，但现实却是集团化并没有真正实现传媒间优化资源配置的目的，倒是低质化、重复的频道与节目所导致的恶性竞争让这一目标变得更加遥远。其二，由于一味迎合受众的庸俗要求，吸引公众注意力的重心又被理解为娱乐公众，把如何娱乐公众作为其媒介运营的焦点，这势必使媒介议程受到公众偏好的影响，即其所报道的内容会尽量趋于公众兴趣所指。传媒作为社会监督、社会教育及信息把关人的角色及其功能被忽略了；而当各大媒介抱着刺激公众兴趣的目的来选择新闻报道的内容及节目播出的方式时，其内容选择的价值标准也将因为要满足普通公众的世俗要求而降低，这也是众多娱乐节目被人们讥为"愚乐节目"的原因。

其次，传媒在集团化进程中所面临的另一个伦理难题是如何有效处理好经济效益与社会责任的关系问题。当前我国的传媒集团化是产业化与市场化的必然，与之相关的问题则是：传媒进入市场以后，其运营也必须按市场规律，否则，传媒就将无法在市场经济的条件下生存，更遑论发展。而市场经济是以追求经济效益为最终目的，在这个过程中，竞争只是手段，垄断只是形式，效益才是最为根本的——集团化的传媒中，作为传媒集团的经理们对挣钱和控股比对或公众服务更感兴趣。从媒介经济学的意义来讲，人们用商业化来表示当前大众传媒目标转变的过程：商业化使得媒介机构不再将注意力主要集中在它们的产品（即内容）或者产品假定的社会功能上，而是集中要甚在产品的商业回报上。作为市场化的必然，追求经济效益本是无可厚非的，但如果把经济效益的计算置于首位乃至唯一的运营目标时，传媒作为社会公器的社会责任虑计必然会被削弱。施拉姆认为，"根本而言，应当是竭尽所能提供素质最高的成品。他应该留意到阅听人需求与兴趣的深度与广度；维护意见的自由市场与以真理为鹄的一种自我矫治过程，即令于媒体的所有权日益集中时，还是如此。他应主动以负责任的态度来处理自己的成品。"这种责任，"可在下列两种形态的行动中实现：其一为自律制度，也制定行为守则或规范，建立执行机构。并规定对违犯者的惩处方式。另一为教育，提高从业人员的素质，实行自我批评，制定工作标准，对后面一类的事情，沿找不到较好的字眼，姑称之为专业精神。"① 而现实却是，媒体有些表现已在戕害人们（特别是年轻人）的德性，助长罪恶。这显然是有悖于传媒社会责任要求的。

　　再次，当前传媒集团化进程中最受关注的问题是，传媒集团对媒介的操纵使媒介的独立受到极大的威胁。西方媒介一直号称是国家政治生活中的第四种权力，但市场对这种权力构成了极大威胁，广告商、节目赞助人成了左右媒介报道内容的关键因素，出于利益的考虑，这能够控制媒介报道内容的个人或集团自然会对投其所好的新闻突出处理，而对其不利的报道则予以意封杀。在这种情况下，媒介很难谈的上有独立性。少数人控制传媒这件事实本身，使传媒的老板和经理掌握着新的令人不安的权力。报刊不再像密尔和杰弗逊所论述的那样容易成为思想的自由市场。正如新闻自由委员会所说的："现在，仅仅是反对政府的干涉，并不足以保证一个人要说什么就有机会去说。报刊的老板和经理决定着哪些人哪些事以及这些事实的哪一种说法可以向大众公开。"美国公共电视台（PBS）就是一个很好的例子，公共电视台因国会削减经费而减少了政治批评节目，同时也由于对赞助商的依赖而削减了对商业集团的监督性内容，该台甚至因为大量接受石油商的赞助而被冠以"石油广播公司"的别名。这种浪潮甚至泛滥到儿童节目领域，在美国的在一些儿童节目领域，因为广告时限的取消，出现了玩具商制作的全广告卡通版大行其道的现象。在这里，传媒实质上已经成为资本（控制媒介的资本，亦称媒介资本）的代言人，作为资本的代言人，传媒在传播信息的选材、内容及报道方式上都受资本左右。这种情况导致极为严重的消极影响。其一，限制了观点的多元化和受众所能接受的文化和信息的质量。一些研究表明，在美国总统选举中，同一集团中，有超过85%的报纸在报道言论上倾向于同一个候选人。信息多元化被限制还表现在对受众话语权的剥夺上，在几近

---

① 韦尔伯·施拉姆：《大众传媒事业的责任》，台湾远流出版公司，1992 转引自张国良：《20 世纪传播学经典文本》，复旦大学出版社，2003 年版，第 287 页。

第五章
体制之痛——传媒市场化、集团化的伦理考察

垄断的条件下，与传媒集团利益不一致的声音往往会遭到压制而不能发表。但在这种情况下，受众们并没有太多的选择，因为媒介在集团化中越来越大，数量越来越少，于是，媒介产生的不同声音也越来越少。其二，集团化日益趋向于垄断，这严重影响了传媒的多样化。传媒多样化的解体也意味着传媒自由的解体，因为，自由市场是以多样化为基础的，而传媒多样化的动摇则意味着传媒自由市场的解体，传媒自由主义理论在实践上就此走向没落。

现在，在经历了传媒集团化一阵又一阵的潮起潮落之后，人们日渐认识到，传媒集团并不一定就是越大越好。事实上，传媒集团化进程中一度是最大的两个集团的经历足以说明这个问题。法国的维旺迪环球集团的前身是法国通用水务公司（以下简称CGE）。20世纪80年代，CGE开始涉足国际传媒娱乐业，在让－玛利·梅西耶入主该集团以后，集团被迅速改组为巨型跨国传媒集团，并于1998年改名为维旺迪[①]，公司在随后几年完成了几笔大型的收购与兼并，一度排名世界传媒业第二（仅次于美国在线—时代华纳公司），但2003年以后，维旺迪公司迅速没落，梅西耶最后也不得不辞职谢罪。以"世纪收购"则名闻天下的美国在线—时代华纳的联姻也好不好那里去。在最初两个公司宣布合并时，许多人都相信全球最大的门户网站与传统出版业巨头的合并会彻底改变媒体业的格局，但事实上，这个世界上最大的集网络服务、出版、电视和娱乐于一体的跨媒体王国的运营情况实在是让有大失所望：2001年公司收入增幅仅为5%，远低于30%的预期目标。到了2002年，公司股价走低，从合并初57—58美元一路狂跌至14—15美元，公司的市值也由合并初的2900亿美元缩水至890亿美元，缩水幅度高达71%。公司在2002年第一季度的亏损更是高达542亿美元，创下了美国历史上季度亏损的最高纪录。以至于后来的许多分析师甚至认为，如果现在将美国在线—时代华纳重新进行分拆，其各块业务的市场价值总和将远远大于现在。有鉴于此，西方许多国家

[①] 维旺迪辞源于拉丁语modusvivendi，意为生活方式，CGE取其名有引导生活潮流的意思。

在整体一直保持着对传媒集团化的理性态度，英国早在 1996 年就通过相关法律，以限制传媒集团的规模与数量。即便是美国，也对报团在拥有的报纸数量一直有限制，并且对传媒集团的跨行业收购和兼并也有制约，谢尔曼法案甚至还对非美国公民在美国拥有传媒的数量也设置了障碍；法国和北欧的一些国家，政府为了扶持传媒竞争，对一些在市场竞争中处于下风的严肃传媒给予财政补贴，但是他们声称此举不是为了保护落后，他们要保持的是良性竞争，一方面是为了维护文化传统，另一方面也是要保持大众传媒的公共服务色彩。对于我国的传媒集团来说，西方国家的这种对待传媒集团化的态度及相关措施都极具借鉴意义。

第六章
无根的后现代性——当代中国传媒后现代化及其伦理困境

"后现代"无疑是当下最为时髦的哲学话语了,后现代、后现代主义、后现代性等相关的讨论与译介也是当下最受关注的学术现象。虽然人们对当代中国是否有自己的后现代思潮及中国社会是否已经有了某些现代化的特点上尚存有争疑,但在认为当代中国传媒已然呈现出某些后现代化特征上却持一致认同的态度。

第一节 媒介与后现代性

1. 关于后现代性

"后现代"一词最早是由英国画家查普曼在 1870 年举行其个人画展时提出来的,他当时提"后现代油画"的口号,以表示超越当时的"前卫"画派——法国的印象派——的一种批判和创造精神;1934 年西班牙诗人菲德里柯·德·奥尼期在《美洲西班牙语系西班牙诗人文集》一书也使用了"后现代"一词。在这里,他明确地用这一概念来表示从 1905 年到 1914 所出现的欧洲文化。而哈桑把诗人及其后来一段时间的"后现代主义"理解为"隐含的现代主义的一个小小的反动。"在此后的一段时间里,人们大多把后现代主义理解为一种文学艺术的先锋姿态;20 世纪 60 年代以后,后现代主义开始向全世界蔓延,并开始走出狭窄的文学墙围，成为一种广泛的文化思潮，詹姆逊把这个时期的后现代主义解读为"晚期资本主义的文化逻辑"，这种解读也得到了较为广泛的认同；1979 年，法国哲学家利奥塔在《后现代状态》一书中，把后现代主义与知识批判和反基础主义认同起来，这标志着后现代主义正式进入到了哲学论坛的前台。80 年代以来由福柯、哈贝马斯、利奥塔等哲学巨匠发起的有关"什么是启蒙?"以及"现代性"与"后现代性"的大讨论，则将后现代主义的其他理论方面也拓展了出来。① 高宣扬指出，正是从 1979 到 1989 的 10 年间，后现代主义以其创造性和批判性相结合的精神，不仅在人文社会科学各学科中迅速传布，而且也渗透到社会文化生活的各个领域，甚至影响到本文日常生活方式及其品味风格。②

关于"后现代"之"后"，人们大多作两种解释，一种解释是把"后"作历史范畴的"时代化"解读，认为后现代主义是一个历时态意义的分期概念；有学者在讨论中，就把"后现代主义"解读为"现代主义之后"的文化阶段，认为它是西方工业社会之后的"后工业社会"的文化形态，并把后现代主义看成是现代主义发展的结果。丹尼尔·贝尔在《资本主义文化矛盾》中认为，后现代主义是后工业社会的社会精神，是现代主义发展到极端的文化状况；利奥塔在《后现代状况：知识的报告》中也认为，后现代是现代主义发展历史上的一个阶段；詹姆逊依据基本社会发展和文化发展的相关性认为，资本主义在其发展过程中经历了市场资本主义、垄断资本主义、晚期资本主义三个基本阶段，相对于这三个历史阶段，资本主义文化经历了现实主义、现代主义和后现代主义这三个阶段。

---

① 也有学者的考证不一样，如米歇尔·昆勒在《后现代主义：一个概念史的考察》（载《美国研究》1977 年第 1 期）中的考证，以及其他一些学者（加 G. 霍夫曼、M. A. 罗斯）的考证，认为"后现代文义"一词最早是出现于 934 年出版的菲德里柯·德·奥尼期的《1882—1923 年西班牙、拉美诗选》中，在该书中，"后现代主义"是用来描述现代主义内部发生的逆动。而在哲学的维度中，有人则将所有拒斥现代逻辑实证主义的后实证主义思想家都称之为"后现代的"，这样，后现代的先驱就追溯到了尼采和海德格尔。本书不介入后现代之源起这一问题的争论中去，而只讨论后现代本身的文化意义。

② 高宣扬：《后现代论》，中国人民大学出版社，2005 年版，前言。

然而，作为文化分期的意义并不是后现代主义的主要内涵，事实上，真正的后现代主义者本身是拒斥这种传统的历史时期划分法的。从更深层的意义上理解，后现代主义实乃指涉当代西方的基本文化精神中的文化主导因素。理论家们在界定后现代主义时，并不简单地论述某一种文化形式或描述当代西方文化状况，而是从深层次发掘当代西方文化总体状况、基本特征。哈桑认为后现代主义代表着当代西方文化中相互联系的文化倾向、价值观或文化态度，其中"不确定性"和"内在性"是其核心；詹姆逊也明确指出，后现代主义是作为文化主因而存在的，它是晚期资本主义的文化逻辑，它和各种"终结"的感觉、和某种彻底断裂的假设相关。利奥塔在界定后现代主义时，从当代西方文化、知识的总体状况着眼，认为知识合法性危机是后现代的总体特征，文化发展上的相对主义、怀疑论、去中心是后现代的根本，他说："我将后现代定义为针对元叙事的怀疑态度。"[①] 总之，后现代主义理论大师在界定后现代主义时，主要从当代西方文化的主导精神角度论述，把它理解为一种文化状态、文化模式、文化主导因素。在哲学的维度上，后现代哲学家们也同样不在历史范畴的"时代化"意义上来解读"后现代"，在他们看来，与其说"后现代"是一个时代，倒不如说它是一种思维方式、价值立场或态度——一种不同于现代的思维方式与价值立场，以及一种反现代的态度。人们一般认为，作为当代西方文化精神的概括，后现代主义具体表现为当代西方文化的非中心性、平面性、无深度性、复制性、大众性等文化特征上。

  非中心性是后现代理论家谈到后现代主义时讲得最多的一个问题，它意指后现代文化打破了西方传统文化的中心价值观和理想模式，呈现出中心消散、反权威、没有绝对支点、零乱性的状况。贝尔从当代西方文化形式的角度指出，缺乏中心的文化多元性和相对主义是后现代文化的基本状况，各种主义或文化思潮不断产生，但又迅速成为明日黄花为新的主义或思潮所代替，后现代主义文化追求完全的放纵、

---

① 转引自王岳川、尚水编：《后现代主义文化与美学》，北京大学出版社，1992年版，第26页。

自由、宽容，从而充满了不确定性和随意性。哈贝马斯认为，启蒙运动以来，西方文化一直是对主体性的弘扬、对自由精神的追求、对整体性的完善，把理性视为哲学、文化的核心，以求为真理提供根本标准和最终根据，但是作为反现代性的后现代文化打破了这种传统，明显地显示出主体性丧失、同一性解体、整体性消解、中心消散等。正因为如此，长期坚持启蒙精神和合理性理想的哈贝马斯对后现代文化状况持以坚决反对的态度。利奥塔直接指出，后现代的核心就是"去中心"，它旨在追求一种消解同一性的真正宽容、多元、自私都行的文化价值观和态度，这种文化的意义就是解元话语、解元叙事、不满权威和现状、不断地进行否定和怀疑。墨菲认为，后现代主义的主旨就是拒绝真理和秩序的绝对支点，拒绝绝对中心，"从根本上说，后现代主义是反二元论的，简言之，不再假定有一个绝对支点可以用来使真理和秩序合法化。"[1]

　　平面性和无深度性作为后现代主义文化精神的另一根本体现，受到后现代主义理论家的广泛重视。它意味着后现代主义文化取消了内在和外在、本质和现象的区分，其文化文本是不需要解释的，它的意义就是它表面所显示的东西。后现代文化消解了以往文化的历史意识和时间连续性概念，只抓住当下状况，切断了传统和现代的历史关联，在"后现代主义中，关于过去的这种深度感消失了，我们只存在于现时，没有历史"[2]。主体性意识的丧失增加了后现代主义文化的平面性，现代科学技术的发展，解构主义的流行，使得作为文化主体的人失去了在文化中的地位，正如哈桑所指出的："后现代主义消除了传统的自我，鼓动自我抹杀。"[3] 而著名画家沃霍尔的一句名言就是："我想成为机器，我不要成为一个人，我想像机器一样作画。"距离感消失是后

---

[1] 王岳川、尚水编：《后现代主义文化与美学》，北京大学出版社，1992年版，第170页。

[2] 詹姆逊：《后现代主义与文化理论》，唐小兵译，北京大学出版社，2005年版，第205页。

[3] 王岳川、尚水编：《后现代主义文化与美学》，北京大学出版社，1992年版，第126页。

现代主义文化平面性的又一主要特征,詹姆逊指出:"后现代主义的全部特征就是距离感的消失。"① 后现代艺术和生活的距离完全消失,从而艺术成了生活本身。他还指出,距离感的消失导致了深度的消失,即"无深度感",后现代主义的文化使时间的历史感被挤压到平面中,现实转化为影像,时间割裂为一连串永恒的当下。

此外,后现代主义文化的特征还包括商品性、复制性、大众性等文化特征上所谓文化的商品性就是指后现代文化已经成为市场的商品,完全商品化了,如詹姆逊所指出的:"商品化进入文化,意味着艺术作品正在成为商品,甚至理论也成了商品,……商品化的逻辑已经成为人们的思维。"② 所谓文化的复制性就是指后现代文化的原作已经显得不重要了,文化作品在极大的程度上是复制的结果,甚至没有原作也可以创造出大批量的复制品即类像来,"后现代主义最基本的主题就是复制","形象、照片、摄影的复制、机械性复制以及商品的复制和大规模生产,所有这一切都是类像。"③ 西方理论家正是在此基础上提出了类像文化、幻觉文化的概念。所谓文化的大众性是指文化艺术已经不再仅仅是文化精英的事情,文化不仅进入了大众的日常生活,而且大众也开始参与文化的生活消费。詹姆逊认为,后现代时期的文化空前扩展,使得文化已经完全大众化,高雅文化和通俗文化、纯文学和俗文学、艺术和生活的界限消失,文化成为一种大众消费品。贝尔也认为,后现代主义文化只追求冲动和乐趣,完全是大众性的享乐主义、消费主义的文化,它追求的是大众化,目标是给人愉悦。但他并认为这是一件好事,因为后现代信息膨胀,使人的心理产生晕眩感,传统的文字信息逐渐被直观而真实的视觉画面所取代,这导致了一系列文化上的问题。

西方大众文化比较集中地反映和贯穿着后现代文化精神,大众文

---

① 王岳川、尚水编:《后现代主义文化与美学》,北京大学出版社,1992年版,第211页。
② 同上,第162页。
③ 詹姆逊:《后现代主义与文化理论》,唐小兵译,北京大学出版社,2005年版,第218—219页。

化是在工业化时代、市场经济条件下产生的，反映社会大众日常生活、适应社会大众文化品位并在社会大众中广泛流行，同精英文化、主导文化不同，具有通俗性、大众性、商业性特征的文化类型。[①] 在当前的后现代理论研究中，许多后现代理论家都把文化大众化看成是后现代文化精神的展开，认为大众文化是后现代文化精神的主要表现形式，有的学者甚至认为大众文化和后现代文化就是一个东西。在詹姆逊看来，后现代时期文化已经完全大众化了，"高级文化和所谓大众或商业文化间的旧的界线被取消了"，后现代时期的文化就是大众文化，是"诸如电视连续剧和读者文摘文化，广告和汽车旅店，夜间节目和二流好莱坞电影以及各种所谓的准文学……等"。[②] 贝尔认为，随着现代主义发展到后现代主义，自我、经验、主观主义等成为社会文化的核心，从而后现代主义文化成为一种大众性的快乐文化。哈桑认为大众文化"属于后现代世界的层面"，后现代主义对大众文化更少排斥，并容忍、包含了大量的大众文化内容，二者在本质是同一的。大众文化实际上已经不再像20世纪上半叶那样受鄙视，这本身就可视为后现代主义趋势的一个迹象。从根本的意义上来看，许多后现代主义理论家主张后现代主义的首要特征已经融入日常生活的文化氛围之中，不仅以艺术形式深刻地影响着我们的世界观，而且还深刻地影响我们日常生活中的处事方式。

2. 媒介与后现代性

在后现代性的研究中，许多重要的理论问题至今尚不明朗，如在界定"后现代性"时，人们发现，后现代主义的非同构性、不确定性、与现代主义及传统文化的交错性和对立性及其研究思想队伍的复杂性，使得"后现代性"本身成为不可界定的事物；[③] 又如，作为一个历史

[①] 金民卿：《大众文化论——当代中国大众文化分析》，中共中央党校出版社，2002年版，第23页。

[②] 王岳川、尚水编：《后现代主义文化与美学》，北京大学出版社，1992年版，第75页。

[③] 高宣扬指出，后现代性的这种不可界定性，一方面意味着它不需要靠它之外的"他物"来为其下定义，另一方面也意味着它是靠其"不可界定"本身来自我界定的。参见高宣扬：《后现代论》，中国人民大学出版社，2005年版，第18页。

范畴,后现代主义者也试图宣告一个新的历史时代的到来,但对于这个新的历史时代的时间上下限及其历史含义却又无法确定;作为一个社会范畴,后现代社会有哪些特质以及是否已然存在一个"现世的"后现代社会也同样是无法从任何后现代理论中得到确证;同样,对后现代性与现代性之间纠缠得复杂之极的关系,人们也至今没有厘清。可以说,人们对后现代性的认识只有两个方面是较为明确的:第一,后现代性是与那种产生于资本主义社会内部的一种心态、社会文化及其生活方式相应的思维方式与价值立场或态度;第二,大众传媒在后现代理论中扮演着一个异常重要的角色,因为,大众传媒是随技术高度进步的一个表征,也是推动现代向后现代转向的一种重要动力因素。许多后现代主义理论家都认同这样一个观点,即后现代理论研究中所勾画出的后现代性的诸多特点,在处于现代与后现代连续性之间的大众传媒中体现得最为明显。

尽管后现代思想家对于后现代社会的论述是多元的、不一致的,甚至是想到矛盾的,但从中仍然可以看出后现代思想家们对后现代社会特质的模糊认同,那就是,"后现代社会"是信息和科学技术膨胀泛滥的新时代。在这种社会中,靠高科技力量符号化、信息化、复制化的人为文化因素越来越压倒自然的因素,各种事物之间的差异的界线日渐模糊化,因果性和规律性为偶然性和机遇性所取代,休闲和消费优先于生产,娱乐和游戏取代规则化和组织化的活动,生产形式日益多元化……各种社会组织也逐渐失去其稳定性,各种社会组织原则不断地受到批判。由于信息和科学技术膨胀泛滥,隐含于信息和科学技术的空前未有的自我增生和自我更新的力量,使社会永远处于不稳定的变动之中。构成社会稳定的原有基本因素,诸如(1)社会经济和政治结构中维持基本组成网络的各传统阶层和阶级力量的对比关系;(2)以传统道德理念为基础的人际关系的基本原则;(3)协调社会运作的传统文化观念等,所有这一切,都受到猛烈的冲击,甚至再也不存在了。① 在这

---

① 参见高宣扬:《后现代论》,中国人民大学出版社,2005年版,第29—30页。

里，利奥塔、罗宾斯、吉登斯、贝克等人论及的信息、符号化、信息化、复制化、休闲、消费（主义）、娱乐、游戏等无不和当代的大众传播媒介相关。麦克卢汉在论及这一问题时指出，现代传媒技术的发达使社会信息量的增长达到了无以复加的程度，电视、网络、通讯系统等媒介承载着政治、经济、娱乐各方面的信息，媒介的迷狂，信息的膨胀宛如宇宙的大爆炸，无终止地向外扩张，这是信息的"外爆"。他还强调信息不仅会外爆，改变已有的社会结构，而且会消除社会结构的区别过程，使政治的、公共领域的、商业的各领域相互渗透，这就是所谓的"内爆"。电子传播使过去的那种由印刷专业化带来的严格界限区分一去不复返，使我们没必要成为一个专家才能去参与，专业分工即将过时。新的电子媒介技术重构了我们的社会生活。我们现在生活于一个重叠性的世界，这个世界消除了文化等级和各领域之间的分离，全球已在纵向上、时间上和横向上"内爆"。① 麦克卢汉的"内爆"一说较为恰当地描述了后现代的信息状况，正如他所说："公私合营分解切割的、机械的技术，西方世界取得了三千年的爆炸性增长，现在它正在经历内向的爆炸。这种转变，主要是因为电子技术的发展使时间差异和空间差异已不复存在，它使我们的中枢神经系统得以延伸，地球又重新部落化为'地球村'。""机械形式的转向瞬息万里的电力（子）形式，这种加速度使外向爆炸逆转为内向爆炸。在当前的电力时代中，世界内向爆炸而产生的能量，与过去扩张的、传统的组织模式发生了冲突。"② 而且，内爆往往发出比外向更巨大的能量。麦克卢汉认为过去我们社会的、政治的、经济制度的安排都只有一个意向的模式，那就是"爆炸性的"或"扩张性"的，比如我们所耳熟能详的"人口爆炸"、"知识爆炸"；但是现在电子媒介带来了一系列改变，造成我们对人口焦虑的不仅是其数量的增加，而是电子媒介使人们的生活彼此纠缠造成的极端拥挤。"沉迷于老式的、机械的、由中心

---

① 尼克·史蒂文森：《认识媒介文化》，王文斌译，商务印书馆，2001年版，第193页。

② 马歇尔·麦克卢汉：《理解媒介》，何道宽译，商务印书馆，2001年版，第67页。

向边缘扩展的意向模式再也不适合我们当今的世界。电的作用不是集中化,而是非集中化"。① 电子使任何地方都可能成为中心,电力过程具有非集中化、整合和加速度的性质。因此,传播的重心从专门化的"一时一事"方式,或线性逻辑的序列转向"一切同时"的同步关系。

麦克卢汉主要从如下几个方面详细阐述了由大众传媒引发且主导的内爆情形:其一,大众传播媒介内爆为政治领域。他指出,现在的政治领域与传播领域是紧密结合的,政策的宣传信赖传播,政治代表人物的言行制造新闻;麦克卢汉甚至认为,一切社会功能和政治功能都结合起来,以电的速度产生"内爆",这就使人的责任意识提高到了很高的程度。② 这造就了这样一个社会:媒介就是政治,政治就是媒介。地球村意味着民族和国家不再具有空间上的界限,人类需要面对的是他们的全球责任,电子速度的突然的内爆将所有的社会和政治功能集中到一起,而这都要归咎于电子时代的大众传播媒介。其二,娱乐行业内爆为教育。教育体制目前正使用电影、电视和录像作为教育不可分割的一部分,这最终将会产生既有娱乐性又有教育性混合型文化形式。而年轻人过度沉溺于视频产品,使与传统教育方式相联系的书本作品显得单调乏味,这些情形在今天已经非常常见;充斥电视荧屏的各种教育节目借助媒介的娱乐性使媒介的教育功能得到扩充。麦克卢汉提醒人们注意这些现象。将音乐带和小说混合为书刊录音带唱片,将电视和电脑结合为个人电视,电视将录像带整合为音乐电视,这即是麦克卢汉所谓的杂交能量。"媒介杂交释放出新的力量和能量,正如裂变和聚变要释放巨大的核能一样。"③ 一种媒介往往充当另一种媒介的"内容",使一个对子中的两种媒介的运转机制变得模糊不清。电影接过小说、报纸和舞台等媒介;电视又渗入电影;电视又编制最流行的节目或纪实小说;收音机、唱片机、录音机使我们重温诗人的声音,加上电光后,语词可以变成画面。这一切都重塑了我们的一切

---

① 马歇尔·麦克卢汉:《理解媒介》,何道宽译,商务印书馆,2001年版,第68页。
② 同上,第一版序言,第22页。
③ 同上,第82页。

生活形态。在今天的教育体制中,我们越来越领会到这种杂交能量的威力。其三,公共领域内爆为私人领域。麦克卢汉认为,媒介创造了一个没有陌生人的、透明的世界。电视模糊了共同在场和距离的各种关系,也混淆了台前和台后的区域。正是在这个意义上,麦克卢汉认为新闻媒介没有门第等级差异,他得出的是媒介具有民主化的特点,能促进社会统一化。今天我们透过媒介的触角,人体的媒介延伸,可以说对世界无所不知,西方人的生活经验曝光在东方人的视野里,东方世界也不再蒙着神秘的面纱,我们待在家里都可以周游世界。电视、网络等媒介统一了性别差异和隔代差异的世界,消除了工作和政治这些领域的神秘性,也消除了孩子和成人世界的隔阂。电子传播形式已经彻底重建了公共领域,甚至使公共领域走向消亡。具有批判反思精神的私人领域,不断被需要人们注意的新媒介所攻破,从而将人类的有机体哄骗到观念形态的全球性浪潮里。

与麦克卢汉持相似观点的还有鲍德里亚,鲍德里亚指出,当代大众传媒是促成后现代社会形成的一种重要力量,后现代状态与传播媒介领域日新月异、一日千里的发展是密不可分的。在他看来,大众传播媒介从根本上瓦解了现代社会和现代主体,人们渴望作秀和拟仿。媒介创造了一种新型文化,即"仿像文化",并使之植入日常生活的中心。在这种新文化中,媒介以生产的"仿像"创造了现实的替代物,却无法及于现实,仿像的虚幻性也与意义毫无关联。可以说,媒介正是借此完成一种"完美的罪行"。在鲍德里亚看来,后现代性的社会文化景观是一个由时尚符号、电子媒体主宰的世界,他说"后现代"应该不是一个一维的时间概念,而是一个表征人的精神生态状态的文化概念,它是信息化社会[①]中涌现出来的一种反思和批判传统理性主义、科学主义的精神生存状态。而电子的发展,特别是电视、互联网等大众传播媒介的高速发展,使人类的"后现代生存状态"得以明朗和彰显。鲍德里亚用符号、时尚、仿真、超现实、内爆等概念来描述后现

---

① 在当前的研究中,"后工业社会"、"信息社会"在某种程度上是与"后现代社会"意义等同的概念。

代人的生存状态。在鲍德里亚那里,内爆是指"相互收缩,一种奇异(巨大)的相互套叠,传统的两极崩塌进另一极"。或者"一极被包含到另一极之中,每一个意义区分系统的对极之间都出现了短路,述评和不同的对立面被消除了,传媒和形式也随之被消除了"。他说,"在当前的模拟世界中,所有的事物都崩塌(折叠)进所有其他的事物之中,所有的事物都正内爆"。①

鲍德里亚在麦克卢汉的基础上进一步发展了内爆理论,他认为,在后现代社会中,所有的意义都在传媒中发生了内爆。鲍德里亚认为,大众传媒导致了传媒资讯和现实之间不再有什么区别,精英与大众等的区分也不再有效。信息与娱乐之间也没有了界限,新闻转而追求娱乐消遣的效果,用戏剧化的夸张的方式来组编它们的故事,政治和娱乐合于一体,各种阶级、意识形态和文化形式之间的界限好像被黑洞所吞噬了一样。当代社会虽然充满了信息,然而媒体制造的信息迷狂、信息的肿胀症却使意义内爆为毫无意义的噪音,不再有任何内容可言。在《媒介意义的内爆》一书中,他指出,正是由于传媒中的符号和信息把自身的内容加以去除和消解,从而导致了意义的丧失。也就是说,在鲍德里亚看来,在信息、传媒以及大众传媒的消解和去除活动中,信息吞噬了自身的内容,它直接摧毁了意义和指称,或者使之无效。与此同时,它也吞噬了交流和社会,信息把意义和社会分解为一种含混不清的状态,它根本不是带来过度的革新,相反,却是走向了绝对的熵。② 在这里,意义已经不再需要各种深度的解释模式,因为意义问题已经不存在了,或者说,已经不再有任何意义了。意义不需要解释,只需要体验和刺激的新鲜经验。因此,鲍德里亚的后现代主义,都是对意义解释模式所进行的消解和抨击。鲍德里亚甚至还用一种色情描述的方式来描述日常生活在媒介中的内爆,他说:现代传媒是淫秽的、

---

① 乔治·瑞泽尔:《后现代理论》,谢立中等译,华夏出版社,2003年版,第138—139页。

② 参见包亚明主编:《后现代性与地理学的政治》,上海教育出版社,2001年版,第101页。

透明和狂喜的工具，因而，媒介制造的文化一种诲淫的文化。何以这样说呢？因为，在鲍德里亚看来，传媒所展现的景观是整个世界都在你家里的电视屏幕上任意展开，包括那些以前只在一个受限制的空间里播出的场景，我们生活中最亲密的过程实际上也已经变成了媒介的加料场。当代大众传媒往往把属于私人空间的规则、习俗和隐私曝光在公众的视野中，我们各种最隐私的事情通过媒介技术像举行仪式一般被公之于众，不再涉及禁忌。在这里，不能不提及电视，因为，人们常常把电视看成是后现代主义的典范。作为一个后现代主义者，鲍德里亚对电视作了一番研究，他认为电视是信息爆炸中的一个核心因素。许多批评家都认为电视的"胡言乱语"取消了意义的价值，是对真正的学问和道德的毁灭。鲍德里亚还声称当代文化就是电视文化——现实世界在源源不断仿像中简直消失殆尽，电视既是病因又是症状，建构了一个浑然一体的仿像领域，阻碍我们去获知真理。

不独鲍德里亚这样认为，美国当代文艺理论家查尔斯·纽曼也认为，影视文化构成后现代文化的基调，影视所再现的现实，使现实成为一种技术组成的产品，经验和想象的审美完整性、人与作品在沉思中静静观察交流的氤氲"韵味"消失殆尽，剩下的是银幕屏幕画面的强制性效果。现代电视、电影、激光视盘，以快速的切换和强烈的推拉镜头使人无法从容观照回味，画面的逼真和转瞬即逝使人放弃了回味和沉醉的审美心态，而被屏幕强制性地牵着走，丧失了自己的独立判断能力。① 尼古拉斯·阿伯克龙比更是在他的《电视与社会》一书中系统地整理了电视的后现代主义的主要特征：第一，有人主张，作为社会中的人，我们越来越生活在现实的图像或画面之中，而不是直接生活在现实之中。实际上，图像与现实之间不再有隔阂。图像与画面词汇的程度已明显地使我们的时代有别于以前，而且这种区别已不是量的问题。看上个把小时的电视，我们每个人所接触的图像都有可能比非工业社会里的人毕生所接触到的图像还要多。这种数量悬殊得

---

① 参见周宪主编：《世纪之交的文化景观》，上海远东出版社，1998年版，第235页。

出奇：我们不仅要接触更多的图像，而且也在接纳看图像与其他类型的经历之间的一个全新的关系。事实上，在我们生活的这个后现代时期里，看图像与其他类型的经历已经没有了区别。费瑟斯通把这种图像与现实重合的现象描述为具体现实感的消失，因为电视文化以大量的、流动着的信号和图像的形式源源不断地产生出彼此不同的模拟。这其实就是鲍德里亚所指谓的"超现实"，在这样的世界中，由于消费主义和电视的作用，信号、图像和模拟大量涌现，从而使人们对现实产生了一种不稳定的、被美化的幻觉。在鲍德里亚看来，文化已经得到了有效的自由的传播，乃至于文化无所不在，并积极地调整、美化社会结构和社会关系。乔舒亚·梅洛维茨也同意上述的观点，在《不知所在》一书中，他指出，电视让我们失去了界线感——我们无法分清公共领域和私人空间，自然的和社会的以及各个社群之间的界线，从本质上说，人们不知道在当今世界中处于什么位置。第二，从图像的另外一层意义来看，当今社会离不开图像的设计、外观的完善和风格的表现。现代文化注重表象，正如艾沃恩所说，现代文化已经达到青睐形式、忽视内容的地步。一方面，它注定会引起对声色的渲染；另一方面，它又宣扬了消费主义，因为人们花钱想买的就是某种风格或图像。而且，这种没有深度、肤浅的文化在电视中得到了反映和宣扬。第三，电视文化冲破了传统的窠臼，这也使得它有着后现代的特点。比方说，它不考虑高雅文化与通俗文化之间的差异性，也不管不同历史时期存在的区别。卡普兰以音乐电视为例说明了这一发展趋势。音乐电视上所播放的流行音乐录像的各种图像取镜于历史体裁、文化体裁、精美广告艺术素材。然而，音乐电视只是把这些论述和不同特征一并收罗进来，吸收各个传统、自身的目的需要对它们进行加工、再利用，并将其改编成24小时连续播放的电视节目。音乐电视还抹杀了过去和现在的界限，因为它不加区别地利用不同历史时期的电影手法和艺术运动。而且，它还时常不适当地运用罗马、中世纪等以往时代的背景和服饰。这类电视文本的立场是万物皆存在于时间的连续性之中。过去、现在和将来并没有呈现巨大的时间障碍，它们倒成了一个人们可以随意光顾的时间段。卡普兰相信音乐电视大体上代表了电视。诚然，一些电视也是拼凑而成的，是由许多不同来源的成分糅合在一起的产物，它们不必在乎材料来源的真实性。第四，电视的后现代性的另一个特点是，它在文化上是自我指认的。这主要表现在许多电视节目的内容都大量加入了其他类似节目的相关内容，电影有时候也同样如此。但尼古拉斯认为电视尤其是一种很大程度上是自给自足的媒体："新电视的主要特点是它越来越少地谈论外部世界。"由于许多喜剧节目的笑料取自其他电视节目，所以，如果人们不经常看电视，根本就无法理解这些节目。第五，电视文化并不遵循写实和叙事的传统手法。事实上，它通常对这些传统手法不够严肃。它们会从对某个场景的现实描绘转向正在进行的拍摄工作。第六，电视文化还有着后现代文化特有的零散性特点。它是由大量的非联成一体的短片组成的。卡普兰所描述的音乐电视就属于零散化的电视形式。在这一形式中，图像通常并非是为了创造一个有意义的整体而摄制的。同样威廉姆斯把整个电视经过看做是各个不连贯的电视短片串播的过程的观点也大体上说的是这个意思。这种经过是零散的。对于许多电视观众来说，跳频的习惯使原本就已零碎的节目和系列性节目变得更加零碎。尼古拉斯最后强调指出，电视是典型的后现代主义形式。这一方面体现在电视运用图像和零散式播放这一方法所产生的全面影响上；另一方面，个别的节目也是后现代主义的，因为它们冲破了界限，突出外表，自我指认，既非写实，又非叙事。①

综合以上各位大家对后现代传媒的论述，我们可以把大众传媒的后现代特征归纳为两个方面：

其一，大众传媒的技术与使用特征所表现出来的"真实的非真实性"特点，从深层社会文化结构中消解了现代性与现代社会所赖以存在的基础，从而使大众传播媒介内在地拥有典型的后现代性。如何理解传媒所表现出来的"真实的非真实性"特点消解了现代性与现代社

---

① 相关内容参见尼古拉斯·阿伯克龙比：《电视与社会》，南京大学出版社，2002年版，第42—47页。

会所赖以存在的基础呢？现代性及其社会体系——现代理性、社会关系、人际交往、价值、信仰体系、科学、知识等的建立均是以"真实性"为基础。在社会层面，"交往的真实性"是它的基础。而随着传媒技术的快速进步，尤其是以网络媒体为标志的后传媒时代的兴趣，形成了由传媒符号——音像等构成的新的社会基础，符号与影像成为社会的纽带与中心，传媒符号构筑了人们新的生活空间，形成了新的社会基础，这在一定程度上消解了现代性。同时，网络、影像等媒体生活改变了"人际交往的真实性"，人与人之间的直接交往互动逐渐为符号与人的互动方式所替代，建立在真实性基础上的所有的规范、约束、信仰也随之被消解掉，社会的"真实性"逐渐为"真实的非真实性"所替代，社会成为真实的非真实性社会。

其二，后现代话语在大众传媒的普遍使用，通过传媒向大众传播着"后现代"的种种含义，由此形成了一个后现代的传媒语境。后现代传媒构建的符号与虚拟世界成了大众生活的主要空间，而后现代传媒符号也成了人们生活的核心，大众的话语与意识被有效地限制在传媒符号中，大众传媒成功地隔离了大众与社会实际。大众的意识和话语在很大程度上受到传媒的影响和控制：传媒通过广告、商品消费、娱乐节目等方式向大众传递并提供思维的素材灌输价值观念与行为模式，传媒话语则成为大众进行思维和交流的主要符号，大众对社会的认识与理解多来自于传媒的符号。西方对各种传媒的影响研究表明，大众从话语、行为到价值观念均受到大众传媒的极大影响，大众传媒对大众的巨大影响已经不再是任何猜测与臆想，而是不争的事实。因此，后现代传媒话语和符号对大众的包围与影响，在很大程度上消解了大众与现代的接触基础，隔离了大众与现代话语、意识之间的纽带，从而达到了消解现代性的目的。

第二节 当代中国大众传媒的后现代化及其伦理困境

1. 当代中国传媒后现代化证明

有一种观点认为,当代中国已然滋长出了后现代社会的某些特点,但这些人在论及"后现代中国"却难避尴尬。因为,在对后现代本身尚存诸多争歧的情况下,"后现代中国"无疑是一个更为未来的话题。更多的人还是认为,由于"现代"这个词的完备意义都尚未成为当代中国的经验事实,故"后现代"其实距离中国还很遥远,至少在目前,起源于西方语境的后现代主义根本就是一种与当代中国思想事实无关的处境。① 而对于所谓的后现代论者及后现代流派,杨念群的批判则无疑是极为尖锐的,他甚至认为中国从来没有出现过标准意义上的"后现代"思潮。因为,我国学术界中所谓的后现代论者在其表述方法、思维逻辑、师承关系以及对文化传统的态度等方面等,都表现得犹疑不定,难以定位,以至于大多数自我标示或被划归"后现代"之列的论者,其实最终均无法把真正"后现代"的原则贯彻到底,由此亦无法证明自己是个标准的"后现代主义者"。他由此也始终怀疑中国是否真存在一个严格意义上的所谓"后现代"思想派别。②

尽管后现代是否是一个与当代中国思想事实相关的文化概念也尚处于争论之中,但于当代中国传媒,许多学者却认为,当代中国传媒在各个层面都凸显出西方后现代性理论的诸多特点。恰如杜骏飞所说的20世纪80年代以来的"新的传播时代在模式建构和总体理念上,似乎无意中融合了后现代主义的动态哲学"。③

中国当代大众传媒的后现代化在两个方面得到了较为的体现:一

---

① 陈春文:《栖居在思想的密林中》,兰州大学出版社,1999年版,第186页。
② 参见杨念群:《"后现代"思潮在中国——兼论其与20世纪90年代各种思潮的复杂关系》,《开放时代》,2003年第3期。
③ 杜骏飞:《弥漫的传播》,中国社会科学出版社,2002年版,第3—4页。

第六章 无根的后现代性——当代中国传媒后现代化及其伦理困境

是大众文化中存在着普遍的后现代现象。在当代中国大众文化中,具有后现代文化精神的"幻觉文化"确实不少,扣人心弦的广告、豪华的度假旅游、温情诱人的服装表演、五光十色的卡拉 OK 歌厅、富丽堂皇的歌舞晚会以及各种各样的大众性波普艺术等。由此,当今中国大众文化中也弥漫着一些后现代文化现象,存在着一种令人忧虑的后现代精神。冷也好热也好活着就好,只要活着就怎样都行,成了一种旗号,神圣精神、理想追求被肆无忌惮地嘲讽、调侃,终极价值关怀及其相应的伦理体系日益被解构乃至沦丧。正如评论家蔡翔在《日常生活的诗情消解》中指出的那样:"好好过日子,开始被编织成一面光荣的旗帜在文学的上空飘扬,……深刻也好,浅薄也好,独异也好,从众也好,高雅也好,庸俗也好……统统被灌进'怎样都行'的搅拌机,然后制造出今天的人文景观;我们只有现在,不在这里跳舞。"① 一些大众文化作品中没有意义也没有法则,没有过去的传统也没有理想的诉求,在娱乐、搞笑、消遣、狂欢中,圣徒和流氓具有同样的地位和价值,无赖和痞子成为文化的明星,历史、理性、深度日趋消逝,物质的欲求、享乐的张扬、消费的升腾、金钱的霸权成为大众文化作品和活动的核心指向。仔细分析不难发现,大众文化的这种后现代的特点都是通过大众传媒体现出来的,一方面固然是因为大众传媒是大众文化的主要甚至全部的载体,另一个方面的原因则在于大众传媒本身也创造大众文化。

中国当代大众传媒的后现代化的另一个体现则是其文化立场,一如前文已经提及的,一般认为,在理论上,与现代性建构性的整体主义、本质主义、理性等特征相比,后现代性则呈现出一种解构性的强调差异、多元化、复杂化的特点。如果从道德的角度来审视当代中国传媒,其姿态或立场无疑是更多倾向于后现代性的而不是现代性的。这主要表现在以下几个方面:

其一,现代一词是和试图建立一套客观标准的努力相联系着,而

---

① 蔡翔:《日常生活的诗情消解》,学林出版社,1994 年版,第 66 页。

后现代鉴赏力则无论在审美情趣上，还是在价值评判上，均表现出一种对规范约束的强烈反动。在这些领域中，后现代主义否认语言、心灵或精神具有通过客观标准来构建任何东西的能力。① 很显然，后现代对客观标准的反动内在地包含对道德标准的反动，它拒绝依据道德标准尤其是传统的道德标准进行价值评判，而把价值评判的权威交给了随心所欲的、蔑视一切理性约束的欲望个体。看看近年来媒体所宣扬的理念，就可了解到它们的立场了。

其二，后现代主义拒斥一体化、总体化和普遍性方案，包括一体化、总体化和普遍性的道德方案，它所强调的是差异、多样性和复杂性。② 与现代性的基础主义、整体主义相比，后现代所张扬的消解、解构无疑更富有激情。正是在这个强调差异、多样性和复杂性，拒绝普遍性道德方案的世界中，激情演绎着道德。当代传媒也一直在不遗余力地为反道德的激情唱着道德的讴歌。电视、新闻报道、广告等所有的媒体都期待着一个由他们亲手导演的"激情融化的世界"。

其三，传媒后现代化的另一个表现即为传媒的世俗化、庸俗化倾向。传媒的世俗化、庸俗化已是一个勿须再行论证的话题。问题是，当代中国大众传媒的世俗化与庸俗化并不仅仅意味着传媒日益迎合、趋向于大众趣味，更大危险还在于，它在使社会本身趋向于庸俗的同时，它还解构了一切社会意义和价值。在这里，高尚价值成了嘲笑的对象，流俗反而变得崇高。"躲避崇高"就曾一度甚嚣尘上，其劲头至今未衰。事实上，躲避崇高并不是不要崇高，而是不要传统道德意义的崇高。在后现代的辞典中，崇高被定义为"世俗的随意"，在这种叫嚣声中，"崇高"体现于对"崇高"的反动。至于说传媒使社会本身也趋向于大众化，赵汀阳曾有过精辟的论述。在他看来，当代传媒解构社会的手段极为普通但却又极为有效，那就是生产群众。就是说，

---

① 大卫·雷·格里芬：《后现代精神》，王成兵译，中央编译出版社，1998年版，第125页。

② 参见郑乐平：《超越现代主义和后现代主义——论新的社会理论空间之建构》，上海教育出版社，2003年版，第6页。

第六章
无根的后现代性——当代中国传媒后现代化及其伦理困境

大众传媒不仅生产庸俗的大众文化,还生产这种庸俗文化的消费者。它不仅降低了文化的标准,它还能神奇地把精英变成群众。他把传媒的这种"生产活动"称之为"双重生产",前一种生产是生产出了大众文化,而后一种生产则是造就了一个大众化社会。这样,传媒就攻陷了大众之城,占有了大众市场,而当代社会也理所当然地丧失了深度与深沉。①

其四,当代传媒这种价值解构作用还体现在对大众关于生活方式的观念之改变上。电视、新闻报道、广告,尤其是广告有意无意中给人们灌输了这样的信条,即无限丰富的物质商品可以解决所有的人类问题,而在当代传媒的视野中,这种物质财富竟是如此容易就可以获得,它甚至勿须通过艰辛的劳动。这种信条很容易使人们得出这样的设想:物质财富与社会的普遍健康和福利之间的确存在着统一性。于是,物质财富就成了唯一且真实的价值标准,这是我们现实生活的真实写照,这种观念把生活理解为享乐,生活方式而不是生活过程成了生产的最大乐趣所在,而这种消费心态恰恰是后现代主义的。

那么,是不是当代中国的所有传媒都已经完全后现代化呢?情况当然不是这样,有学者认为。当代中国大众传媒的后现代化主要体现在一些小媒体,而不是精英媒体,主要体现在娱乐板块,而不传媒的整体陷入。本书所论及的传媒后现代化也主要是从作为一种思维方式与价值立场或态度的角度来充分调动这一话题的。在这里,所谓后现代性的道德立场也主要是指其蔑视道德权威,反对任何道德规范的约束以及把别人看成是自我价值的坟墓道德及其价值诉求方式,在娱乐节目及一些广告中,这种立场是很"坚定"的,这也是大众传媒为大众所诟病的主要方面。

从哲学的角度审视,娱乐化立场的非道德化及其对道德意义的解构与消解完全体现了传媒后现代化特点。一个值得研究的现象是,当代中国社会并不具备当代西方社会所谓的"后现代社会"特质,但鲍

---

① 参见赵汀阳:《长话短说》,东方出版社,2001年版,第131页。

德里亚所说的内爆现象之一的传媒娱乐化却已经发生——20世纪90年代末期以来，传媒娱乐化在我国达到了一个高潮期，出现了诸如《娱乐现场》、《海外娱乐现场》、《娱乐周刊》等娱乐节目以及大量的娱乐频道。在这场娱乐化的浪潮中，我国传媒娱乐板块也不可避免地承启了西方传媒后现代的诸多属性：后现代的基本立场就是解构，是在"去中心化"与个性张扬中反对任何道德权威，同时不承认道德的意义与价值。面对严肃的社会道德问题，许多娱乐化传媒采取的立场即是"去崇高化"（即所谓的"躲避崇高"），并主张对事物不作评价与判断，特别是不作道德价值上的判断，它并不是认为这很难，而是认为这根本就没有必要。在后现代主义者看来，将事物都化约而寻绎出现象背后的本质或表象背后的深度是一种"理性霸权"，而这恰是他们所极端反对的。他们所强调的只是平面化与即时性体验，后现代传媒所做的是让大众在娱乐中、在不需动脑筋的笑与乐中，放松理性批判和改造世界的意志，同时也放逐对生活的反思以及对人生真、善、美的价值判断。也就是说，在娱乐化的浪潮中，意义不仅不被首先讨论，而是从根本上被消解了。这种后现代倾向的娱乐化在我国当前的广告、电影、网络及各类电视节目中随处可见，形成了颇为壮观的"中国式后现代现象"。在论及后现代境遇中伦理学（道德的进路）的境遇时，齐格蒙·鲍曼指出："伦理学本身被诽谤或嘲弄为一种典型的、现在已被打碎的、注定要成为历史垃圾的现代束缚，这种束缚曾经被认为是必需的，而现在被明确地认为是多余的。另外一个错误的观念，即：后现代的人们没有它也能生活得很好。"[①] 吉里·里坡维特斯基则在其《责任的黄昏》一书中以"后义务论"时代的道德观来描述娱乐化节目的道德立场——"没有人被激励或者愿意使自己达到道德的最高目标，并去守护这种道德价值观。"[②]

---

① 齐格蒙·鲍曼：《后现代伦理学》，张成岗译，江苏人民出版社，2003年版，第2页。

② 转引自齐格蒙·鲍曼：《后现代伦理学》，张成岗译，江苏人民出版社，2003年版，第2—3页。

2. 无根的后现代性——当代中国传媒后现代化的伦理困境

当代传媒的后现代化及其导向导致了一系列的社会问题，这也是当代传媒成为社会学、伦理学等学科所批判的直接原因。从伦理学的角度审视，传媒的后现代性特点与当前中国的社会道德失范有着密切的关联。众所周知，我国当前的道德困境在于，传统的道德价值体系因受市场经济及外来文化的冲击，已经解体，而新的为大众所普遍认同的价值体系还没有建构起来，我们正处于一个道德重建的攸关时期。而当代传媒所体现出的解构性的、对现代道德的反动倾向的后现代立场，在很大程度上加大了社会道德失范的惯性，并进而使得我国当前的社会道德重建变得尤为艰难。不论当代中国传媒是否意识到了自身的这种后现代立场或特点，当代传媒与整个社会面临着一样的道德困境。

后现代传媒的道德困境首先表现在解构主义特征与道德整合的矛盾上。后现代性体现出一种对现代性整体主义价值的极大解构力，而传媒恰恰就是这一解构工程的"先锋"。但问题在于，不论它对现代道德的态度如何，当代传媒都不能回避一个现实的问题：即它必须面对一个如何实现社会整治、动员与控制——从伦理学的角度来说，就是如何实现社会的道德整治、动员与控制。如果说当代传媒所信奉的是一种后现代的道德的话，那么，这种后现代道德也必定指向一种社会意义与价值的共识。而实际上，后现代化的传媒却回避了这个问题，在道德实践中，这势必造成了这样一种道德困境：一方面，后现代化的传媒努力营造一个宽松的道德环境，以至于每个人的价值观都能有立足之地——即符合后现代的差异、多元、复杂等立场——而不至于因与权威的冲突而遭强制驱逐。但是，另一方面，后现代诉求的出发点是个体——充满激情和欲望的自由的个体，这种个体拒斥任何的客观标准与约束，自由的个体的冲突因而也是不可避免的，"人对人就像狼对狼"一样的道德价值之间的对立关系扼杀了所有的道德希望。

其次，传媒引起的道德恐慌之于社会道德及其重建的消极影响。美国学者理查·A. 福柯在论及后现代作为一种对现代缺陷的补救性社会理论时，曾说："作为一种治疗反应，首要的要求是对未来充满信心。"① 那么，后现代化的当代传媒是否做到了这一点呢？事实上，当代传媒在这一点上恰恰是反其道而行之——这从在当代传媒所导致的普遍的社会道德恐慌中可窥其一斑。"道德恐慌"一词是由英国学者斯坦利·科恩首先在他的《民间魔道与道德恐慌》一书中提出来的。在他看来，道德恐慌是指这样一些偶发性的事件，这些事件的发生会使得人们对价值产生担忧，以至于社会所支持的原则也会受到怀疑，整体社会由是而陷入到一种道德恐慌的境地。② 这一词首先指向传媒——当代世俗化、庸俗化的传播媒介，无论是虚构的形式还是"可靠的新闻"，总是喜欢怪诞、异域情调和残暴的材料。而这种对非道德甚至反道德材料的嗜好，使得社会公众普遍生活于一种道德危机的压力之下，并进而导致对普遍道德原则与社会整合丧失信心。英国学者莱斯利·威尔金斯把大众传播媒介的这种经常夸大现实世界里真实事件的明显特点看做是"离轨放大器"，它所描述是一种传播媒介"效果"，即指"离轨"的虚构或者非虚构描写能够"反馈"到个人的认识和行为的过程，而这一过程的结果常常是"离轨"的数量明显增长。③ 普遍的道德恐慌与离轨放大不利于社会道德的重建，他使得社会公众普遍对道德整合持悲观的态度。正如前文所论，这无疑加大了社会道德失范的惯性，使得当前社会道德重建变得更为艰难。

再次，在涉及具体的道德原则与规范上，后现代化传媒的价值导向立场也很明显，即普遍地反对道德权威对个体道德生活的干涉。但后现代化的立场本身又决定了它不可能建构出一种新的符合社会需要的且具有普遍指导意义的道德原则与规范的价值体系。这种解构了原有社会整合的价值体系，却又没有建构出一种新的符合社会需要的具有普遍指导意义的价值体系的做法，使得社会全面地陷入到一种不确

---

① 大卫·雷·格里芬：《后现代精神》，王成兵译，中央编译出版社，1998年版，第130页。
② Cohen, Stanley, *Folk Devils and Moral Panics*, London: MacGibbon and Kee 1987, p87.
③ 转引自：戴维·巴特勒：《媒介社会学》，赵伯英译，社会科学文献出版社，1989年版，第35—38页。

定性及因不确定而导致的与普遍的相互不信任状态之中。如戴维·本内特所指出的:"在我们所置身于其中的物质和社会世界中,极端的不确定性都是由图像工业所提供的……"① 很明显,这里的所谓图像工业指的是媒体,特别是电视与广告等媒体。"事实上,无所不在的文化媒体在今天所传递的信息(而且根据消费者自由的逻辑,接受者很容易地就能领先其自身的经历识别出这一信息)表明,世界在本质上具有非决定性和不可塑性:在这样的一个世界中,什么都可以发生,什么都可以被做,但是,没有什么能够一劳永逸地被做出……生活历史很容易被视为一系列的片段(在此,其唯一持久的重要性同样是短暂的记忆)。没有什么是确定无疑的,……因而,人们不再把世界视为稳定的和可靠的,人们再也想不起编织自己生活梦想的画布。"②

不难看出,当代传媒导致普遍的道德困境主要关涉两个方面:其一,哲学理性空间被全面压滞;其二,传统道德权威及其价值体系被彻底解构,而新的建构性的工程又变得遥遥无期。如果说福柯在20世纪所提出的"道德的可能性"在此前受到的批判与怀疑还有其理论支撑的话,那么,在当代传媒的场域中,"道德的可能性"就是一个真实的问题,如何解决这一问题是当前学界极为迫切的任务。

3. 当代中国传媒应有的道德立场

如果说,存在一种后现代主义道德的话,那么,这种后现代主义道德也只能是一种无道德的道德,一种鼓励异调与杂音、追求相对与变幻、强调当下体验与情绪解放的游戏化和审美化的道德。由于后现代主义的"典型文化风格是游戏的,自我戏仿的,混合的,兼收并蓄的反讽的",③ 且由于它追寻的是一种适应当代资本主义市场经济或消费生活方式的"快感"享乐式文化和自仿自娱的政治的身体逻辑,

---

① David Bennett, "Hollywood's indeterminacy machine", *Arena*, 1993, p30.
② 齐格蒙·鲍曼:《后现代性及其缺憾》,郇建立译,学林出版社,2002年版,第22—25页。
③ 特里·伊格尔顿:《后现代主义幻象》,华明中译,商务印书馆,2000年版,第1页。

更由于"从哲学上说,后现代思想的典型特征是小心避开绝对价值、坚实的认识论基础、总体政治眼光、关于历史的宏大理论和'封闭的'概念体系。它是怀疑论的,开放的,相对主义的,它赞美分裂而不是协调,破碎而不是整体,异质而不是单一"①。因此,后现代道德不可能再有普遍伦理的追求,更不可能承诺任何形式的绝对价值原则和伦理规范。它信奉的是完全主观随意性的道德而非客观必然的道德规范,是身体的快乐的道德,而非心灵的精神的道义;是随机的兴起戏仿或游戏体验,而非执著坚定的价值信念和严肃主义的高尚或理想;是非连续的激情跳跃和嘈杂的异质情调,而非连贯单调的说教式道德言说。

对于这样一种道德,现代西方的理论家们也认为它是一种对文化传统的背叛与反动,它预示和标志着一种新的不同于文化传统的文化现实。西方理论家对于这种所谓的后现代道德及后现代文化的基本精神的研究,实际上所表达的是一种忧患性的价值判断,是对当代西方文化现状和前景的一种关切。贝尔在分析后现代文化状况之后,就不无忧虑地试图重建新的宗教伦理来拯救西方文化,而哈贝马斯则试图通过交往理论来重建现代性,以对抗后现代精神。因此,我们理解后现代的文化精神时,也应有一个清醒的认识,而不能抓住西方理论家的某些论点以偏概全地理解,更不能把某些观点随意运用到不同的文化语境中,奉为自己文化评论的圭臬。

现实已经表明,后现代立场无补于当代中国的道德重建。后现代主义解构了传统道德与现代道德,但却没有建构出一个"后现代道德",而只是使传统道德和现代道德陷入到一个更加不能自拔的危机之中;后现代化的传媒本着一种"破旧立新"的冲动,把处于现代化意识中的人们指引到了一个"集体无意识"的状况中,道德则被这一"集体无意识"的人们排斥在视阈之外。要缓解当前的道德危机或曰要走出当前的道德困境,我们就需要创造某种新的意义复合体,即新的道德价值体系。在这里,本书所指的传媒道德不仅指一种与媒介从业

---

① 特里·伊格尔顿:《后现代主义幻象》,华明中译,商务印书馆,2000 年版,第 1 页。

人员的职业道德相关的道德原则与规范——在此前的研究中，许多学者都把传媒道德狭隘成媒介职业道德。从当代大众传媒所引发的社会道德困境及其本身的道德困境这一角度来看，把传媒道德匆忙地解读为媒介职业道德只是说明了传媒领域道德失范现象的存在及其普遍性，是简单地应了规范的辩证法，即所谓存在规范意味着同时存在着对规范的背叛。从传媒所引发的社会道德困境来看，作为传媒伦理学研究对象的传媒道德应有更广泛的指涉。在我的理解中，传媒道德至少还应内在地蕴含大众传播媒体的价值取向立场及其媒体价值与社会价值的互动关系之内容。

在构建一种新的传媒道德时，我们首先应了解一个基本的事实：即我们并没有生活在一个后现代社会中。一方面，即便是西方后现代理论家也只能说："相对地说，关于社会，特别是关于包括全球政策在内的社会政策的后现代思想还不那么成熟。"① 也正因为如此，几乎所有的后现代理论家都有意无意地"避开"后现代社会这一论题，即便是有所涉猎也大多语焉不详。另一方面，到目前为止，后现代主义或后现代性还更多是止于一种态度或立场，后现代理论大师利奥塔就认为，"简单地说，'后现代'指的是一种情绪，或更准确地说，是一种心灵状态。"② 他还认为，后现代是现代的一部分，即认为后现代所指涉的情绪或态度与立场并没有超越现代。我国学者赵汀阳也持这一看法，他认为："后现代的态度并没有超越现代，而是现代对自身的悖论状态的自我表述。"③ 就传媒而言，我认为，今天被认为最具"后现代性"的通俗传媒形式，始终存在于现代性中。事实上，传媒的后现代化现象中的许多问题的实质仍是现代性的问题，一个方面固然是因为中国社会本身的现实，即当前中国仍然处于现代化的进程中，用哈贝马斯的话来说就是，现代性之于中国仍然是一个尚未完成的工程。哈

---

① 大卫·雷·格里芬：《后现代精神》，王成兵译，中央编译出版社，1998年版，第28页。

② 转引自：迈克·费瑟斯通：《消费文化与后现代主义》，刘精明译，译林出版社，2002年版，第5页。

③ 赵汀阳：《长话短说》，东方出版社，2001年版，第130页。

贝马斯曾提出西方的现代性谋划是一个未完成的工程。现在看来，这种评价或许更适用于当代中国。另一方面，与前一点相关的则是由于当代中国社会并不具备后现代社会的特质。在这里，人们所提出的后现代性问题更多的揭示了现代性所面临的后现代的挑战的问题。

既然不存在后现代社会，那么，当前中国的道德重建工程以及传媒本身之道德构建的社会基础就应当是现代性的社会，而不是语焉不详的后现代性社会，也就是说，现代性才是我们在当前社会道德重建中应当采取的态度或立场。回归理性——回归现代性因此便成了我们重建社会道德及构建当代中国传媒道德的唯一选择。因为，作为一种价值体系，传媒道德的建构就当是基于一种现代性的理性立场，而不是后现代性的情绪张扬或心灵离散的状态或立场；作为一种与社会价值互动的价值体系，传媒道德的立场就应当是现代性的整体主义的而不应当是后现代性的解构整体、消解整体意义的立场；作为一种促进社会整合的价值体系，传媒道德的建构就当着眼于社会善的普遍一致性，而不是强调善的相对性和差异性。至于后现代性在当前道德实践的意义，应当作这样的理解：正确地对待后现代性的立场是反思而不是仿拟，我们研究、讨论西方后现代性及社会的后现代现象的目的应当在于寻求中国现代性的出路而不是接受其后现代的指导，即我们是借助西方现代主义经验及后现代对现代的批判，完满地完成自身的现代性的建设工程，后现代只能作为一个参照系。正如大卫·雷·格里芬所说的中国可以通过了解西方世界所做的错事，避免现代化带来的破坏性影响。这里格里芬的话语中隐含的一个命题是，中国的现代化还没有完成，现代化还是一个进行中的工程。这同样说明了当前我们的社会道德重建及其传媒道德的构建都只能基于现代性的立场而不是后现代性的立场。当然，这种现代性的回归并不是简单地复古或重复，更不意味着要返回到传统主义中去——在前现代的传统主义中，人们失去了现代人所具有的那种对新事物和未来的积极向往——它只是恢复了人们对过去的关注和敬意。

下 篇
媒体道德建设的伦理思考

当代中国的大众传媒道德建设问题无疑已成为人们关注的焦点,但不论是从理论上看,还是从实践上看,这都是一个难点。从理论上看,媒体道德建设的许多基础问题尚没有完全澄清。首先,媒体道德建设的内容如何界定?目前的研究中,职业道德建设与伦理原则、道德规范的建构是两种最为活跃进路。但很显然,这两种进路都值得认真质疑。首先,尽管媒体道德建设必定会涉及职业道德建设的问题,但事实上,职业道德建设既不是媒体道德建设的基础工程,更不是全部。在论及职业道德与应用伦理学的关系时,一些学者明确反对把应用伦理学狭隘为职业道德研究。甘绍平指出,尽管应用伦理学与职业道德研究都会关注到具体的社会实践中的伦理道德问题,其研究范围也有相通之处,它们的研究视角也往往复杂地交织在一起,但职业道德与应用伦理学之间仍存有明显的不同:职业道德有着悠久的历史,而应用伦理学则是一门兴起于20世纪60、70年代的新兴学科。更重要的是,职业道德研究是把人们已经达成共识的道德观念付诸实践,即应用共识;而应用伦理学的研究则是帮助人们就重大而充满争歧的道德问题达成共识。它不是要应用共识,而是要反思共识。而且,应用伦理学往往还会对职业道德传统的合理性提出质疑与反思,以帮助人们克服并抛弃那些过时的、过于僵化的职业传统。其次，把媒体道德建设简单地解读为伦理原则、道德规范的设计同样是狭隘了传媒伦理的研究。一如前文所说的，在传媒伦理的讨论中，关于传媒伦理本身特定的伦理原则与道德规范的讨论并不充分，在许多方面尚未达成一致。在这种情况下，如果一定要建构传媒伦理的原则与规范体系的话，将会自觉不自觉地把传媒伦理特定的伦理原则与道德规范流俗于社会基本伦理原则与道德规范的传媒化解说。在这种情况下设计出来的伦理原则与道德规范的理论合法性与现实合理性就是可质疑的，它也很难获得人们的认同。而如果人们不能从内心深处认同所谓的伦理原则与道德规范的价值，并在实际生活中自觉践行之，那么，最好的伦理原则或道德规范的伸张所表明的也仅仅是一种姿态，而不具任何价值。邓名瑛的立场代表了一种转变：即学者们在传媒伦理的研究逐渐趋于理性，不再单纯地追求体系的宏大与完整，也不再单纯地执著于原则与规范的建构。在《传播与伦理——大众传播中的伦理问题研究》一书，在论传播伦理的内容时，邓名瑛强调他本不打算在该书中构建完整的传播伦理学体系，而只是就现代大众传播的主要领域涉及的伦理道德问题进行分析。同时，他也不打算把本书写成传媒从业人员的职业道德"手册"（尽管这样做也是有价值的），而是直面大众传播活动中存在的伦理道德方面的问题。这表明了一种面对问题的理性、勇气与自信。

在实践上，媒体道德建设同样面临着许多难题。当前中国的道德现实是，在经历了自鸦片战争以来一次又一次的文化与社会运动的冲击以后，传统的道德价值体系已基本被解构，而新的道德价值体系又尚未完全建构起来。这种情况对媒体道德建设不无影响：大众传媒系统是整个社会系统的一个子系统，传媒的道德建设也不只是一个纯粹的传媒话题。传媒道德建设与整个社会道德建设息息相关，它也必须是在社会道德建设的整体框架进行。一个简单的例子是，如果一个社会并没有就一些基本的善的价值达成一致的话，我们无论如何片面地强调传媒价值导向也没有太大的意义。关于这一点，在下文将详细展开，于此不再赘述。

第七章
媒体道德建设的应有维度

在论及任何特定领域的道德建设问题时,我们首先都必须清醒认识到:第一,道德建设问题从来就不是一个单纯的伦理或道德问题,所有的道德建设问题从来就是一个复合的社会问题。也就是说,道德建设工程必须综合性地考虑到诸多相关因素。第二,在当代中国,讨论任何特定领域的道德建设问题,都必须自觉把这一讨论与当代中国社会转型及随之而来的社会道德重建问题联系起来考察。事实上,也只有在当代社会转型及随之而来的社会道德重建中,特定领域的道德失范现象才可能得到合理的解释,也只有在社会道德重建的基础上,这一问题才可能得到有效地解决。对媒体道德问题而言,这两点同样重要。

第一节 媒介素养的讨论与反思

1. 大众传媒庸俗化与琐屑化的实质是媚俗

当前大众对传媒诟病最繁者,莫过于传媒的舆论与价值观导向了。人们大多认为,大众传媒中的暴力、色情、盲目追求时尚及整体的庸俗化、琐屑化等应对当前社会风气恶化、道德沦丧及整个社会日趋世俗化承担不可推卸的道德责任——有学者甚至提出,在传媒对社会影响日趋强大，社会日益媒介化的态势下，大众传媒的这种庸俗化、琐屑化在事实上加大了社会道德失范的惯性，并进而使得社会道德重建变得尤为艰难。在许多人看来，作为社会的强势舆论引导者与教育公器，大众传媒理应促成健康、向上的舆论风气。而我们面临的事实却是，当前的传媒所主导的舆论在一定程度上是有悖于社会健康发展的。基于是，人们一气同声地指责大众传媒没能以健康向上的内容来引导社会风气、激活高雅时尚。然而，人们在如此质疑大众传媒的时候却忽略了问题很重要的一个方面，那就是大众传媒固然引导舆论，但社会舆论与大众传媒之间还存在着一种积极的互动关系：一方面，正如我们所看到的，大众传媒承担着一种舆论引导、道德教化等社会精英的角色，另一方面，大众传媒在舆论导向中持何种立场又与社会意识形态与公众趣味密切相关。这在当前传媒市场化的态势下尤为明显：在当前传媒市场化的态势下，政府在财政上不再补贴传媒，并对传媒实行"事业单位，企业化管理"的双轨制，还要求传媒"独立核算，自负盈亏，照章纳税"。在"财政不给补贴，自负盈亏"的压力之下，大众传媒自愿不自愿地开始市场化改制。而在市场化条件下，大众传媒生存的基础是视听率或点击率，因为视听率与点击率能为传媒带来广告或赞助，在没有财政补贴的情况下，这些广告或赞助对传媒来说至关重要。在这种生存环境下，媒体往往逐受众兴趣而动，极力迎合受众的需求，以赢得视听率与点击率。

当前的媒介生态学研究较好地诠释了社会舆论与大众传媒之间的这种互动关系。媒介生态是一个借喻，借生物与它们赖以生存的生态系统之间的互动来比喻传播媒介与社会系统的关系。媒介生态的具体内涵有两个方面。第一，大众传媒本身是整个社会系统中的一个子系统，其生存与发展的过程是一个与社会总系统中的政治、经济、文化、科技诸多方面相互影响、互促发展的过程。有学者把媒体、受众、媒介组织和媒介环境等看成是构成媒介生态的四个基本要素。尽管大众传媒现在对社会的影响日趋强势，公众也越来越依赖大众传媒，但事实上，社会总系统中的其他方面也会对传媒产生各种各样的影响。如

第七章 媒体道德建设的应有维度

受众方面，作为传播活动的接受者，任何媒介组织的传播活动策划与实施却都必须以受众为中心，并充分考虑到受众接收效果、接收习惯等因素。这就是说，媒介固然对在生活方式、价值观念等方面影响到受众，但受众的生活方式与价值观念也会影响到媒介在内容选择、时段安排、播出方式等各个方面。其他的方面，如社会整体文化取向对传媒价值立场的影响、政治干预的影响、经济制约的影响等等，单方面强调大众传媒对人们生活及社会文化的影响是不可取的。第二，大众传媒本身也是一个有机的系统，其中的各要素之间也是相互影响、相互作用的。这里的核心问题是，当我们说大众传媒没有促成健康、向上的社会风气，没有激活高雅时尚的时候，我们应当清醒地意识到，大众传媒在当前的市场境遇中之所以采取这样的价值姿态与传播方式，不仅仅是受市场压力的影响，社会文化及受众偏好在这里也扮演了一个媒介引导者的角色，只是这种引导者角色在媒介的强势下并不那么明显罢了。因此，在舆论与价值观的导向上，把所有的责任都倾之于传媒一方是有失公允的。

美国学者梅尔文·德弗勒和 E. 丹尼斯在其研究中也曾提到过，现如今，"传播媒介的私人占有和对利润的追求已经导致它注重大众文化，大多数消费者的兴趣爱好主导着传播媒介的内容"。但接着又说，"很清楚，这种内容往往缺乏艺术性知识性和教育性。"[①] 由此分析，大众传媒内容的不断世俗化，其实质是大众传媒在"媚俗"，它在是迎合社会公众的庸俗、琐屑的需求心理。归根到底，传媒的格调是由受众来决定的。也正是这种迎合，大众传媒才获得了它想要（或者说广告商想要的）的视听率、点击率。在这个过程中，有多少人想到过，当媒体普遍以暴力、色情等来吸引观众时，暴力、色情并不仅仅是个大众传媒的趣味问题，它们本身就是一个严重的社会问题？

在价值观的问题上，同样有值得我们反思的地方：大众传媒本身并不能规定什么是道德上的"善"或"恶"，相反，社会生活对道德

[①] 梅尔文·德弗勒、埃弗里特·丹尼斯：《大众传播通论》，颜建军等译，华夏出版社，1989年版，第71页。

"善"、"恶"的解读还将直接影响大众传媒对"善"、"恶"的理解。事实上,道德善与恶的判断是一个由社会及社会生活来规定的一个"前媒体"概念。目前,我国社会正处于一个转型时期,旧的道德价值体系已基本被解构,而新的为社会大众所一致认同的道德价值体系却还没有完全建立起来,在道德"善"、"恶"的价值判断上存在着这样或那样的问题是不可争议的现实。一方面,大众传媒的社会责任更为艰巨:它应为当前我国的社会道德重建贡献应有的力量,大众传媒的社会地位及其影响正是人们对它寄予厚望的原因所在。而另一方面,传媒价值导向问题的根本则在于社会道德重建工程本身。单方面地强调提升大众传媒的品位与格调并不能真正解决所有问题,如何及时、高效地推进社会道德重建,提高公众文化品位,这才是问题解决的根本。只有公众的文化品位提高了,传媒产品的文化品位自然也会受其影响而排斥低级化、庸俗化。

2. 媒体素养概念及国外媒介教育的发展

针对大众传媒庸俗化与琐屑化问题,学者们曾从社会学、心理学、文化批判理论、哲学·伦理学等多个维度进行解读,并提出过许多有建设性的意见。其中,媒介素养的研究是一个有益的借鉴。

素养的最初含义是指"具有读与写的能力"。但随着社会与媒介的发展,"素养"的含义也不断扩展。早在印刷文化时代,人们的基本认识是,成年人是有阅读能力的人,儿童是指没有阅读能力的人。[1] 获得这种参与社会活动的素养在印刷时代就成了儿童教育的主要内容。需要强调的是,人们对"素养"理解并没有完全局限于这种工具性,而是倾向于向更为广域的自由思考伸展。在15世纪塞莱塔的拉丁文学校里,克拉托·霍夫曼的阅读教学方式备受推崇,他告诉学生"阅读书籍时应养成注意意义胜过文字的习惯,专注在果实而非饰叶上"[2]。现代神经语言学从1865年开始就研究大脑与语言之间的关系,认为"阅

---

[1] 参见尼尔·波兹曼:《童年的消逝》,广西师范大学出版社,2004年版,第26页。
[2] 阿尔维托·曼古埃尔:《阅读史》,商务印书馆,2002年版,第100页。

读是一个生成的过程,这个过程反映了读者欲以所受之训练在语言规则之内建造一个或更多意义之企图"①。这就是说,当儿童在学习语言使用时,他们就开始了思考语言所建构的意义世界,那种把阅读和写作仅仅解读为一种"只是用来记账技能"的思想从来就是值得怀疑的。

在非印刷媒介出现的时代,"素养"概念随着人们接受信息方式的变化而有所扩展;在印刷文化时代,素养概念主要含义是读书、读报的能力与水平,而在非印刷文化时代,读图像、读声光、读一切具有符号意义的信息的能力与水平也被纳入到素养的概念框架中。20世纪以来,大众媒介迅速发展,媒介与媒介内容也越来越丰富,以至于选择信息的能力与水平日益重要。于是,人们又把选择信息纳入到"素养"的概念框架。网络媒介的出现改变了印刷媒介发表的权威,在网络世界中人人都可以成为传播者,这种变化引起了人们对以往对待媒介态度的反思。在这个过程中,制作媒介内容、积极地使用媒介信息的能力也逐渐被界定为"素养"又一层含义。20世纪70年代,美国学者奥尔森指出,素养的概念不能只局限于对文字符号的掌握,也不能只强调对文字所叙述的事实加以了解,因为这样将会使语言与知识的互动性变得越来越狭窄。因此,奥尔森特别强调电子媒介对于扩充素养概念的贡献。②

媒介素养首先是由英国文化研究学者 E·R·李维斯和他的学生丹尼斯·汤普森提出来的,1933 年,他们在《文化和环境:批判意识的培养》这一文化批评论著中,首次就学校引入"媒介素养"教育问题作了专门的阐述并提出了系统的教学建议。两位学者认为,(当时的)新兴的大众传媒在商业动机的刺激下所普及的流行文化,往往推销一种"低水平的满足",这种低水平的满足将误导社会成员的精神追求,尤其会对青少年的成长产生各种负面影响。因此,教育界应建构系统

---

① 阿尔维托·曼古埃尔:《阅读史》,商务印书馆,2002 年版,第 45 页。
② D. Olson, *The Language of Instruction*: *On the Literate Bias of School*. In R. C. Anderson & W. E. Montague (eds.), *Schooling And the acquisition of Knowlegde*, Hillsdale, NJ: Lawrence Erlbaum. Asspciates, pp. 75—86.

化的课程或训练，培养青少年的媒介批判意识，使其能够辨别和抵御大众传媒的不良影响。① 不难看出，媒介素养这个概念，其最初的目的乃是在面对大众传媒所带来的流行文化时，唤醒人们的批判意识，以维护传统文化、语言、价值民族精神的纯正与健康，从这种观念出发，有关大众文化教育的目的被解读为鼓励学生去"甄别与抑制"。70多年过去后，随着社会与文化的发展，人们对媒介素养理解在不同历史阶段也有所区别，现在人们再提媒介素养的时候，媒介素养的意蕴其实在经历了时代的变迁之后，也已经有了较大的变化：在当前的文化态势下，如何认识与看待精英文化和大众文化，学界已经有了更为清醒的认识和客观的判断。媒介素养的概念也经历了一个变迁演绎的过程——由最初的精英主义立场所提出的单纯的抵抗防疫阶段，到20世纪60年代以后开始的文化多元化认识与实践；从重视独立批判能力的培养，到认识到媒介素养更应该是一种赋予民众传播能力与权力的阶段，提倡加强全民对媒介的使用能力与表达能力的培养。人们对媒介素养的认识走上了一条日趋完善、更加全面的道路。在这个过程中，国外媒介素养教育的发展经历了三个基本阶段。

第一个阶段是20世纪30年代至50年代，这个阶段的媒介素养教育事实上就是一种反媒介的教育。在当时的英国文化保护主义者们看来，之所以要保护孩子免受媒体的伤害，是因为媒体传播明显缺乏文化价值。通过媒介素养教育，可以让学生具备防范大众传媒的负面影响的能力，并自觉追求符合英国传统的美德和价值观。由于这种教育注重强化学生具备甄别和批判意识的方法，所以，后来的批评家称之为"免疫法"。其主要内容是合用当时法兰克福学派学者开创的批判理论，对大众文化的欺骗性、麻痹性、虚伪性等进行批判，通过甄别大众文化中的良莠成分，使学生辨清好坏，最终使他们回到传统文化的轨道上来。反媒介的素养教育理念在后来发展中虽然不再是主流，但其方法和立场并没有被完全否弃。20世纪70年代，当媒介素养教育发

---

① 参见宋小卫：《学会解读大众传播——国外媒介素养教育概述（上）》，《当代传播》，2000年第2期。

展到美国、加拿大及其他欧美发达国家时,学者们也普遍对媒介破坏高雅文化、滋生低俗文化的现象极为反感;这在媒介素养教育中的表现就是,人们更倾向于完全的保护主义方式,以让青少年远离媒介文化的污染。保护主义的媒介素养教育方式还表现在政治形态的方面,这方面的媒介素养教育主要目的是消除学生的错误信仰和思想,这也是许多国家媒介素养教育的主要动机。

20世纪50年代末及整个60年代是媒介素养教育发展的第二个阶段,这个阶段的媒介素养教育的基本理念是"文化即生活"(法国学者罗兰·巴特语),而接触媒介则是人们的生活方式之一。20世纪50年代末及整个60年代是西方媒介及大众文化迅速发展时期,反映到媒介素养教育中,就是人们不再把文化看成是社会精英的独享特权,而是所有人的应然生活价值,甚至是一种基本的生活方式。雷蒙德·威廉姆斯代表了这种文化转向。威廉姆斯强调,文化表达是多样性的,既有高雅、贵族形式,也有日常生活化的、大众化的形式。这种理解完全消解了早期媒介教育的理论基础,早期的银幕教育、图像识读教育、影像认知教育等都视为与媒介形式相对立的。因为,早期的媒介素养教育理念的一个基本点就是,影像文化是一种低级文化,它会影响青少年的气质品位,并有使学生堕落的倾向。正是为了防止这种可能的危害,文化研究的基本思路才被引进到学校教育中来。但是,当大众文化在大众传媒的推波助澜下迅速发展起来,并日益成为社会强势文化样式时,接触媒介已经成为实际的生活方式,这种教育逐渐被认为是徒劳的,教育理念的转变也就势在必行。

20世纪70年代初及至现在是媒介素养教育发展的第三阶段,这是媒介素养教育运动的形成与发展时期。之所以说是"媒介素养教育运动",是因为:第一,媒介素养教育不但进一步在西方国家中继续发展,由英美发达国家扩展至澳大利亚、日本等国家,并且也开始向发展中国家扩散。事实上,新世纪以来,媒介素养教育已呈现世界性趋势。第二,联合国教科文组织及其他一些国际性组织开始积极介入媒介素养教育的推广。1978年,联合国教科文组织委托芬兰的媒介研究专家索卡·闵基能设计了一项国际性的媒介素养教育方案。闵基能在其设计的方案中指出，在资本主义社会，大众传媒的消极影响是其积极影响所无法消除的，这种社会环境里的大众传媒，有可能发展成为操纵公众舆论的重要工具。因此，媒介素养教育的目标，不仅是教会青年人应对各种大众传播媒介，而且要鼓励学生为建立具有真正民主精神的高质量的大众传播体制而努力。1982年、1984年、1986年，联合国教科文组织又依次出版了《将大众媒介用于公共教育国际研讨会的最后报告》、《媒介教育》、《了解媒介：媒介教育与传播研究》三种读物。在1989年发表的《世界交流报告》中，联合国教科文组织也设专节对媒介素养教育的国际趋势和亚洲、太平洋地区、欧洲和拉丁美洲的媒介素养教育状况作了介绍，并提供了25种媒介素养教育的论著索引。国际大众传播研究会、国际教育媒介理事会、视听传媒教育欧洲协会、国际天主教广播电视和音像协会、国际天主教电影和音像组织等是近年来经常开展媒介素养教育活动的国际性组织，其中，国际大众传播研究会早在1992年的一次学术大会上就已经将媒介素养教育列为独立的学术议题、视听传媒教育欧洲协会在2004年的一次会议上，讨论了如何将新科技、多媒体技术和电信技术应用于欧洲的课程教育，制订了一个五年媒介素养教育计划。

3. 媒介素养的教育必要性

国外媒介素养教育的发展历程既是媒介素养概念不断丰富的历程，也是媒介素养教育越来越受重视的进程。近代以来，特别是20世纪30、40年代以来，在大众传播媒介日趋强势的态势下，人们越来越意识到自身素养在面对媒介挑战时的重要性。牛津辞典对媒介素养的界定是：the quality or state of being literate; knowledge of letters; condition in respect to education. 不难看出，这一界定不仅把读写能力的素质与状态纳入到了媒介素养的概念框架，而且也把与受教育相关的必备条件也纳入到了媒介素养的概念框架，这也一定程度上凸显了媒介素养教育的必要性。从我国目前的情况看，媒介素养教育极有必要，这种主要体现在以下几个方面。

第一，接触媒介已经成为人们的一种生活方式。事实上，媒介接受活动的经常化、习惯化已经达到了前所未有的程度，有人甚至把媒介活动称之为大众生活一日三餐之外的"第四餐"，这体现了接受媒介已是人们生活必不可少的内容。正如前文所提及的，人们接受媒介的时间已超过了他们花在其他闲暇活动时间的总和，接触媒介已经被列为与工作、睡眠一样最为耗时的活动了。更为重要的是，媒介在为我们提供便捷的信息交流并带来许多全新体验与感受的同时，它还改变了我们的生活，引起了人们生活方式与价值观念的变化。而作更深入的考察，我们还会发现，大众传播媒介事实上还改变了人们知识结构，改变了人类观察世界的方法与思想过程，甚至还在很大程度上改变了人的个性或人格。如现代人的一种社会病理现象——"媒介依赖症"，即过度沉溺于媒介接触而不能自拔，青少年的网络成瘾就是典型。

第二，对媒介化信息开始介入新生一代的意识形态的问题，无论是我国还是世界其他国家都尚未找到有效的管理途径。网络媒介越来越成为青少年获取信息的重要来源，网络媒介所衍生的文化形态也越来越多。一方面，新兴媒介所再现的意见市场、人际关系、跨文化互动在全球化影响下日趋同质化；另一方面，由于传播科技与IT技术的紧密结合，媒介生产者为了竞争而不择手段，他们游走于道德与法律的中间地带，生产挑战社会民俗道德价值标准的众多娱乐信息。在这种态势下，如何有效导引媒介导向，如何不让青少年在媒介导引下走向价值误区等都有待进一步研究，这种情况也使得媒介素养教育日显必要与迫急。

第三，受众异化趋势明显。在当前媒介市场化、商业化、集团化的态势下，受市场逻辑与商业逻辑的操控，受众被定位为媒介信息的消费者而不是社会公众，这就是所谓的受众异化。表面的现象是，媒介的信息选择是以受众需求为参照的，但是实质的情况下却是，在受众"使用与满足"的指挥棒下，"以受众为中心"式的对受众的尊重，其出发点却是对经济效益的考量与追求，在很多时候的很多情况下，商业利益早已凌驾于受众本身的需要之上。

第四，媒介与政治的关系越来越密不可分。现代社会的政治与舆论关系密切，而舆论的形成往往都是大众传播的结果，社会大众关注的议题多半是由媒介制造的。这一点在媒介议程设置的研究已得到了充分的证明。从某种意义上说，媒介已经直接参与了当代社会政治活动，并影响了多数人的政治判断，也冲击和塑造着民主社会的政治模式。

在媒介素养教育的必要性分析中，不难发现，媒介素养教育的内涵不仅仅是了解媒介信息的内容，它还包括了对媒介内容进行深入的思辨、反思受众的接受行为、分析媒介组织结构、强化媒介接受过程中的主体意识等更深层次内容。英国伦敦大学教育学院的学者帕金翰指出，媒体素养一词应解释为使用与诠释媒体所需要的知识、技术与能力。他更进一步指出，媒体素养并非只是一种功能性的素养，还必须是个具有社会性、批判性的能力。[①] 很显然，具有社会性就代表着个人与外界的互动关系，批判性则代表进行合理与有效沟通的必要条件。换言之，使用与诠释媒体的能力是媒介素养的基本内涵之一，这里"诠释"还包括了对媒体各层面的广泛的分析性理解。

从总体上来看，"媒介素养"并非是一个纯粹的传播学课题，它实际上是一种在新的文化环境中应运而生的新的教育思想。对于在媒介环境中成长的儿童而言，如果学校不再能够为之提供真实世界的法则，那么，他们必将成为媒介的学生而不再听众教师的引导。正如人类把教儿童阅读作为最早的教育内容一样，今天的启蒙教育的核心应该是对儿童进行媒介内容的批判性认知教育。把媒介当作可以解读的文本，在儿童掌握了不同文本语言的同时，让他们养成迅速思考文本意义的习惯，把不仅仅是满足于知觉和感官上的愉悦。为了实现这个教育目标，老师的责任更加重大了，因为"老师的责任向来被认为是一种公众的责任，让文本和其所含不同层次的意义能尽可能多地让读者所知，

---

① David Buckingham, *Media Education: Literacy, Learning and Contemporary Culture*. Cambridge: Polity, 2003.

矢志维护一种政治、哲学和信仰的共同社会史"①，这样的教育理念即便在文化全球化的今天依然具有价值，甚至更需要我们去弘扬。

4. 我国媒介素养研究与媒介素养教育的现状与反思

20世纪90年代中后期以来，我国学者也开始关注媒介素养及其研究，根据河北大学新闻传播学院胡连利等人的调查，我国媒介素养研究在20世纪90年代开展得并不热烈：1997年开始到2003年共发表相关论文33篇，其中1997年仅1篇，② 1998、1999年各2篇，2000年7篇，2001年2篇，2002年4篇，2003年15篇。③ 胡连利认为，国内对媒介素养研究的普遍关注始于2003年，2004年成果尤著：这一年被称为媒介素养教育年。2004年10月1日，中国首家媒介素养专业网站"媒介素养研究"由复旦大学媒介素养小组建立和开通；2004年10月8日至11日，以"创新、沟通、发展"为主旨的中国首届媒介素养教育国际研讨会在中国传媒大学隆重召开，来自国内外的专家学者以"媒介素养及媒介素养教育"为题探讨适合我国国情的媒介素养教育理论建设问题，推动了我国媒介素养研究的深入发展；2004年12月11日至13日由团中央、教育部等国家七部委联合主办、上海团市委等承办的"中国青少年社会教育论坛——2004媒体与未成年人发展"主题会议在上海举行。这次会议旨在深入研究现代媒体的发展对未成年人的深刻影响，呼吁全社会对媒体与未成年人发展课题的关注和研究，以引导未成年人更好地对待和运用媒体。④ 2005年以来，更多的学者开始介入到我国的媒介素养教育研究，期间蔡国芬、张开等人的《媒介素养》、陈先元的《大众传媒素养论》、陈龙的《媒介素养通论》、段京肃、杜骏飞的《媒介素养导论》等相继面世，这些著作与教材对

---

① 阿尔维托·曼古埃尔：《阅读史》，商务印书馆，2002年版，第100页。
② 在段京严、杜骏飞的考察中，这篇文章就是中国社科院的卜卫发表的《论媒体教育的意义、内容和方法》，他们认为这是国内第一篇系统论述媒体素养教育的论文。参见段京严、杜骏飞：《媒介素养导论》，福建人民出版社，2007年版，第36页。
③ 胡连利、王佳琦：《我国大陆媒介素养研究的现状与缺失》，《河北大学学报》（哲学社会科学版），2007年第1期。
④ 同上。

媒介素养的概念、国外媒介素养教育的发展及国内媒介素养研究与媒介教育的现状作了较为系统的研究。论及我国媒介素养教育的现状，学者们以不同的方式，包括社会调查考究了当前我国公众媒介素养的现状。现实的情况是，我国当前的媒介素养及其教育现状都不容乐观，这主要体现在两个方面：第一，专业的媒介素养教育没有完全开展起来，以至于人们仅能从公众的文化水平与教育程度来考察其媒介素养问题，专业的媒介素养指标则无从考察。第二，人们很少将媒体作为一种教育基础，尽管人们对媒体的教育功能已经有所认识，但深入研究这种教育功能者则尚不多见。对此，张玲批评说："中国媒介教育系统的形成大概经历了如下的发展阶段：20世纪30、40年代的电影时代；50、60年代的广播时代；70、80年代的电视时代，90年代以后的计算机网络和多媒体时代。上述媒介教育系统的形成是在人们，特别是在中国教育界、学术界毫无意识、毫无准备和不经意之间渐渐而成的。"①

当我们仅能从公众的文化水平与教育程度来考察其媒介素养状况的时候，媒介素养教育的滞后就已经不证自明了。根据陈先元的考察，② 城市公众的媒介素养就普遍高于农村公众的媒介素养，但这不是因为城市公众接受了系统的媒介素养教育的缘故，而是城市公众的文化水平、教育程度普遍高于农村公众。在城市中，社会精英阶层的媒介素养又普遍高于中产阶层，其原因同样是因为社会精英阶层的文化水平、教育程度普遍高于中产阶层。但问题是，即便社会整体的文化水平、教育程度有了较大的提升，也并不就意味着公众的媒介素养也会相应的有较大幅度的提升。因为，基础文化素养与媒介素养毕竟是不完全等同的概念。首先，媒介素养是以培养受众批判地接受媒体信息，合理使用媒介、了解媒介内容制作背景为主要内容，这有别于一般的文化教育；其次，当代媒介发展的一个重要特征就是，媒介技术

---

① 转引自吕巧平：《媒介化生存——中国青年媒体素质研究》，中国传媒大学出版社，2007年第5期。

② 陈先元：《大众传媒素养论》，上海交通大学出版社，2005年版，第180—208页。

更新迅速，这对媒介素养教育也提出了相应的挑战，它必须能应对随技术更新而不断衍生的新的教育内容再次，媒介素养教育是一个学科综合议题，它涉及新闻传播学、教育学、心理学、社会学、信息技术学、哲学·伦理学等，这种学科综合性决定了媒介素养教育的复杂性与艰巨性。①

在当前大众传媒自觉不自觉地迎合公众趣味的文化环境中，着力培养、提升公众的媒介素养有着双重意义。首先，媒体素养的提升对能提升公众自身的整体素养，这有利于营造一个有着高品质的受众群体；其次，公众整体素养的提升反过来又对促进媒介品味的提升有着积极意义。因此，公众媒介素养的提升能在一定程度上矫正当前大众传媒的庸俗化、琐屑化的趋向。当公众本身的文化趣味趋向高雅，社会风气已然健康时，传媒的文化趣味也就会随之趋向于高雅，并能因此成为促成健康、向上的社会风气的先锋力量，大众传媒与受众之间的互动也自然呈良性发展态势。

当然，在强调媒介素养培育及提升的重要性时，我们也应该对这个问题有一个较为清醒的认识。第一，尽管媒介素养低下是导致当前大众传播媒介庸俗化、琐屑化的原因之一，因而，在当下的媒介发展环境中，重申媒介素养的重要性，建构一个既在学理上能站得住脚，又在实践中具有可操作性的框架，是极有必要的。第二，但同时，我们也必须认识到，媒介素养并非是解决所有问题的灵丹妙药，它只是媒体道德建设方案的一个方面，问题的整体方案还有着其他的许多方面，甚至是更重要的方面。把媒介素养的培育与提升视为唯一或者问题解决的全部显然是不可取的。

---

① 参见吕巧平：《媒介化生存——中国青年媒体素质研究》，中国传媒大学出版社，2007年版，第190页。在该书中，吕巧平采用的是德语国家学术界普遍采用的"媒体素质"概念，而不是媒介素养概念。

第二节 传媒立法的伦理审视

在论及传媒道德建设的时候，也有学者自觉不自觉地诉诸法律，试图通过法律制度或道德的制度化等方式来加强传媒道德建设，这种思路有其积极的一面，即它不仅认识到了传媒道德建设这一任务的迫急性，而且也认识到了当前传媒领域道德手段某些层面的不足，转而求诸之于一种更为强力、有效的手段来解决道德问题。但这种思考存有两点不足的地方：一是当前我国的传媒立法严重滞后，诉诸法律其实并不能解决太多的问题；二是作为一种伦理的研究，把问题的解决诉诸法律，在某种程度上也算得上是规避问题。我这么说当然不是意味着传媒的所有问题都可以在伦理学的范域中得到解决，而是说，作为一种伦理的研究，我们对传媒道德建设问题的探讨应能反映伦理思维的独特性及应有的穿透力，在伦理学领域中积极、深入探究相关的基础理论问题，并能为其他方面的思考提供有益的思想资源与方案支持。

当前中国传媒立法的实际情况是，传媒立法正日渐完善起来，但从伦理的角度审视，当前的传媒立法也导致了一些伦理困境，如对传媒自由的立法供给不足在一定程度上放任了传媒自由的滥用、传媒舆论监督与名誉权的立法保护严重不平衡，这导致了媒体舆论监督的困境等。更为严重的是，这些情况尚未引起人们的足够重视，深入分析之，必将补益于完善传媒立法与深化传媒伦理的研究。

1. 传媒立法的历史、现状及其特点

大众传媒已然成为当代社会新的权力核心，它不但给人们带来全新的体验与感受，还改变了人们的生活，并引起了人们生活方式与价值观念的变革。但是，大众传媒中的诸多现象还是让人们对大众传媒的现状深感担忧。新闻活动中的新闻失实与新闻侵权、广告中的不道德乃至违法现象、电影电视与网络中大量的违背伦理原则与道德规范

的现象及其价值观的误导趋向等等，都让人们觉得加强传媒立法是很有必要的。

我国新闻史上最早的新闻出版成文法是清政府1906年颁行的《大清印刷物件专律》。1907年，清政府又颁布了专门针对报业的《大清报律》。这两部律令都旨在加强朝廷对新闻的管制。尽管如此，这些律令的颁行对我国近代新闻事业的发展还是有着积极的意义。因为，当相关法律把新闻机构与新闻活动纳入到规范机制时，它至少已经包含了对新闻机构与新闻活动的主体性及其相关权益的认可。而在此之前，我国从事报刊编印的人都被视同"落拓文人"或"疏狂学子"，而他们的活动也被认为是"于社会初无若何之关系"。① 后来的南京临时政府、北洋政府及国民党政府都颁布过相关的传媒律令。其中南京临时政府颁布的《民国暂行报律》对报业作了相关的限制性规定，全国报界电告临时大总统孙中山表示反对，在其颁行仅五天后，孙中山经与内务部协商决定取消《民国暂行报律》，这可以看做是中国新闻史上反对限制新闻自由的一次重大胜利。北洋政府时期，曾在1914年4月颁行《报纸条例》并于1915年修订，《新闻电报章程》也于1915年颁行，这些法律对报业实施高压管制，其中甚至有荒谬的条文规定：报纸要受警察机关管辖，报刊出版不但要经警察署认可，而且还须交纳保押费等。对报业的高压管制严重限制新闻业的发展，当时的情况是"清末南北各省报纸，民国后多受压迫而夭折，新兴报纸处高压之下，亦鲜能发展。报狱叠兴，殉者无数。其规模宏阔之报，或庇外力以营业，或藉缄默以图全，近十余年来，除革命机关报之非商业性质者外，求如清末报纸之心如铁石论天下事者，反不多见"。② 国民党政府时期颁布过一些新闻记者法、新闻出版法及一系列检查条例等，其中1932年7月颁行的《新闻记者法》是我国历史上第一部关于新闻记者的法律。国民党政府1936年12颁布937年修正的《出版法》及后来颁行

---

① 参见赖光临：《中国近代报人与报业》，台湾商务印书馆，1987年版，第154页。
② 张季鸾：《大公报一万号纪念辞》，1931年5月22日。引自《季鸾文存》（第一册），大公报馆，1945年版，第30—31页。

的《出版法实施细则》、《日报登记法》、《新闻检查标准》等都以压制进步言论、严加控制新闻事业为出发点,极大限制了公众的言论自由与新闻传播事业的发展。对此,张季鸾曾作如下评述:"全国报纸言论一律,纪事亦一律,当局谓黑,则俱黑之,谓白则俱白之,其所是否者是否之,是此制度下之报纸,其职责乃完全为当局作政策之宣传,不复含自由宣达民隐之意出。"并认为这种做法的流弊有二:"其一,宣传过于统一严整之结果,人民神经久而麻痹,反使宣传失效。其二,报纸专为政府作宣传机关之结果,全国言论界单调化,平凡化,根本上使人民失读报之兴味,最后足使报纸失其信用。"[①]

新中国成立以后至20世纪70年代末的很长一段时间里,我国并没有专门的传媒立法。但中国人民政治协商会议的《共同纲领》及后来的《宪法》中都有关于新闻传媒的法律条款,其中,《共同纲领》第四十九条明确规定:保护报道真实新闻的自由,禁止利用新闻进行诽谤,破坏国家人民利益和煽动世界战争;《宪法》中也明确的相关规定(具体见下文)。1980年,在第五届全国人大三次会议上,上海代表赵超构首次提出应该制订新闻法或新闻出版法,得到了许多代表的支持;1983年,在第六届全国人大一次会议上,湖北代表纪卓如等人提出"在条件成熟时制定中华人民共和国新闻法"的书面建议;1984年1月,中宣部新闻局提出的《关于着手制定新闻法的请示报告》获批通过,新闻立法正式被提上议事日程。1988年,全国人大教科文卫委员会与中国社会科学院新闻研究所共同创办的新闻法教研室、新闻出版署的新闻法起草小组以及上海市委宣传部新闻法起草小组分别提交了三个《新闻法》草案,但由于三个草案在新闻自由等一些重大问题上尚存有较大争歧,三个草案都未能通过审议,直到现在,新闻法仍未制订出来。尽管新中国的《新闻法》尚未出台,但这并不是说,我国的大众传播活动就是无法可依的:当前我国大众传播活动的法制内容主要包括四个层次:第一,《宪法》有关条款。《宪法》第二十二

[①] 张季鸾:《国府当局开放言论之表示》,《大公报》,1935年3月12。

条规定了大众传播活动的性质、任务与作用："国家发展为人民服务、为社会主义服务的文学艺术事业、新闻广播电视事业、出版发行事业……"第三十五条规定："中华人民共和国公民有言论、出版、集会、结社、游行、示威的自由";第四十一条规定："中华人民共和国公民对于任何国家机关和国家有提出批评和建议的权利",等等。第二,一些基本法律及其司法解释中与大众传播活动有关的条款。《刑法》、《刑事诉讼法》、《民事诉讼法》、《民法通则》等对公民的名誉权保护及相关的侵权限定与处罚都作了具体的规定;第三,针对报刊、广播、电视、网络等专项问题的行政法规与规章。主要有《出版管理条例》、《期刊管理暂行规定》、《报纸管理暂行规定》、《广播电视管理条例》、《电影管理条例》、《印刷业管理条例》、《音像制品管理条例》、《计算机软件保护条例》等等,几乎涵盖了当代所有大众传播媒介的管理。第四,地方条例。各地方政府也都制定了一些关于大众传播媒介的管理条例。

综而观之,当前我国传媒立法的主要特点是:其一,立法滞后。虽然涉及大众传播媒介的法规形式多样,数目繁多,但大多是行政法规与部门规章,法律效力低,缺乏一部专门规范大众传播活动的新闻法(媒介法)。即便相关法律、法规、规章及管理条例中包括了与传媒相关的条款或律令,但上文所提到的种种有关大众传媒的法律、行政性法规与条例中,除《刑法》、《刑事诉讼法》是1979年通过,《民法通则》是1986年通过,《期刊管理暂行规定》是1988年通过,其他的都是90年代以后才制订并实施。反响极为强烈的有偿新闻问题也是直到1993年才有了相关的规章约制。但事实上,有偿新闻在80年代中期就已呈泛滥之势了,正式的规章却在近十年以后才制度出来,传媒立法滞后由是可见一斑。到目前为止,仍有许多传媒活动尚不能得到法律的明文保护,记者采访权即是一例。虽然记者采访权早已得到事实上的肯定和法律的默许,但却没有一部法律、行政法规对记者的"采访权"、"报道权"作出了相关的明文规定。在一些特殊的传媒领域,特别是新兴传媒领域与问题方面,如网络、传媒娱乐化、传媒市场化等，往往都是在问题极为严重且影响已然恶劣的情势下才出台相关规定，立法的滞后性同样明显。其二，限权性规范甚于授权性规范。在封建统治时代，传媒立法的核心精神是禁止性而非授权性的限权管制，其目的就是要实现统治集团对媒体的全面操控，现代法律中权利与义务辩证统一法则无从体现。北洋政府及国民党政府全盘承继了这一思路与举措，只是更为露骨些罢了。新中国成立以来，我国传媒立法较之前的任何历史时期的传媒立法都有了极大的进步，同时也更趋人性化，相关的权利保护及相应的授权在各种法规中都有所体现，如强化了媒体的舆论监督权与社会公众的新闻权利等权利意识，同时也强调了传媒的公众立场与人文关怀等，现代法律中权利与义务的辩证统一法则得到了较为充分地体现。这对确保大众传播活动的积极社会作用、规范传媒运作及秩序化媒介市场等都起了极为重要的作用。然而，在具体的法规、规章以及各部门的管理条例中，限制或管制的进路仍然强势，一个明显的表征就是，相对于各法律、规范、规章及管理中对各种限权规范得细致与具体，相应的授权性规范则要粗放得多。

2. 传媒立法的伦理审视

尽管当前的传媒立法较之前各个历史时期的传媒立法都有极大的进步，但不可否认的是，当前的传媒立法仍有诸多不足之处，散见于各种法律、法规、规章及管理条例中的关于大众传媒的规定很不完整，甚至有些规定相互冲突，这很不利于实际操作。从伦理的角度考察，当前传媒立法仍存在两个重要问题有待进一步加强认识并作可能的出路探讨。

第一，当前的传媒立法不利于确立与保障传媒自由。

自由[①]，是世界传媒界普遍认同的神圣权利与价值。自有新闻传播

---

① 在现代语境中，"新闻自由"更确切的提法应该是指"传媒自由"。因为，新闻自由的内涵不仅仅指自由地接受与传播新闻等方面的自由，它实际上还包含了"出版自由"和"言论自由"，并且有所扩大。一般说来，我们现在提及新闻自由的时候，不但意指大众传媒媒体具有自由传播的权利，也意指人们能够自由交流和自由获取信息的权利。而且，这里的"新闻"本身已不再局限于出版媒介或新闻媒介，而是已经扩展到了电子媒介、网络媒介乃至于其他的大众传播行为，新闻在这里其实是大众传播媒介的代名词。

活动以来，人们就不懈追求传媒自由。在经过了几个世纪漫长的努力后，终于获得了法律的认可与保障。美国《宪法第一修正案》甚至把这种自由升华为一种神圣的信仰。① 这种情况决定了传媒立法的一个基本原则就确立与保障传媒自由。但我国当前传媒立法滞后的一个重要原因就在于社会各界对传媒自由的认识上存在着较大的分歧——前文曾提及的三个《新闻法》草案中，对自由解读的分歧就是最大的分歧之一：一种观点认为，我国当前的新闻自由还不充分，新闻法应该成为新闻自由的保护法，根据宪法规定的公民享有言论出版自由和学术自由等原则，鲜明而具体地界定新闻自由，使之能够更充分地实现，并得到切实的法律保护；另一种观点则认为，当前的媒体已经相当自由了，实质的问题是新闻自由被滥用，并且已经造成了恶劣的社会影响。因而新闻法应当以管理、限制为主旨，着重制止新闻自由的滥用。对自由解读的分歧与矛盾直接反映了人们在传媒立法的某些基础问题上尚未达成共识，这反过来又使得相关立法工作变得尤为艰难。在现实的操作中，这可能导致两个方面的问题，一是由于相关的立法支持相对不够，传媒自由因缺乏足够的法律支持而在一定程度受到限制；二是在立法供给相对不足的情况下，法律在某种程度上还放任了传媒自由的滥用——正当的传媒自由既能得到法律保护，又不超出法律所允许的范围；而立法的不足不但不能有效确保传媒的正当自由，它还使得传媒自由无法可循，在市场化的境遇下②，传媒很可能为追逐经济效益而滥用自由。从这个意义上说，加快传媒立法进程实有必要。

第二，当前的传媒立法不利于媒体的舆论监督。

大众传媒的一项重要功能是社会监督，这一功能践行的情况是对

---

① 阿特休尔曾针对美国的情况指出："的确，对第一修正案思想的信仰之根深蒂固，有如对宗教教义的信仰一般。以至于在美国，人们把它赞誉为'美国生活方式'的本质性的一部分"。（J·赫伯特·阿特休尔：《权力的媒介》，黄煜译，华夏出版社，1989年版，第18—19页。）这种信念不独在美国存在，它已成为当今世界的普遍信念。根据荷兰宪法学者享·范·马尔赛文等人统计，在全世界的142部宪法中，有124部宪法把表达意见的自由界定为人们最重要的基本权利或是民主的基本要素。

② 目前，我国传媒界已基本走向市场化，政府不再包养媒体，而且还要求媒体在保持事业单位性质的同时，实行企业化管理，并自主核算，自负盈亏。

传媒进行道德评价的重要价值标准。现实情况是，当前我国保护名誉权的立法与保护媒体舆论监督的立法严重不平衡，这时常使得媒体舆论监督处于不利的态势之下。

新中国成立以来，特别是改革开放以来，有关保护公民名誉权的法制建设发展很快，到现在已经形成了从宪法到民法、刑法和行政法的完整的名誉权保护体系。这充分体现了我国在传媒立法中关照人自身价值的人文关怀立场。但与法律对名誉权的保护相比较，媒体舆论监督的法律保护就要薄弱得多。至今尚只有《宪法》第四十一条作了相关的规定——《宪法》第四十一条明确规定：公民有对国家机关及其工作人员的批评权与建议权。这是言论自由的延伸，也是舆论监督的主要法律依据；同时，《宪法》第三十七条也规定：公民的人格尊严不受侵犯，禁止侮辱、诽谤和诬陷。对媒介主体来说，这其实是一种义务规定，即传播媒介在行使言论自由、批评建议与舆论监督等权利的时候，不得损害他人的名誉权和人格尊严等人格权。

在实际操作过程中，许多机构或个人时常利用名誉权的立法保护与舆论监督的立法保护之间的不平衡来规避媒体舆论监督。20世纪90年代初，我国曾一度出现的"告记者热"现象就是实证。"告记者热"法制建设背景就是名誉权的立法保护与舆论监督的立法保护之间的不平衡——许多受到监督的个体或机构的行为或事件遭媒体曝光后，他们不但反省自身的错误，反而来个恶人先告状，即状告媒体侵权。一旦案件得到受理而进入到诉讼程序，媒体即刻陷入一种极为尴尬的境地。因为，一旦进入诉讼程序，事情的性质本质就发生了根本性的变化——它就不再是或不主要是舆论监督的问题了，而是要由法院介入来调查媒体监督本身的正确与否以及其监督是否损害了被监督者的名誉等，监督者与被监督者之间的攻守之势瞬间倒置。在这种情况下，即便是案件最终得到公正判决，但对媒体监督来说，这只不过是又回到了起点。因为，媒体监督中暴露的问题仍需回到行政程序中来寻求解决方案。很多时候，监督就这样不了了之。于是被监督者虽败犹荣，因为，他以缓兵之计达到了规避监督的目的。而监督者则虽胜若败，不仅监督没有达到实际性目的，反而陷身官司，难以解脱。这就是所谓的"监督止于官司"，这真实地反映了传媒立法滞后所带来的法律与伦理的困境。

一项完整的权利，如舆论监督，必须要有对于妨碍和侵犯这项权利行为的制裁措施，并有相关的法律保障。在当前的法律与部分部门规章中对侵犯批评、建议权也提出了处理对策。《刑法》中就有"报复陷害罪"，但这种处理实际上是过于严重，而且处理起来时间长，难度大，操作也很复杂；《公务员暂行条例》中有"压制批评、打击报复要受行政处分"等相关条款，但这种处理又有过轻的嫌疑，仅仅向单位反映情况，能达到处理的要求吗？在这种情况下，舆论监督者就往往难避尴尬。因为，如若他们受到侵害，他们不太可能向第三者或社会公共机构起诉。科技工作者韩成刚曾写文章批评"矿泉水壶"的不实广告，反而遭到生产厂家起诉，官司打了三年，虽然赢了，却损失惨重。后来，他认为自己的"舆论监督权"遭到侵害，诉之法律要求审理此案，却被驳回，因为法庭根本就无法可依，更无前例可援，即便开庭审理也无法判决。

3. 反思与启示

不论是传媒立法还是传媒伦理，其讨论与践行其实都体现了人们对大众传播媒介的规范期待。但当前的传媒立法与传媒伦理却面临着一种极为尴尬的处境。一方面，传媒立法相对滞后，法律对传媒实践中的许多失范问题关注不够，在这种情况下人们时常自觉不自觉地把伦理、道德作为解决问题的手段。另一方面，"传媒伦理的研究常常遵循这样的模式——最后退到以法律作为唯一可靠的指导。"[①] 因为，作为一种制度规划，伦理、道德的规约不像法律的强制有足够的制度保障，对某些机构或个人的违背伦理原则与道德规范的行为也就难以作出法律式的裁决与处罚。事实上，在许多协会的伦理规范或章程中，

[①] 克利福德·G. 克里斯蒂安等：《媒体伦理学：案例与道德论据》，张晓辉等译，华夏出版社，2000年版，第2页。

很少附有惩罚条例，即便是有，也多仅限于口头警告等方面。① 以至于美国学者施拉姆把媒介的守则称为只是媒介从业人员工作有关目的与标准的一种宣示，让新进者或有志于这个行业者研读全文后有所启发罢了，他甚至认为这些守则之类的东西从不曾发挥节制的力量与作用。②

由此得出的启示是，在对大众传播媒介的规范过程中，法律与伦理的相互支持极为重要。一方面，立法滞后是法律程序正义的必然代价。因为，任何法律的制定必须有一个对事实全面而深入的考察过程，在事实没有充分暴露之前，法律的制定是难以完成或难以保证其合法性与实际可操作性的。在这种情况下，加强传媒伦理的研究，既能有效规范传媒运作，又能为传媒立法提供足够的伦理价值与标准的支持。这主要体现：（1）在伦理的参与能明确权利主体的义务原则，并能在此基础上构建起相应的内部自律机制，没有这种自律机制，即便建有足够的立法，法律效力仍能有保障。（2）伦理的参与能明确媒体的价值基础，确立相应的价值标准。这一点很重要，它不仅决定了媒体当成为何种媒体，也决定了媒体应当向着哪个方向行进，与之相关的是，它还应当给当代社会的人们以何种的价值指引。另外，从伦理的角度看，传媒立法公正与否，与其是否认同并内在地包含了一些基本的伦

---

① 一个典型的案例是：1923年美国报纸主编协会在制定伦理规范之时，协会的124名成员中有一些曾提出协会应当拥有类似法律和医学协会所拥有的权力，以使协会可以惩罚不道德的从业人员，甚至禁止他们继续从来本行业。当时，协会想拿《丹佛邮报》的发行人F. G. 邦菲尔斯开刀，将其驱逐出协会。因为邦菲尔斯曾经接收100万美元的贿赂，作为不报道怀俄明州政府将石油储备非法卖给私人的条件。开始，协会成员投票决定驱逐邦菲尔斯，但邦菲尔斯随即威胁要以诽谤罪起诉这个团体及其每一位理事。他提出，如果协会不再提驱逐他的事，他便可以停止诉讼。协会理事在这种情况下选择了妥协，而对于如何惩罚显然触犯了道德规范行为的讨论也停止了。若干年后，该协会甚至还正式通过了一个动议，明确指出对伦理规范的遵守应完全出于自愿。1985年，在职业新闻工作者协会的会议中再次发生了类似的争论。最终，职业新闻工作者协会理事会投票决定不把规章制度与惩罚条例捆绑在一起。（相关内容参见罗恩·史密斯：《新闻道德评价》，李青藜译，新华出版社，2001年版，第24—25页。）

② 转引自张国良：《20世纪传播学经典文本》，复旦大学出版社，2003年版，第288—289页。

理价值标准直接相关，这些基本的伦理价值及标准包括传播自由、主体平等、内容真实、价值导向合理而健康等。当且仅当传媒法律中内在的包含了基本的伦理价值标准时，它才可能有利于建设公正有效的传媒运行秩序，并进而保障公众利益的实现。另一方面，传媒立法又能为传媒伦理的某些价值及其实现提出合理且合法的限定，并为其规范功能提供相应的体制保障。即便是人们普遍认可的传媒价值，如果没有相应的法制限定，也往往会走向极端，最典型的例子莫过于传媒自由了。为了争取传媒自由这一正当权利，人们为之奋斗了几个世纪。但19世纪中期以来，大众传媒的自由放任却逐渐侵蚀了自由主义最初的思想精髓：公共信息资源被少数人垄断，"意见的自由市场"不复存在，言论自由处于放任状态，生产和传播信息主要服务于商业利益而不是公共利益，这侵害了其他的权利主体。这种在19世纪资本主义世界的自由放任现象在当前中国传媒界也大量存在，许多媒介或是媒介工作人员打着传媒自由的旗号，肆意侵犯人们的生活空间。毫无疑问，这种自由其实已经溢出了其原本的意义域，并严重侵蚀了自由主义最初的思想精髓。从伦理的角度看，传媒自由是绝对的理性，同时也是媒体的绝对权利，但这并不意味着自由的传媒就勿须担负任何社会责任与义务了。恰恰相反，早在自由主义理论盛行的时候，传媒的社会责任就已经被内置于人们对传媒的预设之中了。传统的自由主义新闻思想认为，人有理性和道德感，并倾向于追求真理、服从真理。而且人的理性和道德感并不需要特别注意自己的社会责任，他们无需劝勉就会负责，因为他们有足够的自尊心。但现在的情况却是，必须由法制限定传媒自由的范围与责任，否则传媒自由于人们生活的合理价值就难以保障。另外，由于制度赋予法律以刚性强制力，加强传媒立法还能为传媒的伦理规范提供相应的体制保障，这是无需多议的了。总之，只有当传媒立法与传媒伦理相互充分支持的时候，传媒立法的价值合理性与传媒伦理的合法性以及二者的现实可操作性才能得到实际的保障。

第三节 传媒伦理的学科建设与媒体道德建设

与媒体道德建设相关的另一个话题往往为人们忽略,即传媒伦理学的学科建设。事实上,传媒伦理中的许多理论与实践问题与这个话题直接相关,深入分析之实有必要。

1. 传媒伦理的学科建设与媒体道德建设。

当前大众传媒的许多道德失范现象与相关基础理论的缺失或薄弱有着密切关系。因为,相关基础理论的缺失或薄弱直接导致了理论对行动指导的无力。如果这种理解没有错的话,那么传媒伦理学学科及相关理论建设的滞后就应当为当前大众传媒的道德失范承担一定的责任。我国的传媒伦理研究还刚起步,基本上还处于经验教训的总结阶段,相关理论也很不成熟。这势必造成大众传媒领域中的一系列关涉伦理道德的理论问题争歧难消。其一,在媒体运作中,合法与合乎伦理的界限尚未有明确界分,人们也许会就某个现象而讨论媒体的伦理责任,可最后的处理却往往只能诉诸法律。克利福德·克里斯蒂安就明确指出:"传播伦理常常遵循这样的模式——最后退到以法律作为唯一可靠的指导。"[①] 这种合法与合乎伦理之间界限的模糊,使得媒体在运作时更多的是考虑法律规范而不是社会的伦理要求或它的伦理责任。它们不需要过多地考虑因触犯了伦理规范会受到什么样的处罚,因为还没有哪个机构或是社会对此有明确的规定。事实上,在实际操作中,对伦理道德的规范只能是要求各大传媒及相关机构自愿、自主地遵守。因为,它太缺乏强制性,也缺乏一些强制执行的机构。以人肉搜索问题为例,人肉搜索是近年风行于网络的一种信息收集方式,它主要通过利用现代信息科技,变传统的网络信息搜索为网民协同作战的方式

[①] 克利福德·克里斯蒂安等:《媒体伦理学——案例与道德论据》,张晓辉译,华夏出版社,2000年版,第2页。

进行信息搜索、整合。目前，人们关于人肉搜索的争歧主要集中于伦理、道德的层面，涉及的主要问题是对人们隐私权的侵犯及在现实中对人们生活的干扰。之所以说这些争歧主要集中伦理道德层面，是因为对人肉搜索的立法工作尚未完成。因此，人肉搜索所涉及的许多问题根本就是无法可依的，对这些问题的讨论只能是在伦理、道德的层面进行。2009年1月18日，《徐州市计算机信息系统安全保护条例》经江苏省十一届人大常委会第七次会议通过。该条例对计算机安全等级管理、保护措施、禁止性的行为、法律责任等，作出了详尽规定；特别是其中关于"人肉搜索"的议题，更是引起了广泛的社会关注。但事实上，该条例也仅仅是作出"未经允许，擅自散布他人隐私，或在网上提供或公开他人的信息资料，最多可罚款5000元"等规定。这也充分说明了，针对人肉的搜索的立法还有一段很长的路要走。或许，真正有效地根据法律来调解人肉搜索问题，只可能是在《信息安全条例》颁布之后的事（已列入国务院立法计划）。但事实上，人们在寻求问题的最终解决时，大多仍是求助于法律而不是伦理或道德。人肉搜索事件正式进入法律程序的第一案件是被网民与媒体热炒的"王菲案"。2007年12月29日，王菲的妻子姜岩从24层的家中跳楼自杀。随后，姜岩生前的博客被网友发现，上面记载了她因为"老公出轨"而经历的煎熬。针对王菲的"人肉搜索"就此展开，并且一发不可收拾。王菲、"第三者"的真实姓名、住址、照片、王菲工作单位等信息尽被披露，甚至王菲家人的相关信息也被公开。根据王菲后来在起诉书里的说法，他的生活从此受到多方面的影响：不断收到恐吓邮件、失去工作、父母住宅门口经常被涂满各种标语……2008年3月28日，不堪其忧的王菲以名誉权受损为由，将披露其信息的相关网站及网站管理员告上法庭并要求赔偿，北京市朝阳区人民法院受理了此案并予审理。案件经过三次审理，最后判定被告方赔付8000元。从这一审判结果也可以看出，在社会上引起广泛争歧的话题，在法律中尚处于一个灰色地带。但即便如此，伦理或道德仍不能取代法律成为人们的首选。

因此，在当前的态势下，传媒伦理研究要做的工作之一就是如何弥合媒体的日常运作与伦理学的严肃思考之间的鸿沟。只有这样，大众传播媒介才会自觉地把伦理道德当作自身内在的价值规范加以接受，并予以遵循。其二，对传媒社会责任理论认识上的争歧也导致了一系列相关的问题。在传媒领域中，伦理道德的关注无疑直接指向社会责任问题。然而，在传媒伦理学中，社会责任理论本身尚处于尴尬的境地。一方面，传媒的社会责任论理论之合法性本身就还是一个问题——社会责任理论滥觞于新闻自由的滥用，是对新闻自由主义的一种修正，社会责任论创立及其发展进程充分说明了这一点。因此，从其起源意义上来看，社会责任理论并不必然是关照公共价值的必然结果，它首先是一场新闻（传媒）自救运动。其背景是传媒自由的滥用引起了大众对传媒的排斥，特别是在当前的媒介经济生态中，大众传媒为了求得生存，就必定要获得大众的认可与支持。因此，在一定程度上，传媒高举社会责任的大旗实乃不得已而为之。尽管不能排除社会责任理论对公共价值关照的因素，但对公共价值的关注却绝不是该理论全部意涵。另一方面，社会责任本身还没有获得一致的认同及一致的标准。在大众传播媒体与受众之间、新闻传播学与伦理学之间乃至于不同的传播主体间与受众之间对责任的理解都存有争歧。大众传媒首先关注的是其市场效应及媒介资本增值的效应，而大众在传媒的强势之下，尽管越来越离不开传媒，但又从内心里反感大众传媒的话语霸权。大众传媒在其资本的原始积累时期更多的是在其职业范域中审视伦理道德方面的责任，而伦理学则更倾向于一种普适的社会责任。梅内里就认指出，在论及传媒的社会责任时，我们面临着职业立场与人文主义立场对立的伦理难题。作为一个媒体从业人员，其职业的立场就是要尊重人们的知晓权，他的伦理职责就是让人们知道事情的真相。而为了达到这个目的，他甚至可以无须考虑（公布真相的）后果，也可以不计手段；而人文主义立场则强调目标的合道德性，它要求人们必须顾及被报道对象在整个新闻事件中所受的影响与后果，并要求人们通过合乎伦理的手段来达到其目的，应当把人文关怀置于提供真实报道之上。① 正是这种当代社会的价值多元化使得人们对社会责任理解上的分歧日益加深,阿特休尔甚至指出,"社会责任"是条极其含混的术语,而且几乎可以往里面加进任何意思。② 这种对社会责任的过于宽泛的理解使得社会责任理论的实践指引价值大打折扣,也使得建构一个社会责任理论的实践机制变得无比艰难。

2. 新闻传播学与伦理学间的跨学科交流的必要性

传媒伦理的专业性研究,目前主要在新闻传播学与哲学·伦理学领域里展开,但其早期的研究却并不是始于这两个学科领域,而在社会学、文化批判理论、心理学、政治科学乃至历史学等领域。

国内最早开展较为系统的传媒伦理研究的是在新闻传播学领域,首先是译介与教育,《美国新闻道德问题种种》、《报刊的四种理论》等到是较早的译著。周鸿书、蓝鸿文、徐新平、黄瑚等是我国当代较早涉及新闻伦理研究的学者。他们大多是在自身的教学、科研实践中开展这一研究的,其成果最早多为教材。这为传媒伦理(主要是新闻伦理)的学科建设及专业教育提供了有益的资源,缺陷则在于所涉及的范围过于狭窄,而且大多是作为常识的普及性教育与研究,其常识性往往更甚于其学术性。哲学·伦理学界较为全面系统的介入是20世纪90年代,特别是90年代中期以后,严耕的《网络伦理》与李伦《鼠标下的德性》是较早的系统地从伦理学维度考察网络伦理的著作,其中,李伦近年来致力于网络伦理的译介与著述,推出了一系列有影响的著作,包括2002年的译著《黑客伦理与信息时代精神》、2007年的《网络传播伦理》等;邓名瑛的《传播与伦理——大众传播中的伦理问题研究》(2007)则从伦理的维度系统地探究了广告传播、娱乐传播及跨文化传播中的相关伦理问题。中国社科院应用伦理研究中心还于2005年召开了一次"媒体伦理与和谐社会"的专题学术会议。学者

---

① David Gordon, John M. Kittross, Carol Reuss, *Controversies in Media Ethics*, N. Y.: Longman Publishers USA, 1996, p11.
② J·赫伯特·阿特休尔:《权力的媒介》,黄煜等译,华夏出版社,1989年版,第342页。

们围绕媒体伦理中的价值冲突、媒体伦理与构建和谐社会、网络媒体伦理、广告伦理等问题进行了多视角、多层面的探讨和交流。但遗憾的是，新闻传播学与哲学·伦理学的交流大多局限于各自学科领域，跨学科的交流尚没有完全展开。这种情况在一定程度影响了传媒伦理研究的纵深发展，也同样影响了媒体的道德建设问题。因为，传媒伦理的研究既涉及理论的合法性问题，也涉及实践的合理性问题。首先，理论的合法性主要关涉传媒伦理的基础理论问题，如传媒伦理的概念界定、传媒责任基本理念与责任框架、传媒现象的伦理反思等，这些问题的理论研究应能为传媒伦理的学科建设提供坚实的理论基础，并为行为决策与行动抉择提供交流平台与实践指导。目前的情况是，一方面，这种研究向度被许多研究者忽略了；另一方面，研究这个问题本身一个基本维度也被许多研究者忽略了，那就是，媒介道德建设必须在当前我国社会道德重建工程中作整体思考——在当前我国社会普遍存在道德失范的态势下，传媒伦理基本价值的建构及其合理性，必须在当代中国社会转型及随之而来的社会道德重建中才能得到合理的解释与有效的解决。而这些都需要伦理学的参与。也只有伦理学的参与才能解决这些问题。其次，关于传媒伦理理论的实践合理性问题，则必须在新闻传播学领域得到充分检验。伦理学的研究，特别是元伦理学的研究，对解决基础理论是必须的。但理论在实践中的可操作性，特别是在大众传媒领域的可操作性，则需要新闻传播学的参与，因为，伦理学家们大多对媒介实务的把握上会这样或那样的欠缺。从这个角度看，媒体的道德建设问题就远不是某个学科的话题，而是一个综合性的学科议题，哲学·伦理学与新闻传播学的共同参与、合作是极有必要的。

第八章
传媒伦理的原则与规范取向探析

传媒伦理是当代应用伦理学的一个分支学科，而当代应用伦理学所秉承的又是规范伦理学的进路。从学科性质看，当代应用伦理学是规范伦理学的新形态。因此，毋庸讳言，在当代应用伦理学的研究中，伦理原则与道德规范的建构必不可少。从这个角度看，在当代应用伦理学的研究中，"要不要建构伦理原则与道德规范"其实就是一个伪命题，问题的关键是"建构何种原则与规范"，以及"如何建构这种原则与规范"。在当前的应用伦理学研究中，有一种急功近利的取向，即在没有深入探讨基础理论问题情况下，就急于建构所谓的伦理原则与道德规范体系。但事实上，这种工作往往都不成功，因为在基本理论问题没有解决的情况下，所有的原则与规范的理论与合法性与实践合理性都是有待证明的。

第一节 "波特模式"的启示[①]

在当代应用伦理学的研究中，基础理论的研究最终目的是为人们

---

① "波特模式"是哈佛神学院的拉尔夫·波特所设计的一种道德推理模式。具体参见克利福德·克利斯蒂安等：《媒体伦理学：案例与道德论据》，张晓辉等译，华夏出版社，2000年版，第3—8页。

的行动决策与行为抉择做准备的。这就是说,应用伦理学的研究应能帮助人们在具体的道德境遇中作正确的伦理分析,并最终能形成有效的行动指南。在如何分析具体的道德境遇,以及如何推导合理的行为方针与行动方式上,"波特模式"是一个有益的参考。

1. "波特模式"的道德推理模式

波特模式是哈佛神学院的拉尔夫·波特博士设计的一种道德推理模式,其基本架构如图8.1。在这个图式中,合理的伦理分析包括了四个基本过程,即定义(境遇分析)、价值(价值立场)、原则(原则取舍)、忠诚(行为抉择)阶段。四个阶段既各自独立,又密切相关并时有交叉。

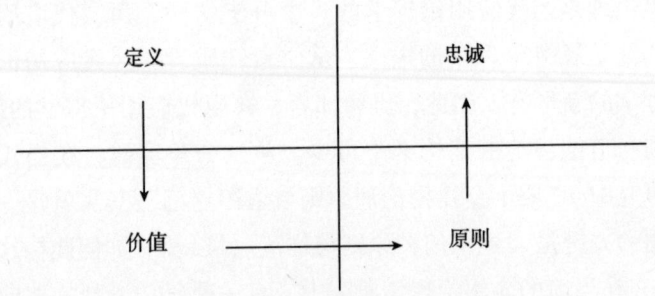

图 8.1

第一步,我们需要对自身面临问题时所处的道德境遇有一个清晰的认识与把握,即所谓的定义阶段。在这个阶段,需要解决的问题包括:把握所面临问题的实质,分析可能存在的冲突及可能的选择,等等。第二步,对每一道德主体而言,不同的人在面临同一道德境遇时,或同一个人在面临不同的道德境遇,以及同一个人在不同时期面临相同的道德境遇时,往往都会有许多价值选择的余地。因此,第二步就需要确定在具体道德境遇中的价值立场,即价值阶段。在可选择的价值中,有些甚至可能是相互冲突的,或者是虽不冲突,但可能导致两难困境。这就需要借力于伦理原则的讨论,即第三步,原则。在关于价值的讨论中,诉诸伦理原则的目的是为了有助于决定哪些价值更可取。而对这一问题的回答,直接指向第四步,忠诚(loyalties)。在这种行为的伦理分析中，忠诚所要解决的问题是，行为者持何种价值立场，执守于何种价值原则，并最终决定对哪一方承担道德责任。

在具体道德境遇中，并不是每种情况都需要有完整的四步分析。因为，在某些情况下，四个阶段中的某个阶段其实不需要选择，或者是没有选择余地，也并不是每种情况都必须严格按照从第一步到第四步的逻辑进行。事实上，波特模式是一个开放的圆，不是一组随便放在一起彼此独立的问题，而是一个有机联系的系统（见图8.2）。在具体的境遇分析，从哪一步开始，或讨论的焦点集中于哪个问题都要视具体境遇而定。但不论哪种情况，最基本的逻辑进路是，最终的行为决策与行动抉择必须是基于理性的伦理分析，其中价值立场与伦理原则也都必须是明确而有现实意义的。

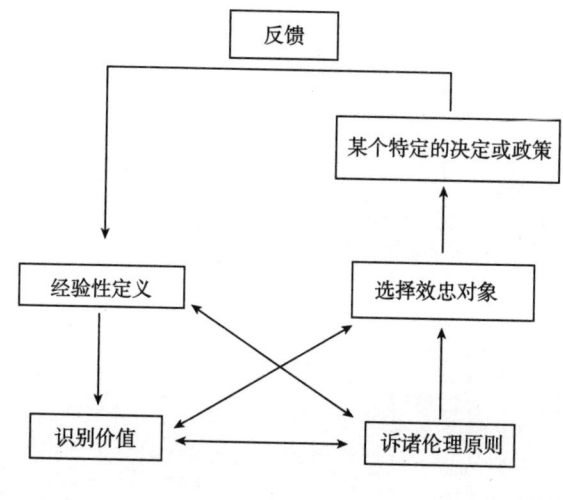

图 8.2

在《媒体伦理学：案例与道德论据》一书中，克利福德·克利斯蒂安等人用波特模式作了一个案例分析。① 英国利物浦的汤普森与维纳布尔斯两个10岁男孩又一次逃学了，两人游荡于商业街，并残酷地杀害了两岁的男孩贾森·巴尔杰。在这件事的报道中，美国与英国的两

---

① 克利福德·克利斯蒂安等：《媒体伦理学：案例与道德论据》，张晓辉等译，华夏出版社，2000年版，第1—3页。

家媒体分别采取了两种不同的立场与报道方式。英国伦敦一家电台遵照英国法律规定，在审判结束之前禁止公开孩子的家庭背景，也不透露他们的名字。而美国的一家报纸则为了满足公众的知情权，不但透露了两个男孩的名字，而且还提供了他们详细的个人经历甚至家庭背景。在波特模式中，两家媒体的行为决策与行动抉择都有其明晰的逻辑进路（图8.3）。克利斯蒂安试图在这种分析中，说明道德推理是如何起作用的，并强调，在实践的行动中，尽管没有一个放之四海而皆准的根据可以用来做伦理决定，但不论哪种情况，除非能清楚地表明某一伦理原则形成了最后的决定，否则就没有那一个结论在道德上合理的。

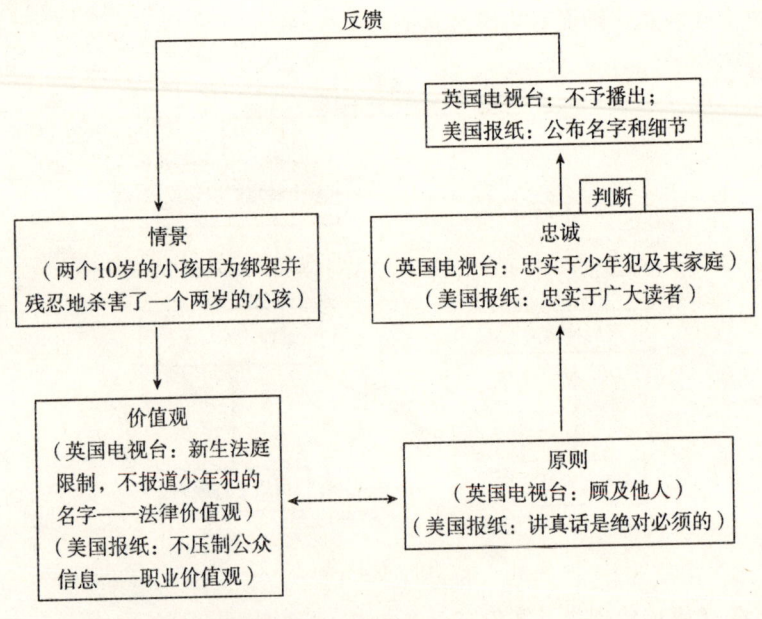

图 8.3

2. "波特模式"的启示

仔细分析，不难发现，"波特模式"其实是一种社会伦理方面的练习。这种练习的目的并不完全在于最终让所有的人在面临同一问题时作出相同的行为决策与行动抉择，而是试图让人们在这种伦理分析的练习中养成一种价值自觉，这种价值自觉能引导人们在实践中自觉地立足于经过证明（至少是经过自己思考的）价值立场，在合理的伦理原则的指导下实施自己的行动方案，并因此避免在道德上陷入窘境时持职业性的不耐烦态度，最终达到帮助人们避免根据个人偏见或未经核实的成见来做决定的目的。这种练习其实很有必要。因为，在实际的行动中，人们不会有太多的时间来考虑作境遇分析、立场选择、原则判断、行为抉择等一系列问题，而这种练习的积累则有利于加强行为选择的合理性，同时也可以提高理性工作的质量。用克利福德·克利斯蒂安话来说就是："波特图式中的四个部分在于指导人们（媒介人员）和学生发展规范的伦理学，而不是留下一个陷入危机的烂摊子。"①

我们可以通过一个个案例来看待波特模式的作用及其重要性。2008年的汶川大地震中，有一个人的一件事在社会上引起了广泛的争歧，这个人就是人称"范跑跑"的范美忠。地震发生时，范美忠正在给四川都江堰光亚学校一个班的学生上课，强震来袭的那一刻，范美忠没有对学生作任何指导或救援行动，就头也不回地跑出了教室。事后，范美忠还在自己的博客中声称："我从来都不是一个勇于献身的人，只关心自己的生命"，并声称自己没有丝毫的道德负疚感。在人们沉浸于汶川强震带来的各种悲痛之中，并为灾后重建而倾注心力的时候，这篇博客引起了广泛的社会关注与批评。

关于"范跑跑事件"，有人说范美忠在事件的前后都表现出一个不合格教师的形象，有人说范美忠的表现只是一个自然人在强震来袭时的正常表现，与是否道德无关；有人说他可以跑，但不可以写，更不能如此张扬地写；还有人强调范美忠其实也是经历了强震的普通灾民，因此，不管怎么样，我们都不能如此谴责一个灾民，等等。

如果我们以波特模式分析的进路来考察这件事的话，基本的进路就是：第一，当时范美忠所面临的道德境遇是，一个老师与一群学生陷入到了一场生存危机之中，老师与学生的生命都受到了一场突如其来的自然灾害的威胁。第二，对范美忠来说，当时可能考虑到的价值

---

① 克利福德·克利斯蒂安等：《媒体伦理学：案例与道德》，张晓辉等译，华夏出版社，2000年版，第8—9页。

立场包括：（1）自己生命价值高于学生生命价值；（2）自己生命价值不高于学生生命价值，但也不卑微于学生的生命价值；（3）从社会长远发展的角度看，年轻人的生命（即学生）价值更高，这人们在面临危难时所坚守的一个基本立场，就像船难时，儿童应被保护，与儿童争夺逃生机会就是不道德的；（4）从社会整体的角度看，或者从更高的精神层面看，舍己救人不仅仅是舍了自己，救了他人，更重要的是倡扬了一种精神，这种精神的传承是类的基本凝聚力之一。第三，价值原则。基于以上的价值立场，可选择的价值原则基本包括了：（1）舍己救人；（2）救人救己（救己救人）；（3）救己不救人；（4）为救己而害人，等等。第四，前三个步骤所指向的责任总是是，在当时的突发事态下，范美忠的选择就有几种可能：（1）只忠诚于自己的生命，具体表现就是只管自己逃生；（2）既忠诚于自己的生命也忠诚于学生的生命，具体表现就是组织学生一起逃生；（3）只对学生的生命负责；（4）首先对学生的生命负责。第三与第四种选择虽有差异，但在具体表现上都是首先组织学生逃生，或是为学生逃生创造条件。很显然，一如在他自己的博客中所表明的，范美忠选择了只对自己的生命负责。在这个问题上，他及同情于他的人所作的辩护是，在突发自然灾害的情况下，自救或逃生是一种本能，而本能反应是一个"非道德"范畴，即不能用道德或不道德来评判这一行为。也有人用"法"的标准来评判范美忠的行为，主要依据是《中华人民共和国教师法》与《未成年人保护法》。但事实上，这两部法律也未能明确界定当时态势下的法律责任。

如果用波特模式来分析的话，范美忠在自己所标榜的价值原则下所作的行为选择所揭示的实践问题就是，范美忠没有经受过良好的社会伦理方面的练习，特别是没有经受过作为一个教师的伦理方面的练习。因此，在当时的突发态势下，他没有一个我们一般所理解的作为教师的价值选择趋向。作为一个教师，在当时的态势下，保护学生是既是作为一名学校职工的职责，也是作为一名教师的天职，基于这一立场的价值原则首先对学生的生命负责。因此，这里的一般要求是组织学生一起撤离，甚至是为了让学生迅速撤离而置自身于危地。范美忠曾认为后者是神圣道德，不能用来责己（范美忠在凤凰卫视《一虎一席谈》中的说法），这倒没错，但首先跑了自己却也肯定不对，事后声称自己没有丝毫的道德负疚感更是一种不负责的表现。范美忠事件告诉我们，基本伦理原则与道德规范的建构固然重要，但同样重要的是，在实践中，相应的价值立场与伦理原则的确立应有一个恰当地教育与培训机制：一方面，对人们已经达成共识的某些价值与原则，应该加大宣传力度。对特定职业的人员，还须加强专业的专业的教育。另一方面，可以考虑依据波特模式，进行一些特定价值与原则的应用练习。这种练习既可以加深人们对相应价值与原则的认识，又可以增强人们的实践操作能力。这种价值与原则方面的练习，既是一种实践操作练习，更是一种习惯与品质的养成，它能在社会伦理方面的练习中，把价值与原则固化到人们的行为决策与行动抉择机制中，并进而形成特定的价值自觉。

从这个案例的分析中可以看出，较之单纯的伦理原则与道德规范讨论趋向，波特模式的伦理分析更倾向于德性的理论与实践探讨，在德性论的框架中，伦理学的首要任务是告诉人们如何认识自己的生活目的，并为实现一种"善"的生活的内在而培植自我的品德与美德。一个人的品格是由心理动机、理想、行为方式和习惯等组成的，具有美德的人选择一种义务和行为规范是出于自觉，是通过尊重义务和规范的行为来培养和磨炼自己的德性，最终成为具有健全人格和高度道德修养的人。相应的，在应用伦理研究中，伦理探究的目的就应当是帮助人们学会在特定的伦理境遇中作理性的分析并在此基础上以理性的方式行动。换句话说，正确的伦理推理的目的在于得出能产生合理行为的负责的结论。在这种研究中，势必也会涉及伦理原则与道德规范问题，但较之单纯的原则与规范诉求，这种研究无疑更富有伦理意味。

第二节 对媒体道德建设中伦理原则与道德规范的思考

首先，需要说明的是，在这一部分，我仍不试图架构一个传媒伦理的基本原则与规范的框架或体系，而只是对如何建构这一体系提出自己的一些想法。之所以这样做，是因为，个人觉得，关于传媒伦理本身特定的伦理原则与道德规范的讨论并不充分，在许多方面尚未达成一致。在这种情况下，勉强建构一个原则与规范体系，只能是一种姿态上的伸张，而不会具备太多的实践意义。

1. 致力于对话与交流的原则与规范取向

在当前我国的应用伦理研究中，存在着一种偏执于伦理原则与道德规范建构的倾向。面对当前社会普遍存在的道德失范问题，某些学者试图通过构建相应的伦理原则与道德规范体系来解决问题。这种立场考察到了当前社会普遍存在道德失范的态势下，规范建构的必要性，有其合理的方面。毕竟，相关道德问题的解决多少都须借助伦理原则与道德规范对行为的规划与约制。但如何建构这种原则与规范体系，以及建构何种原则与规范体系却是一个尚需更为纵深研究的课题。

在传媒伦理的原则与规范体系的建构问题上，首先要摒弃建立道德威权的价值取向。当代应用伦理学本质上是一个规范伦理学的范畴，它秉承了传统规范伦理学的规范进路，把特定道德境遇中的规范构建与实践探究作为自己独特的问题域。但当代应用伦理学又区别于传统的规范伦理学，这种区别主要表现在当代应用伦理学放弃了传统规范伦理学建立道德威权的努力，而试图构建一个更具包容性的道德价值体系。这一体系首先认同当代社会道德关系的多元化与道德境遇的复杂化事实。其次，它又试图在多元中创建一个对话与交流的平台，并进而寻求文化与价值的共识。当代应用伦理学的研究，特别是 21 世纪以来的应用伦理学研究尤为强调对话与共识。因为，学者们都已经清醒地意识到，在多元化的态势下，任何意志的强加都不具备道德上的正当性与实践上的可行性。"应用伦理学的值域和标准并不在权威、先例、祖训的成文中,而在各种专业伦理观念和各种伦理学派意见的纷争、对话、交流之中达成妥协、平衡和共识。"① 传媒伦理研究作为当代应用伦理研究的一个分支领域,它所要探讨的就是如何在大众传播领域创建一个对话与交流的平台,并在此基础上寻求文化与价值的共识,这种共识,并不在于某一具体行为的原则与规范抉择,而是倾向于一种更为最基本的共识,那就是对道德价值的自觉与执守。

至于如何达成这种共识,甘绍平提出的当代应用伦理学的程序方法论或程序——共识论是一个有意义的参考。甘绍平认为,当代应用伦理学体系中的道德规范的生成方式、基本内涵以及当代应用伦理学的价值取向、权衡模式与实践功能都大不同于传统伦理学。具体表现就是当代应用伦理学将民主对话、民主协商的观念与访求引进到伦理学之中,而这种对话、协商的目的就是达成某种共识,为了达成这种共识,就需要一个中立的程序。程序——共识论就是主张在自主原则的基础上,通过价值中立的交往或对话这一程序达成人们对某一道德问题的共识。在甘绍平看来,应用伦理学的任务应当说是在于分析现实社会中不同分工领域里出现的重大问题的伦理维度,为这些问题所引起的道德悖论的解决创造一种对话的平台,从而为赢得相应的社会共识提供理论上的理论支持。② 甘绍平还进而把共识区分为事实上的共识与理性论证基础上的共识两种。事实上的共识大体上属于传统社会的范畴,即所谓的熟人社会,在这个所谓的熟人社会里,人们在同一境遇中的生活方式趋于一致,道德上的分歧也相对较少。因此,这种共识是天然的。理性论证基础上的共识则属于现代社会的范畴,即所谓的原子式的陌生人的社会。在这里,普遍存在着基于不同生活方式及相关价值系统的道德信念与问题解决方案的冲突。用拜耶慈的话来说就是:"当代伦理学的特点就是各种各样理念与竞争着的观念的多样

---

① 季国清:《应用伦理学的哲学背景》,《自然辩证法研究》,2004 年第 8 期。
② 甘绍平:《论应用伦理学》,《哲学研究》,2001 年第 12 期。

性——或者如果人们愿意讲的话，就是一片混乱"。① 理性论证基础上共识的目的，就是要在这种冲突中寻求一种基于道德主体间的相互理解的行为意向、行为规范与价值目标的共识。

尽管甘绍平的程序方法论遭遇了来自学界的质疑：陈泽环指出，程序——共识论突出了应用伦理学的程序方法性，却放弃了对应用伦理学基本价值观性质的坚持②。卢风也认为程序——共识论有其片面性，在他看来，应用伦理学最重要的任务并不在于达成道德共识，而在于改变共识③。两种批判意见主要是质疑程序方法论中的共识程序与共识本身的价值正当性问题，但仔细分析，不难发现，三位学者的意见其实有一致的地方，即他们都关注在特定伦理关系和道德境遇中的价值判断与规范选择的必要性，争歧的焦点在于何种规范、如何规范及为何选择该规范。在这一观点的争歧中，我们可得出以下两个结论：第一，当代应用伦理学在本质上没有超出传统规范伦理学的框架：在社会实践中的特定领域或特定问题层面，当代应用伦理学主要从伦理的维度考察我们所面临现实问题的社会伦理与个体道德层面的蕴涵及行为规划的伦理技术与方法，其主要问题包括：在当代道德境遇下人如何成为一个有道德的人以及成为一个有何种道德的人、人应当遵循何种规范、为什么应当遵循这些规范以及如何遵循这些规范等等，这充分说明了当代应用伦理学的规范伦理学特征。第二，当代应用伦理学研究的目的不在于构建具有普遍统摄力的道德威权，而是要在价值中立的对话与协商中寻求价值共识，并进而寻求行为决策与抉择的技术方案。在不同的文化境域中，这种技术方案可能各种有异，但这只能是基于各自文化传统的差异，而不是伦理学研究的逻辑出发点与归宿的差异。当代应用伦理学的逻辑出发点与归宿都只能是"人"，它既追求对人的价值关怀，也追求共同体幸福价值的实现。建构于这一基

---

① 语出拜耶慈：《作为社会和哲学问题的道德共识》，转引自甘绍平：《应用伦理学前沿问题研究》，江西人民出版社，2002年版，第16页。

② 陈泽环：《基本价值观还是程序方法论——论应用伦理学的基本特性》，《中国人民大学学报》，2003年第5期。

③ 卢风：《论应用伦理学的批判性》，《自然辩证法研究》，2004年第8期。

础上的伦理原则与道德规范，不论其形式或具体内容如何，都是可以接受，否则，则反。

2. 传统文化中的原则与规范资源

论及应用伦理的基本伦理原则与道德规范问题，需要再次强调的是，当代应用伦理学秉承的传统规范伦理学的规范进路，但作为规范伦理学的当代型态，当代应用伦理学并不偏执于规范进路，而是在自身研究中综合运用描述伦理学与元伦理学的研究方法。当代应用伦理学中的描述伦理学研究主要体现对特定伦理关系与道德境遇的伦理解读方面，它要在充分考察这些特定伦理关系与道德境遇的基础上，挖掘这些问题的道德意义。当代应用伦理学中的元伦理学研究主要体现对基于共识的伦理原则与道德规范本身的意义及其正当性研究。建构规范只是当代应用伦理学研究的内容之一，除此之外，它还需要从元伦理学的维度考察这些原则与规范本身，以寻求其正当性基础及实践可操作性机制。当代应用伦理学的这种致思进路，其实已经否弃了应用伦理学研究中的单纯原则与规范铺陈的研究方法。在这一点上，国外应用伦理学的研究同样有值得国内学界借鉴的方面：国外应用伦理学从文化传统中找寻应用伦理学的原则与规范资源，并在此基础上确立基本的原则体系。它们是：第一，亚里士多德的中庸之道。亚里士多德的中庸之道[①]倡导的一种适度或节制的品德，而不是外在的行为。它要求人们在具体的道德境遇中的行动要遵守中道原则，既不能过分，也不能不足，即所谓"过犹不及"。在这里，单纯的行为上的一致意见远不如整体德性的养成来得重要。第二，康德的绝对命令，即"只按你的意愿能成为普遍规律这一准则行动"。康德的绝对命令的要求是"要这样行动，永远使你的意志准则能够同时成为普遍规律的原则"。在康德看来，行为道德与否的标准，就在于"对于一个人来说是正确的且对所有人也都是正确的"。如果一种行为或价值可适用于某些人，

[①] 中国古代的孔子也有"中庸之道"的论说，但孔子的论说与亚里士多德的论说并不完全一致。

却会伤害到另外一些人，那么，这种行为或价值的正当性就是可质疑的，并因此而不能作为合理的选择。良心、责任、普适性道德是康德的绝对命令中所蕴涵的基本意蕴。第三，穆勒的功利主义即"最大多数人的最大幸福"。功利主义最基本的逻辑是，道德上的正确选择应该是能给当事人带来尽可能大的益处而不是相反。尽管人们对"功利"以及功利计算的方法持有不同意见，但行为应能造益于当事人的价值取向则是一个共识。第四，罗尔斯的无知之幕即"只有当忽视一切社会差别时，正义才出现"。这里强调的是不能人为地导致社会公众的不合理处境，并且合理的价值应有制度建构的保障。无知之幕理念的核心在于从制度建构的层面消除主观的差别而达于一种真正的社会正义。第五，犹太教—基督教将人作为目的，"像爱自己一样爱你的邻居"。这里强调的是对他人的爱，这种对爱的倡导并不局限于犹太教与基督教，但宗教中"停留在爱中"的指引却代表了人们对爱的最绝美呼唤。当然，伴随着爱的，还有责任等相关的伦理理念。

国外应用伦理学原则的这种建构思路对当前我国传媒伦理原则与规范的建构极具借鉴价值。一方面，当前媒体道德建设及传媒伦理的学科建设中的原则与规范建构，是可以在传统文化中找寻有益的思想与文化资源。克利斯蒂安等国外学者所建构的这个应用伦理学的原则体系，相当广泛地代表了那些经过时间考虑的价值选择，是整个世界文化哲学的核心价值。建立于这一文化基础上的共识，既富于文化意蕴，也更容易为人们所接受。事实上，基于这种核心价值指导的行为决策与行动抉择，也基本能代表基于文化共识的价值判断。另一方面，这个原则体系是达于共识的对话与协商的文化基础，其意义在于促成共识，而不仅仅是构建单纯的规范体系，更不是构建单纯的职业准则。这一点很重要，如果仅仅把道德规范理解为"遵循新闻职业准则的话，那么就会限制和歪曲有着媒体道德的概念"。因为，这种理解会让我们把道德行为等同于对媒体组织的日常程序的遵守，将导致记者们的夜郎自大情结以及对于"外行人"的轻视，而且会把媒体行为完全置于一种"不涉及首先规范的功能主义、实用主义和功利主义的框架"。阿德里安·佩奇认为，准则忽视了行为的结果，"强调行为准则意味着我们所能做的一切就是规范记者收集信息的方式，而不是其产生的影响。这完全站在了康德哲学的立场之上，认为目的比结果远为重要，而凡是目的善良的行为即是道德行为"①。这就是说，在建构传媒伦理的原则与规范体系的时候，要避免把准则等同于道德的误读，准则本身只不过是一些应履行之善行和应避免之恶行的可选择的行为方式的清单罢了，除了能够提供一些最基本的条文之外，行为准则甚至很少能促使新闻从业人员从更加坚实合理的角度去思考道德问题和作出符合道德规范的行动。

最后，需要强调的是，在传媒伦理乃至于所有应用伦理学的研究与道德建设的实践中，任何原则与规范都不可能是永远普适性。第一，由于各民族利益共同体体的传统文化各个有异，人们基于此的价值判断机制也因之各个有异。第二，更为重要的是，普适性的规范体系还包含了一种危险，即它可能成为权威主义政府用来对传媒自由进行控制的工具。2000年3月，世界新闻评议会协会的创始成员之一，报刊投诉委员会宣布退出该组织，其目的就是为了反对世界新闻评议会协会意欲建立一个全球道德行为准则并由一家跨国界的投诉机构来负责执行的计划。而在报刊投诉委员会倡导下成立的欧洲独立报业委员会联盟，恰恰就是一个"组织比较松散的、独立的、以自律为原则的、反对任何形式的全球准则的团体"②。

---

① 卡恩·桑德斯：《新闻与道德》，洪伟等译，复旦大学出版社，2007年版，第211—212页。

② 同上，第210页。

参考资料

1. 何怀宏：《伦理学是什么》，北京大学出版社，2003 年版。
2. 许启贤：《中国当代伦理问题》，教育科学出版社，2000 年版。
3. 田海平：《西方伦理精神——从古希腊到康德时代》，东南大学出版社，1998 年版。
4. 唐凯麟、王泽应：《20 世纪中国伦理思潮问题》，湖南教育出版社，1998 年版。
5. 焦国成：《传统伦理及其现代价值》，教育科学出版社，2000 年版。
6. 甘绍平：《应用伦理学前沿问题研究》，江西人民出版社，2002 年版。
7. 唐凯麟：《伦理大思路——当代中国道德和伦理学发展的理论审视》，湖南人民出版社，2000 年版。
8. 李德顺：《价值论》，中国人民大学出版社，1997 年版。
9. 高亮华：《人文视野中的技术》，中国社会科学出版社，1997 年版。
10. 张岱年：《中国哲学大纲》，中国社会科学出版社，1982 年版。
11. 杨国荣：《伦理与存在》，上海出版社，2002 年版。
12. 罗国杰主编：《道德建设论》，湖南人民出版社，1997 年版。
13. 王海明：《新伦理学》，商务印书馆，2001 年版。
14. 樊　浩：《中国伦理精神的历史建构》，江苏人民出版社，1993 年版。
15. 卢风、肖巍主编：《应用伦理学导论》，当代中国出版社，2002 年版。

16. 〔德〕施密特：《全球化与道德重建》，柴方国译，社会科学文献出版社，2001年版。

17. 〔英〕亨利·西季威克：《伦理学方法》，廖申白译，中国社会科学出版社，1993年版。

18. 〔德〕包尔生：《伦理学体系》，何怀宏等译，中国社会科学出版社，1988年版。

19. 〔美〕约翰·罗尔斯：《正义论》，何怀宏译，中国社会科学出版社，1988年版。

20. 〔美〕阿拉斯戴尔·麦金太尔：《德性之后》，龚群译，中国社会科学出版社，1995年版。

21. 〔美〕阿拉斯戴尔·麦金太尔：《谁之正义？何种合理性?》，万俊人等译，当代中国出版社，1996年版。

22. 〔美〕丹尼尔·贝尔：《资本主义文化矛盾》赵一凡等译，生活·读书·新知三联书店，1989年版。

23. 〔美〕弗朗西斯·福山：《信任：社会道德与繁荣的创造》，李宛蓉译，远方出版社，1998年版。

24. 郑也夫：《信任论》，中国广播电视出版社，2001年版。

25. 〔德〕马克斯·韦伯：《新教伦理与资本主义精神》，于晓等译，生活·读书·新知三联书店，1987年版。

26. 〔印〕阿马蒂亚·森：《伦理学与经济学》，王宇等译，商务印书馆，2003年版。

27. 李惠斌、杨雪冬：《社会资本与社会发展》，社会科学文献出版社，2000年版。

28. 万俊人：《现代性的伦理话语》，黑龙江人民出版社，2002年版。

29. 万俊人：《道德之维——现代经济伦理导论》，广东人民出版社，2000年版。

30. 厉以宁：《超越市场与超越政府——论道德力量在经济中的作用》，经济科学出版社，1999年版。

31. 厉以宁：《经济学的伦理问题》，上海三联书店，1999年版。

32. 兰久富：《社会转型时期的价值观念》，北京师范大学出版社，1999年版。

33. 〔德〕沃尔夫冈·查普夫：《现代化与社会转型》，陆宏成等译，社会科学文献出版社，1998年版。

34. 汪曼应：《经济转型与道德发展》，中国财政经济出版社，2004年版。

35. 陈超南：《彩色的天平——传媒伦理新探》，湖北教育出版社，2001年版。

36. 沙勇忠：《信息伦理学》，北京图书馆出版社，2004年版。

37. 严耕等：《网络伦理》，北京出版社，1998年版。

38. 段伟文：《网络空间的伦理反思》，江苏人民出版社，2002年版。

39. 李伦：《鼠标下的德性》，江西人民出版社，2002年版。

40. 周鸿书：《新闻伦理学论纲》，新华出版社，1995年版。

41. 蓝鸿文：《新闻伦理学简明教程》，中国人民大学出版社，2001年版。

42. 陈先元：《大众传媒素养论》，上海交通大学出版社，2005年版。

43. 〔美〕理查德·斯皮内洛：《世纪道德：信息技术的伦理方面》，刘钢译，中央编译出版社，1999年版。

44. 〔美〕派卡·海曼：《黑客伦理与信息时代精神》，李伦等译，中信出版社，2002年版。

45. 卢泰宏、沙勇忠：《信息资源管理》，兰州人民出版社，1998年版。

46. 〔美〕约翰·赫尔顿：《美国新闻道德问题种种》，刘有源译，中国新闻出版社，1987年版。

47. 〔美〕威尔伯·施拉姆等：《报刊的四种理论》，中国人民大学新闻系译新华出版社，1983年版。

48. 〔美〕迈克尔·帕伦蒂:《美国的新闻自由》,韩建中、刘先琴译,河南人民出版社,1992年版。

49. 〔美〕史密斯·罗恩:《新闻道德评价》,李青黎译,新华出版社,2001年版。

50. 王君超:《媒介批评——起源·标准·方法》,北京广播学院出版社,2001年版。

51. 段京严、杜骏飞:《媒介素养导论》,福建人民出版社,2007年版。

52. 顾肃:《自由主义基本理念》,中央编译出版社,2003年版。

53. 〔美〕桑德尔:《自由主义与正义的局限》,万俊人等译,译林出版社,2001年版。

54. 〔美〕罗尔斯:《政治自由主义》,万俊人译,译林出版社,2001年版。

55. 〔美〕克利福德·G·克里斯蒂安:《媒体伦理学:案例与道德论据》,张晓辉等译,华夏出版社,2000年版。

56. 〔美〕利昂·纳尔逊·弗林特:《报纸的良知:新闻事业的原则和问题案例讲义》,萧严译,中国人民大学出版社,2004年版。

57. 〔英〕迈克·费瑟斯通:《消费文化与后现代主义》,刘精明译,译林出版社,2000年版。

58. 〔美〕弗里德里克·詹姆逊:《晚期资本主义的文化逻辑》,陈清桥等译,生活·读书·新知三联书店,1997年版。

59. 〔美〕弗里德里克·詹姆逊:《文化转向》,胡亚敏译,中国社会科学出版社,2000年版。

60. 〔英〕安东尼·吉登斯:《现代性的后果》,田禾译,译林出版社,2000年版。

61. 〔美〕大卫·格里芬:《后现代科学——科学魅力的再现》,马季方译,中央编译出版社,1998年版。

62. 〔德〕哈贝马斯:《后形而上学思想》,曹卫东、付德根译,译林出版社,2001年版。

63.〔德〕彼得·科斯洛夫斯基：《后现代文化——技术发展的社会文化后果》，毛怡红译，中央编译出版社，1999年版。

64. 王治河：《扑朔迷离的游戏——后现代哲学思潮研究》，社会科学文献出版社，1993年版。

65. 金丹元：《后现代语境与影视审美文化》，学林出版社，2003年版。

66. 高宣扬：《后现代论》，中国人民大学出版社，2005年版。

67. 刘晓枫：《现代性社会绪论：现代性与现代中国》，上海三联书店，1998年版。

68.〔美〕约翰·费斯克等编：《关键概念：传播与文化研究辞典》，李彬译注，新华出版社，2004年版。

69.〔加〕马歇尔·麦克卢汉：《理解媒介：论人的延伸》，何道宽译，商务印书馆，2000年版。

70.〔加〕埃里克·麦克卢汉、弗兰克·格龙编：《麦克卢汉精粹》，何道宽译，南京大学出版社，2000年版。

71.〔美〕威尔伯·施拉姆、威廉·波特：《大众传播学总论》，陈亮等译，新华出版社，1984年版。

72.〔美〕约瑟夫·斯特劳巴哈、罗伯特·拉罗斯：《今日媒介：信息时代的传播媒介》，熊澄宇译，清华大学出版社2002年版。

73.〔美〕J.赫伯特·阿特休尔：《权力的媒介》，黄煜、裘志康译，华夏出版社，1989年版。

74.〔美〕马克·波斯特：《第二媒介时代》，范静颖译，南京大学出版社，2001年版。

75.〔美〕斯蒂芬·李特约翰：《大众传播理论》，史安斌译，清华大学出版社，2004年版。

76.〔英〕尼克·史蒂文森：《认识媒介文化》，王文斌译，商务印书馆，2001年版。

77.〔美〕马克·波斯特：《信息方式：后结构主义与社会语境》，范静晔译，商务印书馆，2000年版。

78. 〔美〕特里·K. 甘布尔、迈克尔·甘布尔：《有效传播》，熊婷婷译，清华大学出版社，2005年版。

79. 〔美〕梅尔文·L. 德弗勒等：《大众传播通论》，颜建军等译，华夏出版社，1989年版。

80. 〔美〕迈克尔·埃默里等：《美国新闻史：大众传播媒介解释史》，展江、殷文等译，新华出版社，2001年版。

81. 〔美〕尼尔·波兹曼：《娱乐至死》，章艳译，广西师范大学出版社，2004年版。

82. 汪凯：《转型中国：媒体、民意与公共政策》，复旦大学出版社，2005年版。

83. 张国良：《新闻媒介与社会》，上海人民出版社，2004年版。

84. 卜卫：《大众媒介对儿童的影响》，新华出版社，2002年版。

85. 刘建明：《媒介批评通论》，中国人民大学出版社，2002年版。

86. 刘建明：《当代新闻学原理》，清华大学出版社，2003年版。

87. 段鹏、韩运荣：《传播学在世界》，中国传媒大学出版社，2005年版。

88. 陈崇山，孙王三主编：《媒介·人·现代化》，中国社会科学出版社，1997年版。

89. 刘士林：《变徵之音：大众审美中的道德趣味》湖北人民出版社，1998年版。

90. 高小康：《狂欢世纪：娱乐文化与现代生活方式》，河南人民出版社，1998年版。

91. 陆扬、王毅：《大众文化研究》，上海三联书店，2001年版。

92. 陆扬、王毅：《大众文化与传媒》，上海三联书店，2000年版。

93. 尹鸿、黄会林主编：《当代中国大众文化研究》，北京师范大学出版社，1998年版。

94. 潘知常、林炜：《大众传媒和大众文化》，上海人民出版社，2002年版。

95. 顾力同、张伟：《法兰克福学派研究》，重庆出版社，1990

年版。

96. 陈伟、马良：《批判理论的批判》，上海社会科学院出版社，1994年版。

97. 吴飞主编：《传媒批判力》，中国传媒大学出版社，2005年版。

98. 曹鹏：《中国报业集团发展研究》，新华出版社，1999年版。

99. 邓铭瑛：《真实性及其伦理边界——对新闻真实性的伦理反思》，《伦理学研究》，2004（3）。

100. 龚怡：《中西媒体集团化动力机制之比较》，《新闻爱好者》，2003（10）。

101. 李祥：《新闻真实性与媒体的责任》，《新闻爱好者》，2004（12）。

102. 董天策：《新闻的真实性是什么——兼论新闻理论体系的科学性》，《新闻与传播研究》，2004（3）。

103. 李良荣：《娱乐化、本土化：美国新闻传媒的两大潮流》，《新闻记者》，2001（3）。

104. 陈勇：《娱乐节目的社会责任》，《新闻前哨》，2005（11）。

105. 武中哲：《论社会转型时期大众传播媒介的社会责任》，《山东省青年管理干部学院学报》，2006（2）。

106. 董小玉：《新闻自由是把双刃剑：中西新闻自由观比较》，《新闻界》，2006（1）。

107. 李希光：《西方新闻自由悖论》，《求是》，2005（4）。

108. 吴飞：《现代传媒、后现代生活与新闻娱乐化》，《浙江大学学报》（人文社会科学版），2002（5）。

109. 任蕾：《我国新闻娱乐化形成原因探析》，《兰州学刊》，2003（4）。

110. 蔡春影：《大众传媒的文化角色》，《当代传播》，2001（6）。

111. 刘继虎：《大众传播的道德效应》，《有色金属高教研究》，1997（3）。

112. 王雄：《面临双重压力的大众大众传播媒介》，《南京大学学报》（哲学社会科学版），1997（3）。

113. 李本乾、张国良：《中国受众与大众传媒议程设置功能研究》，《复旦大学学报》（哲学社会科学版），2003（1）。

114. 冉华、梅明丽：《中国传媒集团化发展的历史检讨》，《江西社会科学》，2005（5）。

115. 刘燕：《鲍德里亚的后现代传媒理论与媒介现实的构建》，《国际新闻界》，2005（2）。

116. 黎永然：《论电视与后现代主义的文化关联性》，《青年探索》，2003（5）。

117. 王岳川：《后现代大众传媒透视》，《民主与科学》，1995（2）。

118. 刘琼：《试析中国近现代新闻自由主义思潮及其流变》，《淮海工学院学报》（社会科学版），2005（3）。

119. Barrie McDonald, Michel Petheram, *Keyguide to Information Sources in Media Ethics*. London: 1998.

120. David Gordon, John M. Kittross, Carol Reuss, *Controversies in Media Ethics*. New York: Longman Publishers, 1996.

121. Philip Patterson, Lee Wilkins, *Media Ethics: Issues and Cases*, 4th ed. New York: McGraw-Hill, 2002.

122. R. N. kiran, *Philosophies of Communication and Media Ethics: Theory, Concepts and Empirical Issues*. New Delhi: B. R. Publishing Corportation, 2000.

123. Conrad C. fink, *Media Ethics*. New York: McGraw-Hill, 1988.

124. Nick Russell, *Morals and the Media: Ethics in Canadian Journalism*. Vancouver: University of British Columbia Press, 1994.

125. Andrew Belsey, Ruth Chadwick (eds), *Ethical Issues in Journalism and the Media*. London: Routledge, 1992.

126. Louis A. Day. *Ethics in Media Communications: Cases and Controversies*. 2nd ed. Belmont, California: Wadsworth Publishing, 1997.

127. Everette E. Dennis, John C. Merill, *Media Debates: Issues in Mass Communications*. 2nd ed. White, Plains, New York: Longman, 1996.

128. William L. Rivers, Cleve Mathews, *Ethics for the Media*. Englewood Cliffs, New Jerseu: Prentice Hall, 1988.

129. Philip Meyer, *Ethical Journalism: A Guide for Students, Practitioners and Consumers*. New York: Longman, 1987.

130. Claude-Jean Bertrand, "Media Ethics in Perspective". *Journal of Mass Media Ethics*, Vol. 2, No. 1, 1986-1987, pp. 7-16.

后　记

　　为了探究传媒伦理问题，学哲学的我曾应聘到湖南的一家媒体工作，时间不长，只有两个月左右。实事求是地说，作为一名媒介实务工作者，我在那段时间的工作并不成功，经常手忙脚乱、前翻后仰不说，编剪出来的节目效果也算不上好。但那段工作经历对我后来的研究不无补益。一是零距离地接触了媒介实务操作，尽管所接触的面并不特别广，但加深了对媒介实务的认识。二是接触了一些媒体界的朋友，我经常与他们交流对传媒伦理问题的理解与看法，这种交流的价值尤为珍贵。在后来的研究中，我之所以能尽量规避传媒伦理研究中的两种极端主义的立场——职业主义与道德中心主义，理性地看待传媒伦理问题，不能不说是得益于这段时间的工作。

　　攻读博士学位期间，为更全面地了解新闻传播学界的学者对传媒伦理的理解与看法，我曾先后在不同场合请教过中国人民大学的陈力丹教授、南京大学的杜骏飞教授、陈堂发教授等人。这些学者学高而温恭，年长而不恃，其为人之热情，点拨之睿智，让我至今难忘。

　　呈现在读者面前的这本书，是在我的博士论文基础上拓展而成的。博士论文早在2006年就已经完成了，但之所以迟至现在才出版，主要的原因是，博士论文写完以后，每每再翻阅时，总有言不尽意、言犹未尽之感。我总想突破目前传媒伦理研究的范式，依自己的致思进路来写一本自以为有特色的著作。为此，我做过多种尝试，但总觉得不甚圆满，最后选择了目前的框架，个人觉得在基础理论与重大传媒现象的伦理反思方面有所建树，在体系建构方面的不足同样明显。国内传媒伦理研究体系建构的滞后当然不能成为辩护的理由，提升个人学术素养才是我在写作中收获的最迫急的体会。

我要感谢我所有的老师，他们坚守传道、授业、解惑之师道并努力帮助所有的学生不断进步，他们是这个世界上最无私、最崇高的群体。与他们在一起，我最快乐也最充实，能成为他们的学生，是我一生的荣幸，我为之自豪。

感谢我的博士生导师田海平教授，从博士论文的选题、拟定提纲到行文铺篇，田老师都作了精心指导。选题、写作过程中，还经常鼓励、鞭策我加紧写作。导师业高，教导间常现点睛妙笔，这让我受益匪浅。

感谢我的硕士生导师王泽应教授，尽管攻读博士学位的时候，已经不在老师身边，但老师一直记挂着我，并不辞劳烦，时常垂询，关心我的生活，指导我的学业。每思及此，总能感觉到心中的暖流汹涌。

感谢湖南工业大学的陈科华教授，陈教授博爱仁厚，亦师亦友间，提携多多。湖南工业大学的杨连登教授与张公武研究员是我的长辈、领导，他们对我关爱备至，与他们在一起，从无俯仰之累。张亦静、王友良、刘蕾三位美女，开朗而细致，关心人、帮助人，却又不露痕迹，平淡中尽显女性魅力。湖南工业大学期间的生活、工作因他们而充满阳光。

来到浙江财经学院伦理研究所以后，我终于发现一件很值得高兴的事：我其实是一个很幸运的人，不论在哪里，都会遇到许多关心我、帮助我的人。浙江财经学院伦理研究所是一个美妙的团队，陈寿灿教授、王宇航教授、高湘泽教授、任宜敏教授、秦越存教授、何历宇博士、彭传华博士等，他们都深得仁道，与人为善，工作上、学习上都给我提供了诸多帮助与便利，感谢他们并衷心祝福他们。

最后，还要感谢中央编译出版社的郑锦老师，郑老师热情而极富效率，这么短的时间内完成这本书的出版出乎我的预料，我能想象她为出版的诸多烦琐事宜而奔波劳累的辛苦，感谢她为本书出版所做的一切。

郑根成
2009 年 4 月 5 日
于金沙学府习斋

图书在版编目(CIP)数据

媒介载道：传媒伦理研究/郑根成著.
—北京：中央编译出版社，2009.9
ISBN 978－7－5117－0048－3

Ⅰ．媒…
Ⅱ．郑…
Ⅲ．传播学：伦理学－研究－中国
Ⅳ．G206

中国版本图书馆 CIP 数据核字(2009)第 171259 号

媒介载道——传媒伦理研究

出 版 人	和 龑
责任编辑	郑 锦
责任印制	尹 珺
出版发行	中央编译出版社
地　　址	北京西单西斜街 36 号(100032)
电　　话	(010)66509360(总编室)　　(010)66509353(编辑室)
	(010)66509364(发行部)　　(010)66509618(读者服务部)
网　　址	http://www.cctpbook.com
经　　销	全国新华书店
印　　刷	北京溢漾印刷有限公司
开　　本	787×1092 毫米　1/16
字　　数	220 千字
印　　张	17
版　　次	2009 年 10 月第 1 版第 1 次印刷
定　　价	39.00 元

本社常年法律顾问：北京大成律师事务所首席顾问律师　鲁哈达
凡有印装质量问题，本社负责调换。电话：(010)66509618